Georg Langenhorst

Gedichte zur
Gottesfrage

Georg Langenhorst

Gedichte zur Gottesfrage

Texte – Interpretationen – Methoden
Ein Werkbuch für Schule
und Gemeinde

Kösel

Dankbar gewidmet
meiner Frau Dr. Annegret Langenhorst

ISBN 3-466-36632-1
© 2003 by Kösel-Verlag GmbH & Co., München
Printed in Germany. Alle Rechte vorbehalten
Druck und Bindung: Kösel, Kempten
Umschlaggestaltung: Elisabeth Petersen, München
Umschlagmotiv: Mauritius, Mildred Thompson

Gedruckt auf umweltfreundlich hergestelltem Werkdruckpapier
(säurefrei und chlorfrei gebleicht)

Inhalt

Hinführung

Im Zentrum des religionspädagogischen Handelns in Gemeinden und des christlichen Religionsunterrichts in den Schulen steht die Frage nach Gott, genauer: die Frage nach der Gottesbeziehung der Kinder und Jugendlichen. Der – wenn auch dringend überarbeitungsbedürftige, so doch bis heute gültige – »Grundlagenplan für den katholischen Religionsunterricht im 5. bis 10. Schuljahr« aus dem Jahr 1984 legt sich eindeutig fest: Religionsunterricht »weckt und reflektiert die Frage nach Gott (...) und ermöglicht eine Antwort aus der Offenbarung und aus dem Glauben der Kirche«[1]. Vergleichbar formuliert die Denkschrift der Evangelischen Kirche in Deutschland über »Standort und Perspektiven des Religionsunterrichts in der Pluralität«, die 1994 unter dem programmatischen Titel »Identität und Verständigung« verabschiedet und herausgegeben wurde: »Religion bewahrt und beantwortet die Frage nach Gott. Wie in keinem Fach sonst erhalten die Schüler und Schülerinnen im Religionsunterricht die Gelegenheit, über Gott nachzudenken und zu reden.«[2]

1. REDEN ÜBER GOTT – ABER WIE?

Genau an diesem Punkt beginnt eines der Hauptprobleme, zugleich eine der spannendsten Herausforderungen jeglichen religionspädagogischen Handelns: Über Gott muss man reden. Die abrahamitischen Religionen Judentum, Christentum und Islam sind nicht zufällig Wort-Religionen, Buch-Religionen – der Glaube kommt vom Reden und Hören, vom Lesen und Schreiben. Wo liegt das Problem? In der Frage, welche Sprache dem doppelten Anliegen gerecht werden kann, angemessen einerseits *von* Gott zu reden, andererseits *zu* Gott zu reden. Die Vermittlung religiöser Grundüberzeugungen, die Erschließung der Gottesbeziehung ist also zuallererst ein Sprachproblem. Wie versuchen ReligionspädagogInnen diesem Problem zu begegnen? Auf welchen Sprachebenen wird derzeit versucht, die Beziehung von Mensch und Gott zu beschreiben und zu betreiben? Wo finden sich Hilfen bei der Lösung des Problems einer für heute angemessenen religiösen Sprache?

- Da gibt es zunächst die tradierte *formalisierte Glaubenssprache* der systematischen Theologie und philosophischen Gotteslehre, eingeflossen in die Liturgie, seit Generationen über Katechismen weitergegeben in Definitionen, Abgrenzungen und Dogmen. Das Erstaunliche: Diese Sprache kann offensichtlich ganz für sich selbst existieren, in sich ihren Wahrheitsanspruch behalten – und gleichzeitig immer weniger Relevanz und Referenz ausstrahlen. ReligionspädagogInnen von heute machen mehr und mehr die Beobachtung: Immer weiter entfernt sich diese Sprachebene von den Lebenserfahrungen gerade von Kindern und Heranwachsenden. Sie kann in ihrem Reden über Gott – provokativ überspitzt formuliert – beides zugleich sein: theoretisch ganz notwendig und wahr; und praktisch weitgehend unerheblich.[3]
- Deshalb findet sich bei vielen ReligionspädagogInnen der Appell einer Rückbesinnung auf die Bibel. Das *biblische Sprechen* von Gott wird in seiner Griffigkeit, Bildhaftigkeit und Erdnähe als Ausweg aus der Sprachkrise angepriesen. Das Problem hier: Tatsächlich, biblische Sprache ist erfahrungsnah, nur bezieht sich diese Nähe zunächst auf

die Erfahrung einer orientalischen, einfach strukturierten bäuerlichen Welt. In Mythologie und Weltbild, in Grammatik, Sprach- und Wirklichkeitsverständnis tritt uns in der Bibel eine fremde Welt entgegen, deren Fremdartigkeit in unsere Sprache und Vorstellung übersetzt, aufgeschlüsselt, elementarisiert werden muss. Zwar kann das »Lernen an und mit biblischen Texten« tatsächlich »die Sprachkompetenz und das Verständnis von Wirklichkeit«[4] erweitern, das Problem einer für uns stimmigen Sprache in der Annäherung an Gott ist damit jedoch noch nicht gelöst.

- Religionspädagogisch legt sich so der weiterführende Gedanke nahe, wenigstens einen zentralen Sprachgestus der Bibel aufzunehmen: *die Erzählung*. Ganz einfach doch: vom Glauben muss man erzählen. Glaube realisiert sich als erzählte Erfahrung mit Gott. Umgekehrt betrachtet spielt Narrativität eine zentrale Rolle in der moralischen Entwicklung.[5] »Narrative Theologie« als Schlagwort ruft so fast überall begeisternde Nickbewegungen hervor. Nur: *Wie* soll man denn erzählen: Im Stil von Märchen, Abenteuergeschichten und Legenden – die zu einer Nivellierung scheinbar gleichartiger »stories« führen kann? In persönlicher Bekenntnissprache – die weitgehende Individualisierung zur Folge haben kann? Und zudem: Wenn man Bücher liest, die sich dem Anspruch stellen »narrative Theologie« zu betreiben, verstärkt sich der Eindruck, dass allein der Anspruch das Grundproblem nicht löst.

- Ein letzter aktueller Kernbegriff der Religionspädagogik: Wenn schon nicht »Narrativität«, dann doch wenigstens »*Symbol*«. Dieser Begriff hat – so *Georg Hilger* mit Recht – »seit den 80er-Jahren des vorigen Jahrhunderts in der Religionsdidaktik Hochkonjunktur«[6]. Einführung und Einfühlung in die Symbole gilt zu Recht als wichtige Aufgabe in der Religionsdidaktik, schließlich lässt sich doch dort »Ganzheitlichkeit« erfahren und ein erfahrungsbezogenes Lernen mit »Herz, Kopf und Bauch« erleben, um weitere Schlagworte aufzurufen. Damit ist erneut fraglos Wichtiges benannt. Aber: All diese symbolischen Annäherungen an Wirklichkeit erschließen zunächst vor allem eine tiefere allgemeine Religiosität. Die in den prophetischen Religionen angezielte spezifische und persönliche Gottesbeziehung kann damit vertiefend verbunden werden, bleibt aber oftmals unscharf.

Stichwortartig, verkürzend und nur holzschnittförmig habe ich vier Sprachebenen aufgerufen, in denen ReligionspädagogInnen heute versuchen, Gottesbeziehung zu verbalisieren. Gleich zweierlei zugestanden: Zunächst gibt es weitere berechtigte und wichtige Sprachebenen der Gottesrede, die ich hier nicht genannt habe. Und zweitens: Alle vier benannten Sprachebenen tragen in den monotheistischen Religionen Unverzichtbares zur sprachlichen Annäherung an den gemeinsam verehrten einen Gott bei. Dennoch: Weder die Konzentration auf eine der vier Ebenen, noch der Versuch einer Synthese lösen leichthin das Problem einer für unsere Zeit tragfähigen Sprache im Zugang zur Gottesfrage. Dabei steht die Auseinandersetzung mit Gott nach aktuellen empirischen Umfragen eindeutig im Zentrum des schulischen Religionsunterrichts aller Altersstufen. Dies lässt sich eindrücklich belegen anhand der im Jahr 2000 publizierten Ergebnisse von *Anton Buchers* im Auftrag der Deutschen Bischofskonferenz durchgeführten Untersuchung »Religionsunterricht zwischen Lernfach und Lebenshilfe«.

Wichtig vorab: Sämtliche Zahlen spiegeln die Selbsteinschätzung von Schülerinnen und Schülern, geben also nur in subjektiver Brechung tatsächliche Lernvorgänge vor Ort wieder. In der Grundschule dominiert das Thema »Gott« alle anderen: 84 % der Schülerinnen und Schüler geben an, dass es »sehr oft« behandelt werde, weitere 14 % »manchmal«[7]. Auch in der Sekundarstufe I führt das Thema »Gott« die weiteren Themenfelder an: 78 % kreuzen »sehr oft« oder »oft« an, weitere 14 % »gelegentlich«[8]. Bemerkenswert: Gleich hinter dem Themenfeld »Liebe/Partnerschaft« belegt das Feld »Gott« den zweiten Rang auch in der Beliebtheitsskala: Für 68 % der Schülerinnen und Schüler ist das Thema »wichtig«, für weitere 18 % »teils/teils«[9]. Die Häufigkeit bleibt auch in der gymnasialen Oberstufe erhalten (78 % »sehr oft/oft«, »gelegentlich« weitere 17 %), während die Einschätzung der Wichtigkeit abnimmt (61 % »wichtig«[10]). Nur in der Berufsschule fällt das Ergebnis aus dem Rahmen: Hier findet sich das Themenfeld »Gott« sowohl in der Häufigkeit (32 % »sehr oft/oft«, weitere 29 % »gelegentlich«) als auch in der Einschätzung von Wichtigkeit (39 % »wichtig«, 31 % »teils/teils«[11]) im unteren Mittelfeld der Themenskala. In jedem Fall wird deutlich: Die Frage nach einer angemessenen Sprache in der Annäherung *an* Gott wird zu einer der entscheidenden Grundfragen an den Religionsunterricht heute.

Sie verschärft sich noch einmal, wenn man die Dimension einer angemessenen Sprache *zu* Gott hinzunimmt. Zwar glauben – nach einer Fo-
cus-Umfrage von 1999 – »zwei Drittel der Deutschen an Gott«, doch wird
bei dieser Umfrage bereits deutlich, dass die Tendenz abnimmt. Nur noch
56 % aller Jugendlichen beantworten die – auch sehr pauschal und allgemein gestellte – Frage »Glauben Sie Gott?« mit »ja«[12]. Fragt man genauer
nach, werden die Zahlen noch deutlicher: Nach den neuesten Umfragen
der Shell-Jugendstudie 2000 geben nur noch 27 % aller Jugendlichen in
Deutschland an, manchmal oder regelmäßig zu beten.[13] Und diese Zahl
wird aus christlicher Sicht durch eine darin enthaltene Gruppe von eher
häufig betenden muslimischen Jugendlichen noch perspektivisch nach
oben korrigiert. Wie aber soll eine Beziehung zu Gott möglich sein, ohne
eine passende sprachliche Annäherung *an* diesen Gott, ohne die Möglichkeit einer sprachlich adäquaten Auseinandersetzung *über* diesen Gott,
ohne ein stimmiges Sprechen *zu* diesem Gott?

2. SCHRIFTSTELLER ALS SPRACHLEHRER
   DER GOTTESBEZIEHUNG?

In diese Situation sprachlicher Orientierungssuche hinein legt sich der Gedanke nahe: Warum nicht Rat suchen bei denjenigen, die sich wie niemand sonst intensiv mit Sprache beschäftigen, die die jeweils aktuellen Möglichkeiten und Grenzen von Sprache immer wieder neu ausloten und ausprobieren? Warum also nicht Rat holen bei den Dichterinnen und Dichtern? Ich denke, dass das Aufblühen der akademischen Disziplin »Theologie und Literatur«[14] in den letzten fünfundzwanzig Jahren zumindest untergründig von diesem Gedanken getragen wird. Und ab und zu wird versucht, diese hermeneutisch-didaktische Perspektive direkt zu untersuchen und ihre Chancen konkret zu formulieren.[15]

Genau dazu soll dieses Buch einen eigenen, in dieser Form völlig neuartigen Beitrag leisten. Es will sich der Nachfrage stellen, ob, wo und wie SchriftstellerInnen in ihrer sprachlichen Annäherung an die Gottesfrage Vorbild oder Hilfestellung dafür geben, wie TheologInnen und ReligionspädagogInnen ihrerseits angemessen und wirkungsvoll von Gott sprechen, vielleicht zu Gott sprechen können. Es möchte Angebote zu der Nachprüfung bereitstellen, ob das Gespräch über Gott in Religionsunterricht, Gemeindearbeit oder universitärer Ausbildung mithilfe literarischer Texte neue Dimensionen erschließen kann. Ich knüpfe dabei an mein ähnlich konzipiertes – im Frühjahr 2001 erschienenes – Buch »Gedichte zur Bibel«[16] an. Lag dort das Schwergewicht auf dem literarischen Weiterleben der großen biblischen Gestalten – in deren Schicksal sich natürlich auch immer die Beziehung von Gott und Mensch spiegelt – so sollen hier Texte betrachtet werden, in denen die Gottesfrage direkt und weitgehend ohne biblische Rückbezüge im Zentrum steht. Dieses Buch ist so als Ergänzung, Weiterführung und Vertiefung gedacht. Zentrale didaktische und methodische Grundlegungen aus dem ersten Buch sollen hier nicht wiederholt, können dort bei Bedarf nachgelesen werden. In der Anwendung werden sie jedoch immer wieder auf ihren Ertrag für den Schwerpunkt dieses Buches aufgenommen und überprüft.

Verblüffend dabei: Es finden sich zum Thema »Gott in der Literatur« weder umfassende Studien zur wissenschaftlichen Sichtung noch überzeugend aufbereitete Anthologien. Im Feld von Theologie und Literatur liegen zwar zahlreiche Studien im Bereich von »Bibel und Literatur«, »Ethik und Literatur« oder »anthropologische Grundfragen und Literatur« vor – die direkt gestellte Kernfrage nach »Gott in der Literatur« wurde bislang jedoch mit bemerkenswerter Zurückhaltung behandelt. Die wichtigen Ausnahmen bedürfen der kurzen Charakterisierung.

Im Bereich der Studien sind vier Titel zu nennen: *Paul Konrad Kurz* veröffentlichte 1996 ein im Frühjahr 2003 wieder aufgelegtes Buch unter dem vielversprechenden Titel »Gott in der modernen Literatur«[17]. Es ist jedoch gerade nicht als strukturierter Überblick konzipiert, sondern eher als weitgehend eklektische Sammlung einzelner, innerlich nur wenig verbundener – als Einzelbeiträge lesenswerter – Essays. Der »systematische Ertrag« oder die »Überblickswirkung« bleiben so jedoch gering. Ähnlich in *Karl-Josef Kuschels* 1997 veröffentlichter Studie »Im Spiegel der Dichter. Mensch, Gott und Jesus in der Literatur des 20. Jahrhunderts«[18]. Hier konzentriert sich das Kapitel zur Gottesfrage einerseits auf ganz wenige Autoren, stehen die Ausführungen zudem ganz im Licht der Theodizeefrage. Die bildet zwar in der Tat einen zentralen Kernpunkt der Gottesfrage, deckt diese aber – auch im Blick auf die dichterische Gestaltung – bei weitem nicht ab. In dem 1999 von *Heinrich Schmidinger* herausgegebenen Sammelwerk »Die Bibel in der deutschsprachigen Literatur des 20. Jahrhunderts« finden sich zwei gute Überblicksartikel zum »Gott Israels«[19] und zum »christlichen Gott«[20] als knappe Zwischenbilanzen. Im gleichen Jahr 1999 schließlich veröffentlichten die in der Schweiz lehrenden Germanisten *Reto Sorg* und *Stefan Bodo Würffel* die Beiträge eines diesbezüglichen Symposions in dem Band »Gott und Götze in der Literatur der Moderne«, doch geht die Mehrzahl der sehr unterschiedliche Felder beleuchtenden Beiträge von der an einer Stelle klar formulierten Prämisse aus: »Die Poetik der literarischen Moderne ist im Großen und Ganzen eine Poetik des Atheismus. Götzen mögen darin noch eine Rolle spielen, Götter schwerlich, und Gott eigentlich überhaupt nicht.«[21] Dieser perspektivisch verzerrten Wahrnehmung sollen die Texte und Deutungen dieses Buches explizit widersprechen.

Im Bereich der Anthologien ragen zwei ausgezeichnete Sammlungen heraus, die zumindest einen Teilbereich der Frage nach Gott in der modernen Literatur gut erschließen: die Psalmen und ihre Nachdichtungen. Beide Sammlungen[22] – 1978 und 1997 erschienen – wurden von *Paul Kon-*

rad Kurz herausgegeben und jeweils mit einem zusammenfassenden Essay versehen. Als Fundgrube zur Frage nach modernen Psalmtexten sind beide Bände zu empfehlen.

Eine umfassende Studie oder Anthologie zur Gottesfrage in der modernen Literatur[23] bleibt so weiterhin ein Desiderat des theologisch-literarischen Dialogs. Im Bereich der Texterschließung – und indirekt somit auch zu einer mosaikartigen Erschließung eines lückenhaft bleibenden Gesamtbildes – möchte dieses Buch einen kleinen Beitrag zur Behebung dieses Desiderats leisten. Ein solches Unternehmen im Spannungsfeld von Religionsdidaktik und pädagogischem Umgang mit Literatur kann freilich von vielerlei Missverständnissen, Fehleinschätzungen und missbräuchlicher Verzweckung geprägt sein. Deshalb einige notwendige pragmatische Einschränkungen vorweg:

- Zunächst würde eine flächendeckende Untersuchung dieser Frage ganze Buchreihen anfüllen, ich kann also nur exemplarisch arbeiten. Ich beschränke mich so erstens auf den deutschen Sprachraum; zweitens weitgehend auf Texte des 20. Jahrhunderts, die der aktuellen Fragestellung Genüge tragen; drittens auf Lyrik als jene Sprachform, die als Verdichtung von Wirklichkeit der Sprache des Gebets, der Sprache der Religion am nächsten kommt; viertens auf Texte, die entweder durch ganz eigenständige Form und Qualität herausragen oder aber gerade repräsentativ für eine breitere Strömung stehen.
- Zweite notwendige Vorbemerkung: Ich wähle eine besondere »Schnittstelle zwischen Literatur und Theologie«[24], solche Texte, in denen sich SchriftstellerInnen direkt mit Religion auseinander setzen. Einige davon kann man sogar als Gedichte lesen, in denen die »Poeten beten«[25], die sich also direkt und unmittelbar mit den Möglichkeiten und Grenzen der sprachlichen Annäherung an Gott in Literatur befassen. Das aber ist eine Vorgabe, die sich in der Literatur, vor allem in der Gegenwartsliteratur, nur selten findet. Hier soll keineswegs der Eindruck erweckt werden, die Gottesfrage sei eine Dimension, welche die LyrikerInnen der Gegenwart ständig umtreibt. Im Gegenteil: Es handelt sich vielfach um Ausnahmen, die als solche jedoch umso bemerkenswerter sind.
- Dritter Punkt deshalb: Es geht um eine Fragestellung, die *ich* an die Texte herantrage. Sicherlich wäre es den meisten der aufgerufenen

SchriftstellerInnen fern, sich selbst als »theologische Sprachlehrer« zu betrachten. Ohne vorschnelle Fremdnutzung und Verzweckung versuche ich als Leser trotzdem, nicht nur den Texten in sich gerecht zu werden, diese vielmehr auch in meine Lebenswelt – und das heißt hier: meine theologische und religionspädagogische Fragestellung – hinein zu nehmen.

● Viertens schließlich: Die Annäherung an Gott umfasst in Bildungsprozessen fast immer einen vielfach bewährten, gleichzeitig jedoch als begrenzt erfahrenen Dreischritt: biblische Rede von Gott; Entwicklung der philosophischen und dogmatisch-begrifflichen Rede von Gott; Auseinandersetzung der Religionskritik mit der Gottesvorstellung. Häufig enden die Lernprozesse mit diesem letztgenannten Schritt. Der entscheidende Lernprozess findet jedoch erst jenseits dieses unverzichtbaren Dreischritts statt: die Auseinandersetzung im Bereich persönlicher Erfahrung mit jenem Gott, der zuvor dreifach distanziert betrachtet wurde. Das hier vorliegende Buch ist konzipiert aus der Überzeugung heraus, dass SchriftstellerInnen als Sachwalter authentischer Erfahrungen genau diese Frage in besonderer Weise beleuchten können. Die Frage nach einer sprachlichen Annäherung an Gott jenseits des Dreischritts Bibel – Tradition – Kritik steht deshalb im Zentrum der Gedankenlinie.

Damit sind die intendierten Fragerichtungen des Buches skizziert: Gibt es Aspekte, welche die akademische Theologie als wissenschaftlich verantwortbare Rede von Gott lernen könnte von den SchriftstellerInnen? Wie beeinflusst dieser Denkprozess das religionspädagogische Reden von Gott? Erschließen sich Lernende mit den Texten der DichterInnen Zugänge zur Gottesfrage, die in ihrer Erfahrungswelt eigene Spuren hinterlassen können?

3. HERMENEUTISCHE UND DIDAKTISCHE VERORTUNG

Um den hermeneutischen Ort nicht-theologischer Texte im theologischen Diskurs zu bestimmen, findet sich in der Fachliteratur häufig der Begriff *Fremdprophetie,* »gebraucht im Sinne einer Aufforderung zur praktisch folgenreichen Wahrnehmung (inklusive kritischer Unterscheidung) der prophetischen Kraft, die auch und gerade dem für die Kirche Fremden und fremd Gewordenen innewohnen kann«[26] – so *Norbert Mette* in der Neuausgabe des Lexikons für Theologie und Kirche. Lässt sich damit hilfreich und konsistent der Blick auf die hier vorgestellten literarischen Texte fassen? Mir scheint dieser *Begriff* hier *völlig ungeeignet* – und das bedarf einer kurzen Begründung. Beide Begriffsteile passen nicht, folglich auch nicht deren Kombination. Aus der Kennzeichnung »fremd« spricht zunächst das begründete Bedürfnis, nicht vorschnell vereinnahmen zu wollen. Gleichzeitig grenzt man jedoch aus: Aber mit welchem Recht würde man denn einen Reinhold Schneider, einen Rainer Maria Rilke oder einen Kurt Marti als »fremd« stigmatisieren? Die scheinbar klare Trennung in »eigen« und »fremd« wird der komplexen Beziehungsstruktur nicht gerecht. Was hier inhaltlich, formal, auf der pragmatischen Sprachebene oder im Anspruch »fremd« und was »vertraut« ist, was »innen«, was »außen«, das kann sich nur im Blick auf jeden einzelnen Text diskutieren lassen. Die zweite Kennzeichnung »Prophetie« versucht zunächst erneut positiv, die bleibende hermeneutische Herausforderung zu kennzeichnen. Denn tatsächlich: In »Fremdtexten« kann Provokatives, Wahrhaftiges, Entscheidendes gesagt sein. Doch auch hier gilt die Einschränkung, nun freilich in umgekehrter Argumentation: »Prophetie« lädt den Zusammenhang unangemessen theologisch auf, ist ein Prophet doch explizit ein von Gott Beauftragter, einer der im Auftrag und mit der Vollmacht Gottes Richtiges sagt. Lassen sich damit aber Autoren wir Bertolt Brecht, Nelly Sachs oder Ulla Hahn treffend charakterisieren? Der Begriff »Fremdprophetie« ist somit durch seine Kombination von ungebührlicher Ausgrenzung und gleichzeitiger Vereinnahmung als gut gemeint, aber in diesem Fall schlecht geeignet abzulehnen.

Wie aber lässt sich der hermeneutische und didaktische Ort dieser literarischen Texte besser bestimmen? Die Unterscheidung von fünf – idealtypisch formulierten – hermeneutischen und religionsdidaktischen Ge-
winndimensionen hat sich als hilfreiches Instrumentarium erwiesen[27]:
Der Blick auf solche literarische Texte ermöglicht Textspiegelung, Sprachsensibilisierung, Erfahrungserweiterung, Wirklichkeitserschließung und
Möglichkeitsandeutung. Diese Begriffe lassen sich nicht in jedem Fall
scharf voneinander abgrenzen, bleiben vielmehr Orientierungsversuche,
deren Sinn sich in der praktischen Anwendung erweisen muss.

Textspiegelung

Von Textspiegelung lohnt es sich dann zu sprechen, wenn in einem literarischen Text ein Bezug auf »Prätexte« deutlich wird, wenn also in Zitat
oder Anspielung auf vorhergehende Texte Bezug genommen wird. Ein
Gedicht etwa verweist dann immer zugleich auf beides: auf sich selbst,
aber auch auf den aufgerufenen Prätext der kommentiert, gewertet, um-
gedeutet oder erweitert wird. Gedichte zur Gottesfrage beziehen sich
häufig zumindest indirekt auf die biblischen Zeugnisse zur Gotteserfahrung, vielfach zudem auf die in kirchlicher Tradition geronnenen Aussagen zur dogmatischen Sprachregelung über Gott. In manchen Fällen wird
dieser indirekte Bezug auch direkt auf der Textebene deutlich – etwa in
der Tradition der Gegengebete, die sich unmittelbar auf Vorbilder aus der
liturgischen Tradition beziehen und sie kommentieren oder umdeuten. In
der Textspiegelung werden so zwei Dimensionen einander gegenüber gestellt: Der literarische Text als Ausgangspunkt der Betrachtung, daneben
aber auch die nun mit verschärftem Blick betrachteten Texttraditionen,
auf die sich der literarische Text bezieht.

Sprachsensibilisierung

Die zweite Chance im Blick auf Gedichte als Medium der Auseinandersetzung mit der Gottesfrage liegt in der Sprachsensibilisierung. Literaten reflektieren intensiv über die zeitgemäßen Potenziale und Grenzen von
Sprache. »Niemand« – so *Hilde Domin* in ihrem epochalen Essay »Wozu

Lyrik heute« von 1968 – »niemand aber ist eine feinere Waage für die Worte als der Lyriker«[28]. Gelungene literarische Werke sind Produkte von feinfühliger Gegenwartserspürung, die sich kaum festlegen lässt, eher in Fragerichtungen formuliert werden kann: Wo sagt – gerade in der Annäherung an Gott – die verstummende Pause in Gedichten mehr als der ausführliche Bericht; wann bedarf es der symbolisch verschlüsselten Andeutung mehr als der einlinigen Definition; wie öffnen sich für Lesende Tiefendimensionen unterhalb der Textoberfläche? In der Beachtung solcher Fragen spüren SchriftstellerInnen wie feinfühlige Seismographen sehr genau, was Sprache kann und darf. Doch zugegeben: Sicherlich sind literarischer Stil und Ausdruck – manchmal hermetisch, elitär, nur Spezialisten zugänglich – von TheologInnen und KatechetInnen in ihrem Sprechen von Gott nicht einfach zu übernehmen. Das Nachspüren der sprachlichen Besonderheiten zeitgenössischer Literatur kann jedoch zur unverzichtbaren Reflexion über den eigenen sorgsamen Sprachgebrauch in Theologie und Religionspädagogik anregen.

Erfahrungserweiterung

Eine dritte Chance der Betrachtung von Gedichten zur Gottesfrage liegt in der Erfahrungserweiterung. Hinter diesem Stichwort verbirgt sich ein doppelter Betrachtungszugang: SchriftstellerInnen stehen in individuellen Erfahrungszusammenhängen mit sich selbst, anderen Menschen, ihrer Zeit und ihrer Gesellschaft und lassen diese Erfahrungen – in unserem Fall im Blick auf die Gottesfrage – in ihren Sprachwerken gerinnen. Zu beachten bleibt freilich, dass Lesende niemals einen direkten Zugriff auf Erfahrungen, Erlebnisse und Gedanken anderer haben können, handelt es sich doch stets um gestaltete, gedeutete, geformte Erfahrung. Über den doppelten Filter der schriftstellerischen Gestaltung einerseits und meiner stets individuellen Deutung andererseits ist hier aber zumindest ein indirekter Zugang zu Erfahrungen anderer möglich.

Literarische Texte spiegeln aber nicht nur die Erfahrung der Autoren, sie ermöglichen darüber hinaus für die Lesenden selbst neue Erfahrungen im Umgang mit diesen Texten. In der Auseinandersetzung mit in Texten verschlüsselten Gotteserfahrungen anderer werden eigene Erfahrungen aufgerufen, aktiviert, zur Überprüfung herausgefordert. Gegen jeglichen

Versuch der wissenschaftlichen Objektivität gerade in Bezug auf die Dimension Gott fungieren literarische Texte als »Anwalt der Subjektivität«, leuchten sie doch die »›Innenseite‹ von Problemfeldern«[29] aus. Vor allem diese bewusste Subjektivität bündelt menschliche Erfahrungen und bietet so die Möglichkeiten des Anknüpfens und der Identifikation oder der Ablehnung und Bestimmung der eigenen Position. Auseinandersetzung mit dieser Erfahrungsdimension von Literatur ermöglicht so eigenes Identitätswachstum in der bewussten Reflexion über die eigene Gottesbeziehung.

Wirklichkeitserschließung

Eine weitere Chance in der Begegnung mit Gedichten zur Gottesfrage kann man Wirklichkeitserschließung nennen. Während die Erfahrungserweiterung eher »zurück«schaut, auf die hinter den Texten liegende Erfahrung der SchriftstellerInnen, blickt diese Perspektive eher nach »vorn«, auf die mit dem Text für die LeserInnen neu möglichen Auseinandersetzungen. *Hilde Domin* formuliert hier erneut treffend: Jedes Gedicht »hilft, die Wirklichkeit, die sich unablässig entziehende, benennbar und gestaltbar zu machen«[30]. Wo träfe ein solcher Befund mehr zu als im Blick auf die Dimension Gottes, die sich mehr als alle anderen ständig entzieht, unbenennbar bleibt, bestenfalls in Annäherungen spürbar wird?

Theologie wie Literatur bemühen sich darum, in Sprache und mit Sprache Wirklichkeit zu beschreiben und herzustellen. Literarische Texte erschließen im Blick auf die Gottesfrage als konkurrierende Wirklichkeitsdeutungen eigene Realitätsebenen. Hier werden oft genug Bereiche des menschlichen Daseins angesprochen, die innerkirchlich sonst kaum Gehör finden. Hier kommen andere Stimmen und Wirklichkeitsdeutungen zu Wort, die für Gemeindemitglieder oder SchülerInnen ungewohnt, provokativ, im positiven Sinne herausfordernd sein können, ja: in denen sich möglicherweise gerade Lernende eher wiederfinden als in den traditionellen Sprachspielen von Theologie, Katechese und Liturgie.

Möglichkeitsandeutung

Literatur lebt schließlich nicht nur von erfahrener, erschriebener und erschlossener Wirklichkeit, sondern vor allem – wie es *Robert Musil* in seinem epochalen Roman »Der Mann ohne Eigenschaften« (1930) benannt hat – vom »Möglichkeitssinn« als zentrale Fähigkeit, »alles, was ebenso gut sein könnte, zu denken, und das, was ist, nicht wichtiger zu nehmen als das, was nicht ist«. Das so benannte, fiktiv erahnte Mögliche könne man, so Musil weiter, sogar »die noch nicht erwachten Absichten Gottes« nennen, denn es habe »etwas sehr Göttliches in sich, ein Feuer, einen Flug, einen Bauwillen und bewussten Utopismus, der die Wirklichkeit nicht scheut«[31]. Gerade die Kraft solcher Visionen dessen, was sein *könnte*, zeichnet die besondere Faszination literarischer Texte aus. Und allein in einer damit vergleichbaren »Grammatik der Sehnsucht« sind auch theologisch alle Aussagen über Gott letztlich beheimatet. Richtig verstanden sind theologische Aussagen, sind alle Elemente der Glaubenssprache Sehnsuchts- und Hoffnungsaussagen, entstammen eben nicht der Grammatik der Wissenssprache.

Wichtig: Es darf nicht zu einer Verwischung der Sprachebenen kommen. Sicherlich weisen religiöse und literarische Sprache große Gemeinsamkeiten auf: beide verdichten Wirklichkeit und weisen über sich selbst hinaus, »transzendieren« also Wirklichkeit. Dennoch gibt es vom Selbstanspruch her einen zentralen Unterschied, den der evangelische Religionspädagoge *Peter Biehl* in Bezugnahme auf *Paul Ricœur* deutlich benennt: Zunächst geht er so weit zu behaupten: »Dichterische wie religiöse Sprache haben *offenbarenden Charakter*, sie eröffnen nämlich von sich her das Angebot einer Welt, in die hinein ich meine eigensten Möglichkeiten entwerfen kann.« Sein Offenbarungsbegriff entspricht hier also nicht dem gängigen theologischen Sprachgebrauch. Entscheidend dann jedoch die Differenzierung: »Religiöse Sprache *modifiziert* diesen offenbarenden Charakter dichterischer Sprache dadurch, dass sie den allgemeinen Charakteristika der Dichtung die Verbindung eines Ur-Bezugspunktes – ›Gott‹ – hinzufügt und damit zu einer Sinnverwandlung dichterischer Sprache führt.«[32] Zunächst teilen literarische und religiöse Texte allgemein also einen Tranzendenzanspruch im Sinne von *Ernst Blochs* »Transzendieren ohne Transzendenz«[33], eines Sich-Selbst-Überschreitens ohne dass es eine jenseitige Macht geben müsse, welche diesen Prozess ermöglicht. Doch entscheidend: Im Selbstanspruch ist der Transzendenzbezug religiöser Sprache keineswegs ausschließlich ein menschliches Sich-Selbst-Überschreiten, sondern ein von Gott gewährter Prozess des Sich-Öffnens auf Gott hin.

Fünf Gewinnchancen in der Beschäftigung mit literarischen Texten zur Gottesfrage: Textspiegelung, Sprachsensibilisierung, Erfahrungserweiterung, Wirklichkeitserschließung, Möglichkeitsandeutung. Zusammen betrachtet ermöglichen sie im Idealfall etwas, wovon Religionsdidaktiker, -theoretiker und -praktiker seit langem träumen: Sie ermöglichen »Korrelation« im Sinne einer kritischen, produktiven »Wechselbeziehung (...) zwischen dem Geschehen, dem sich der überlieferte Glaube verdankt und dem Geschehen, in dem Menschen heute (...) ihre Erfahrungen machen«[34]. Dieser Korrelationsbegriff und die sich auf ihn stützende Korrelationsdidaktik sind in den letzten Jahren in die Kritik geraten[35], ohne freilich bislang von »besseren« didaktischen Konzeptionen ersetzt worden zu sein. Die Kritik entzündete sich nicht nur an der in der Praxis oft kurzschlüssigen Gleichsetzung von Didaktik mit Methodik, in der allzu platt heutige Erfahrungen (mit Gott?) gegen in der Bibel geronnene Erfahrungen (mit Gott?) gesetzt wurde – die sich eben nicht gegenseitig durchdringen und spiegeln, sondern als unverbundene Blöcke nebeneinander, oft: gegeneinander stehen bleiben. Solche methodischen Engführungen sind durch bessere methodische Konzepte unschwer auszugleichen. Die Kritik erkannte viel grundsätzlicher, dass die Voraussetzung des Modells immer weniger zutrifft: dass nämlich Schülerinnen und Schüler heute überhaupt auch nur ansatzweise vergleichbare Erfahrungen machen, die sich in irgendeiner stimmigen Weise mit dem Gott der biblischen Offenbarung in Verbindung bringen lässt. Das somit benannte Erfahrungsdefizit im Hinblick auf die Gottesbeziehung bringe das Korrelationsmodell aus dem Gleichgewicht.

Gerade hier bietet der Einsatz literarischer Texte *einen* möglichen Ausweg an – neben anderen. Das »Geschehen, in dem Menschen heute ihre Erfahrungen machen« muss ja nicht aus der unmittelbaren Erfahrung der Lernenden selbst abgerufen werden. Es kann ja auch von anderen erlebte und zur Vermittlung gestaltete Lebenserfahrung sein, eben zum Beispiel in Form literarischer Texte. Den einen Pol der angestrebten wechselseitigen Durchdringung bilden also aus Gotteserfahrung geronnene Texte der

Tradition, der andere Pol besteht aus – im oben beschriebenen Sinne – geronnenen Erfahrungen mit der Frage nach Gott in literarischen Texten unserer Zeit. Dieses Modell setzt auf die – idealtypisch gezeichnete – Hoffnung: Im Durchdenken und Mitfühlen beider Spannungsbögen, im Auffinden »struktureller Analogien«[36] und »produktiver Kollisionen«[37] zwischen den beiden Erfahrungsbereichen können sich Menschen unserer Zeit in den Deutungsprozess der Frage nach Gott oder sogar in den Identifikationsprozess der Gottesbeziehung einschalten.

4. WIDER DIE BLOSSE VERZWECKUNG LITERARISCHER TEXTE

Bei allen möglichen Chancen einer Beachtung von literarischen Texten zur Gottesfrage in Theologie und Religionspädagogik gilt es eine Rückfrage ernst zu nehmen, die mit Recht immer wieder gestellt wird: Werden hier – bei aller Behutsamkeit und Sorgfalt – nicht letztlich doch Kunstwerke zweckentfremdet, funktionalisiert, in den Dienst eines ihnen fremden Anliegens gepresst? Die Gefahr besteht – das muss schlicht eingeräumt werden. Man kann sich ihr aber stellen und versuchen, sie zu verringern. Zunächst hat das Lesen von Literatur stets den verwertfreien Selbstzweck, »zu bilden«, »Spaß zu machen«. So sehr in der pädagogischen Vermittlung arbeitende »Praktiker« immer gleich versucht sind, mögliche Einsatzchancen von neuen »Materialien« zu überlegen, sollte doch immer der Freiraum bleiben, gerade Literatur um ihrer selbst willen zu lesen. Literatur darf nicht einfach zum »Hilfsobjekt«[38] verkommen. Trotzdem ist es in einem zweiten Schritt natürlich legitim, zu überlegen, ob man mit derartigem »Material« auch mit anderen Menschen »arbeiten« kann. Die Frage ist: Wie?

Die erste Grundregel für einen angemessenen Umgang mit den in diesem Buch vorgelegten Gedichten zur Gottesfrage liegt darin, sie vorbehaltlos als eigenständige Kunstwerke zu akzeptieren. Gerade *Dorothee Sölle* hat in ihrer literaturtheologischen Basisstudie »Realisation« von 1973 mehrfach auf diesen Punkt verwiesen, wenn sie die Anerkennung der prinzipiellen »Autonomie der Dichtung«[39] einfordert. Daraus folgt als didaktisch-methodische Vorgabe für den Umgang mit literarischen Texten: Sie dürfen weder als Steinbruch, noch als reiner Stichwortfundus missbraucht werden. Derartige Texte sind nicht bloß Interesse heischende Aufhänger, an der sich eine religiöse Deutung profilieren kann, die sowieso schon von vornherein feststeht. Sie dienen der Theologie keineswegs ausschließlich dazu, das Eigene noch einmal neu zu sehen. Wenn also im folgenden vom »Einsatz« literarischer Texte im Unterricht gesprochen wird, dann in dem Sinne, Gedichte nicht vorschnell verzwecken zu wollen. Umgekehrt geht es aber auch nicht darum, sie mit den Grundtexten der Offenbarung einfach auf eine Stufe mit gleichem Verbindlichkeitscharakter zu stellen. Vielmehr sollen sie zwar ernst genommen, für sich und als solche gewürdigt werden. Gleichwohl werden sie jedoch – ganz transparent – in einem bestimmten Kontext (Religionsunterricht) und unter einer bestimmten, erneut offen angegebenen Perspektive betrachtet.

Noch eine weitere mögliche kritische Nachfrage an das Gesamtkonzept dieses Buches soll an dieser Stelle vorweggenommen werden. Ist eine solche Herangehensweise – nach den »Gedichten zur Bibel« – nicht ein weiterer Schritt zurück in der wissenschaftlichen Auseinandersetzung von Theologie und Literatur? Wird hier nicht schon wieder dem alten Vorwurf des »Inhaltismus« Munition frei Haus geliefert, vor dem etwa *Dietmar Mieth* wiederholt gewarnt hat. So schon auf dem Tübinger Symposion zu »Theologie und Literatur« von 1984, als er monierte, »religiöse Motivsuche, die sich rein an thematischen Querverbindungen orientiert und etwa Themen der Theologie aus der Literatur rekonstruiert« sei »außerordentlich problematisch«[40]. Gleich eingestanden: Die geäußerte Kritik ist als Warnstimme berechtigt, als allgemeine Position jedoch überzogen. Selbstverständlich ist auch solche Literatur theologisch und religionspädagogisch relevant, die sich nicht direkt mit der Gottesfrage beschäftigt, die nicht selbst religiös oder gar christlich inspiriert ist. Trotzdem bleibt die direkte literarische Auseinandersetzung von SchriftstellerInnen mit der Gottesfrage ein einzigartig interessanter Sonderfall, der theologisch und vor allem im Blick auf den Religionsunterricht äußerst gewinnbringend betrachtet werden kann und noch keinesfalls erschöpfend erforscht und didaktisch-methodisch aufbereitet ist. Hier liegt der Schwerpunkt dieses Buches.

Ein weiterer möglicher Einwand: Verlängert man mit solchen Verfahren nicht letztlich den Deutschunterricht in den Religionsunterricht hinein? Oder umgekehrt: Sollte man den Umgang mit Gedichten nicht den dazu ausgebildeten Spezialisten überlassen? – Man muss nicht Literaturwissenschaft studiert haben, um Gedichte im Unterricht sinnvoll und angemessen einsetzen zu können. Auch die Methoden der Literaturwissenschaft sind in sich bereits Verengungen, Festlegungen, Eingrenzungen – und nicht immer fühlen SchriftstellerInnen sich von den Literaturwissenschaftlern am besten verstanden. Natürlich ist ein literaturwissenschaftliches Instrumentarium hilfreich, aber nicht Voraussetzung.

Die zeitgenössische Deutschdidaktik hat zahlreiche freie, kreative Zugänge zu literarischen Texten entdeckt, die als Vorbild für den Umgang mit Gedichten im Religionsunterricht gelten können. Zudem darf, ja: soll sich die Art der Behandlung dieser Texte vom Zugang im Deutschunterricht unterscheiden. Nicht um die lückenlose Analyse eines solchen Textes nach einem bestimmtem Formschema darf es im Religionsunterricht gehen, hier ist ein freierer Zugang möglich, in dem Einzelaspekte des Textes – sei es formaler, sei es inhaltlicher Art – im Vordergrund stehen dürfen. Im didaktisch-methodischen Hinführungsteil des Buches »Gedichte zur Bibel« habe ich einen solchen Ansatz ausführlicher begründet und methodisch ausdifferenziert.[41] Das soll hier nicht wiederholt, kann dort nachgelesen werden. In den Vorschlägen zum methodischen Umgang mit den einzelnen Gedichten werden sich zudem verschiedenartige praktische Anwendungen finden.

5. ZUM AUFBAU DIESES BUCHES

In dieser Textsammlung werden ausschließlich Gedichttexte berücksichtigt. Das verlangt nach einer Begründung. Abgesehen von der Beobachtung, dass die literarische Auseinandersetzung mit der Gottesfrage gerade im Bereich der Lyrik außerordentlich fruchtbar ist, bietet der Texttyp »Gedicht« ganz spezifische Chancen für den schulischen Religionsunterricht:

- Gedichte sind normalerweise kurz, überschaubar, mithin als »Ganzschrift« unverfälscht und ungekürzt zu lesen.
- Als am stärksten verdichtete Sprachform, als »Königsform der Literatur« bündeln Gedichte in besonderem Maße Zeitströmungen, Erschütterungen, persönliche wie gesellschaftliche Entwicklungen auf hohem poetischen Sprachniveau.
- In ihrem möglichen metaphorischen Verweis-Charakter, in ihrem ständig größeren Sinnüberschuss verweisen gerade Gedichte auf einen – angedeuteten, ausgeloteten, zurückgewiesenen – Transzendenzbezug, der im Blick auf die Gottesfrage von besonderer Bedeutung ist.

Bei der Auswahl der Gedichte wurden verschiedene Kriterien berücksichtigt. Doch ganz eindeutig zugestanden: Jenseits dieser Kriterien bleibt eine gewisse subjektive Vorliebe bestehen. Es gäbe eine Vielzahl weiterer, interessanter und guter Gedichttexte, in denen die Gottesfrage berührt wird. Meine Auswahlkriterien waren:

- Es sollten Texte aus dem Bereich des ganzen 20. Jahrhunderts aufgenommen werden. Dadurch wird ein exemplarischer Vergleich der Entwicklungstendenzen über die Jahrzehnte hinweg möglich. Gleichwohl soll ein Schwergewicht bei Texten aus der jüngsten Vergangenheit liegen, weil sie für die aktuelle Auseinandersetzung mit der Gottesfrage am ergiebigsten sind.
- Es wurde versucht, sowohl eine ausgewogene Verteilung von jüdischen und christlichen, als auch innerhalb der christlichen von evangelischen und katholischen Autoren aufzunehmen, um eine möglichst breite Streuung der gesellschaftlichen Hintergründe zu repräsentieren. Auch SchriftstellerInnen, die sich von ihrem religiösen Hintergrund losgesagt haben, sind vertreten.

- Wichtig: Die aufgenommenen Texte können in mehreren Fällen keineswegs als repräsentativ für das Gesamtwerk ihres Autors oder ihrer Autorin stehen. Sie entstanden manchmal in besonderen biografischen Situationen, die nicht als typisch gelten können. Im Kommentartext zu den Gedichten lassen sich dazu Hinweise finden.

- Es wurden Texte aufgenommen, die entweder repräsentativ für eine bestimmte Auseinandersetzungstradition mit der Gottesfrage stehen, oder aber besonders eigenständige, in ihrer Individualität herausragende Gedichte. Diese doppelte Zugangsmöglichkeit hat einen – zum Teil deutlichen – literarischen Qualitätsunterschied zwischen den einzelnen Texten zur Folge, den feinfühlige Lesende schnell erkennen werden. Gerade in der Arbeit mit SchülerInnen können diese Qualitätsunterschiede aber interessante Diskussionen hervorrufen. Ist der literarische Qualitätsmaßstab wirklich so eindeutig?

- Von jeder Dichterin oder jedem Dichter wurden höchstens zwei Texte aufgenommen. Dadurch sind zwar bei einzelnen SchriftstellerInnen wichtige weitere Gedichte weggefallen, es ließ sich so aber eine breitere Streuung erreichen.

- Insgesamt wurde versucht, eine Mischung zu erzielen: einerseits aus – Fachleuten – bereits bekannten (weil: in ihrer Originalität herausragenden) Texten, die sich zum Teil auch schon in anderen Anthologien finden; andererseits aus neuen, unverbrauchten oder bislang eher unbekannt gebliebenen Gedichten.

Wie werden die Gedichte im Folgenden präsentiert, gedeutet, didaktisch-methodisch eingeordnet? Insgesamt wurden 48 Gedichte aufgenommen. Die Präsentation orientiert sich dabei weniger an chronologischen Kriterien, sondern erfolgt vor allem anhand thematischer Bündelung. Dabei ergab sich eine Gruppierung in vier große Kategorien:

- Texte, welche die Tradition der literarischen Behandlung der Gottesfrage spiegeln (Kapitel I),
- Texte, die als Zeugnisse zerbrechender Gottesgewissheit stehen (Kapitel II),
- Texte, die zwischen den Formen von Gebet und Gegengebet anzusiedeln sind (Kapitel III),
- schließlich Texte, in denen eine neue literarische Annäherung an die Gottesfrage deutlich wird (Kapitel IV).

Jedes dieser vier Kapitel ist in sich noch einmal in drei inhaltlich bestimm-te Untergruppen unterteilt. In jede der sich so ergebenden zwölf Abtei-lungen sind vier Gedichte aufgenommen, die thematisch verbunden sind und so zum direkten Vergleich miteinander einladen.

Wird ein solch enges Strukturraster den autonomen individuellen Texten gerecht? Wird hier nicht eine Struktur entworfen, die so gar nicht existiert? Zugegeben: Die Gruppierungen wollen hilfreiche Erkenntnis-schneisen in einen lebendig-wilden und somit ungeordneten Urwald schlagen – vielleicht erleichtern sie so die Orientierung. Nur dadurch wäre ein solch strukturierender Zugang jedenfalls gerechtfertigt. Er muss sich also in der Praxis als hilfreich erweisen.

Die zwölf Abteilungen werden zunächst allgemein charakterisiert: Welche Entwicklung des Gottesbildes, welche zeit- oder ideengeschichtli-chen Hintergründe beleuchten die vier hier zusammengefassten Texte? Zu den einzelnen Gedichten werden dann knappe Informationen gege-ben: gerade so viel, wie LehrerInnen erfahrungsgemäß in ihrer alltägli-chen Unterrichtsvorbereitung tatsächlich aufnehmen können. Natürlich könnte – manche werden einwenden: müsste – viel mehr zu den Texten und ihren Kontexten gesagt werden. Ich orientiere mich allen möglichen Einwänden zum Trotz pragmatisch an dem Primat der praktischen Ver-wendbarkeit. So wird jeweils kurz der Autor/die Autorin vorgestellt im Hinblick darauf, was zum Verständnis des Textes und für seine Deutung absolut notwendig erscheint. In der Regel werden nur sorgsam ausge-suchte Lesehinweise angeführt. Für spezifisch Interessierte bieten die ger-manistischen Nachschlagewerke weiterführende Informationen.

Die vier Gedichte selbst werden jeweils im Blick auf ihre sprachliche Struktur und ihre inhaltliche Ausrichtung gedeutet. Danach erfolgt zu-nächst eine didaktische Einordnung dahingehend, wie, wo, warum und mit welchen Lernchancen speziell diese Texte im Religionsunterricht sinnvoll eingesetzt werden können. Schließlich werden konkrete metho-dische Ideen direkt zur unterrichtlichen Umsetzung kurz charakterisiert, die meistens in der Praxis erprobt wurden. Sie verstehen sich als Anre-gung, keineswegs als »dogmatische Vorgabe«. Erstes Ziel des Buches ist es, dass Lehrende wie Lernende mit Freude und Gewinn sich den vorge-stellten literarischen Texten annähern und mit ihnen die Auseinanderset-zungen um die Gottesfrage lebendig werden lassen.

6. »KLEINE VERSE« GEGEN DIE REDE VOM TOD GOTTES

Es gibt ein weiteres Ziel. Gegen die rein säkularisierten Beobachtungsmuster eines Großteils der Germanistenzunft soll hier deutlich werden, dass und wie die Gottesfrage immer ein Thema der Literatur – auch im 20. und 21. Jahrhundert – war und bleibt. *Gottfried Benns* vorgeblicher Abgesang auf Gott als Thema und Zielpunkt der Literatur bleibt nur eine Zwischenstimme. 1934 hatte Benn in seiner autobiografischen Schrift »Lebensweg eines Intellektualisten« äußerst wirkmächtig geschrieben: »Die Götter tot, die Kreuz- und die Weingötter, mehr als tot: schlechtes Stilprinzip, wenn man religiös wird, erweicht der Ausdruck. Was aber gehalten und erkämpft werden muss, das ist: der Ausdruck«.[42] Eine Absage an Gott und alle Gottesvorstellungen im Leben und in der Literatur; zudem eine Rückweisung an jeglichen Versuch, religiöse Dichtung zu verfassen, die nur »den Ausdruck erweicht« – war das nicht das endgültige Todesurteil einer jeglichen ästhetisch anspruchsvollen Fortschreibung der Gottesfrage in der Literatur?

Die kulturelle Entwicklung der letzten Jahre geht in eine andere Richtung. Mit dem Machtverlust der Institution Kirche in den westlichen Gesellschaften geht eine Wiederentdeckung des breiten Phänomens Religion außerhalb der Kirchen einher. Heutige Schriftsteller können wieder ungehemmt von Gott reden, ohne befürchten zu müssen, gleich als »christliche Autoren« abgestempelt oder vereinnahmt zu werden. *Anton G. Leitner* – Herausgeber der in Deutschland zur Zeit einflussreichsten Lyrikzeitschrift »Das Gedicht« – kann so mit Recht schreiben: »Der moderne Mensch verliert seine Scheu vor ›Gott‹ und dem ›Heiligen‹«[43]. Den Nachweis führt er in der Ausgabe seiner Zeitschrift zum Thema »Himmel und Hölle« (Oktober 2001), in der er eine breite Spanne religiös motivierter Lyrik quer durch die deutschsprachige Literaturszene hindurch präsentiert. In einem programmatischen Aufsatz kann es in derselben Ausgabe ohne Scheu heißen, »moderne Lyrik« sei »ein Echolot für Religion«, ja: moderne Lyrik sei »ein Ausdrucksmedium religiöser Erfahrung«[44].

Eine indirekte Antwort auf Benns Provokation findet sich so in überzeugender Form etwa in einem kleinen unlängst erschienenen Gedichtband. Der Verfasser, *Michael Krüger* (*1943), ist eine der führenden Gestalten des deutschen Literaturbetriebs – einerseits hinter den Kulissen als langjähriger Lektor, einflussreicher Herausgeber und literarischer Leiter des Hanser-Verlags, andererseits selbst als Essayist, Erzähler und vor allem als – mehrfach preisgekrönter – Lyriker. In seinen jüngsten Gedichtbänden finden sich immer wieder überraschende Texte, in denen die Gottesfrage neu und unbefangen gespiegelt wird. Wir werden in diesem Buch darauf an verschiedenen Stellen eingehen. Für die aktuelle Frage wichtig wird ein Gedicht aus dem 1996 erschienenen Band »Nachts, unter Bäumen«[45]:

Die kleinen Verse

Die kleinen Verse, die keine Richtung kennen,
keine Tendenz, sie folgen selbstvergessen
einem Weg ins Dunkel und tauchen plötzlich
auf der Lichtung auf, verwandelt. Sie kennen
nicht den Appetit auf große Wörter, sie sagen
nicht, was Menschen tun und lassen sollen.
Und wenn von Gottes Tod die Rede ist,
vom Tod des Menschen, sind sie nicht zu hören.
Platon, Nietzsche, alle Dichter, die mit Feuer
das Feuer bekämpfen, dass im fiebrigen Prasseln
Klang werde, höherentwickelte Form, verachten
die kleinen Verse. Sie aber leben weiter,
im Lidschlag des Auges, das sich öffnet und
schließt.

Kleine Verse werden hier vorgestellt als eigenständige Geisteswesen, die sich gleich mehreren Modeströmungen in Gesellschaft und Kulturbetrieb nicht anpassen, sondern »selbstvergessen« und ohne »Richtung« ihre eigene Wirklichkeit spiegeln. Sie verweigern sich zunächst all den »großen Wörtern«, allen Versuchen, klar definierte Moral und fest gefügte Norm vorzuschreiben. Sie verweigern aber auch die Zustimmung zum scheinbar selbstverständlichen Chor all jener Stimmen, die den Tod Gottes proklamieren. Schließlich finden sie sich auch nicht im Bund jener politischen Lyrik und Prosa, die versucht »Feuer mit Feuer zu bekämpfen«. Nicht Moral, nicht Absage an Gott, nicht Politik – die kleinen Verse leben für sich, notwendig und selbstverständlich wie der Lidschlag des Auges. Von solchen »kleinen Versen« als Widerstand gegen den Abgesang auf Gott soll das Buch zeugen.

I. Grundlegungen:

Gedichte zur Gottesfrage vor 1945

Am Anfang der Betrachtungen steht ein Blick in die Vergangenheit. Bevor wir uns Texten der Gegenwart zuwenden, soll eine Selbstvergewisserung über die Traditionen und Wurzeln der poetischen Gottesrede in unserer Kultur erfolgen. Wann entstanden denn erste eigenständige Gedichte, die sich der Gottesfrage annäherten? In welcher Form und mit welchen inhaltlichen Schwerpunkten wurde zunächst literarisch von Gott geredet? Und wie entfaltete sich diese Tradition in Gedichten von Autoren christlicher und jüdischer Provenienz in der ersten Hälfte des 20. Jahrhunderts? Allein diese Grundlegung ermöglicht den Blick auf Aufbrüche, Absetzungen und Anknüpfungen in den Texten, die seit 1945 geschrieben wurden. Da dieses Datum literarisch jedoch keineswegs einen absoluten Bruch, eine für alle eindeutig markierte »Stunde Null« markiert, werden auch in die folgenden Abteilungen wenige ältere Texte aufgenommen, in denen Vorahnungen dieser historisch-kulturellen Wetterscheide aufbrechen.

1. LOB-, DANK- UND BITTGEBETE:
GOTTESGEDICHTE DER TRADITION

Die klassische christliche Tradition kennt – wie schon der Gebetsschatz der Psalmen des Alten Testamentes – drei vorherrschende Formen des Gebets: das *Lobgebet*, in dem Gottes Macht, Güte und Größe gepriesen wird; das *Dankgebet*, in dem Gott für konkret erfahrene Hilfe gedankt wird, sei es im Blick auf Taten der Heilsgeschichte, sei es im Blick auf das persönliche Leben; schließlich das *Bittgebet*, in dem Gott um Hilfe und Beistand angefleht wird. Da die frühen Versuche einer eigenständigen literarischen Gottesrede zunächst aus dem christlichen Binnenraum erwachsen, ist es kaum verwunderlich, dass sie diese Formen der Gottesrede übernehmen. Liturgie und Literatur sind in den europäischen Nationalkulturen zunächst gar nicht zu trennen: Literarische Werke beziehen sich auf liturgische Abläufe, oftmals ganz konkret auch auf liturgischen Einsatz; umgekehrt bedient sich die Liturgie gern der Texte binnenchristlich schreibender Dichter.

Die Gattungen von gebetsartiger Poesie und poetischem Gebet können dabei ineinander übergehen. Genaue Abgrenzungen sind nicht immer möglich. Der Hauptunterschied mag – im Anschluss an die Begriffsklärungen von *Andreas Krass* im Reallexikon der deutschen Literaturwissenschaft – in der unterschiedlichen Funktion liegen, auch wenn diese nicht in jedem Fall aus der Formstruktur des Einzeltextes selbst erschlossen werden kann. Er führt aus: »Die pragmatische Gebetsliteratur ist – trotz möglicher poetischer Stilisierung – für den kirchlichen und privaten Glaubensvollzug bestimmt. (...) Poetische Gebete sind hingegen solche, die, ungeachtet ihrer Verwendbarkeit für die Glaubenspraxis, primär als Dichtung konzipiert sind oder sekundär als solche rezipiert wurden.«[46]

Im deutschsprachigen Bereich hat vor allem *Martin Luther* (1483–1546) das Aufkommen einer eigenständigen literarischen Gottesdichtung in deutscher Sprache gefördert. Von ihm her wird auch die Tradition geprägt, dass Gedichte an Gott bald vertont werden zu Liedern an Gott, die in Gottesdienst und Glaubensleben der Gläubigen ihren festen Platz einnehmen. In den großen Gesangbüchern beider Konfessionen – dem

»Gotteslob« (1975) für den katholischen und dem »Evangelischen Gesangbuch« (1996) für den evangelischen Bereich – finden sich zahlreiche solcher Texte: Häufig haben sie im Laufe der Jahrhunderte fast volksliedhafte Bekanntheit erlangt.[47] Einige repräsentative Beispiele aus diesem breiten Traditionsstrom – verortet zwischen jener oben definierten Unterscheidung von »pragmatischer Gebetsliteratur« und »poetischen Gebeten« – sollen die Textsammlung zur Gottesfrage eröffnen. Denn selbst volksreligiös sozialisierten Kirchgängern geht es so, dass man diese Liedtexte zwar gern singt, dass ein genauer Blick auf den Wortlaut dieser Texte jedoch bestenfalls Hilflosigkeit zurücklässt: Diese zum Teil mehr als 400 Jahre alten Texte spiegeln eine Form der Gottesrede, die heute vielfach weithin unverständlich, überkommen, rätselhaft wirkt.

Didaktisch erweist sich gerade diese Rätselhaftigkeit als Herausforderung: Ein Blick auf literarische Gebetstexte der Tradition kann deutlich machen, wie Menschen früher über Gott gedacht, zu ihm gebetet, mit ihm spirituell gelebt haben. Erst ausgehend von der Erhebung dieses Grundbestandes kann man nachfragen, ob diese Texte heute tatsächlich völlig unverständlich sind: Spiegelt sich hier eine vergangene Welt, eine veraltete und überholte Spiritualität? Oder gibt es Elemente, die bleibend wichtig und lebensnah wirken? Was genau scheint nicht mehr zu uns zu passen? Wo setzt Kritik an? Wo könnte Zustimmung anknüpfen?

Friedrich Spee von Langenfeld: Ein anderer Lobgesang

Der erste Text führt uns zu einem der wichtigsten früh in deutscher Sprache schreibenden katholischen Dichter und Liedschreiber, zu dem Jesuiten *Friedrich Spee von Langenfeld*[48] (1591–1635). Bekannt ist Spee einerseits als unermüdlicher Kämpfer gegen den Wahn der Hexenverfolgungen, denen er mit seiner mutigen Gegenschrift »Cautio criminalis« (1631) wirkmächtig Einhalt gebot. Bekannt ist Spee – unermüdlich auch im konkreten spirituellen und caritativen Einsatz für Verurteilte, Kranke und Schwache – aber auch als großartiger Barockdichter. Zu Lebzeiten blieb Spee als Literat weitgehend unbekannt, da der wichtigste Teil seiner geistlichen Lieder zwar schon im Jahr 1623, aber anonym erschienen war. Unter diesen Liedern befinden sich so bekannte Titel wie »O Heiland, reiß die Himmel auf« (Gotteslob 105, Ev. Gesangbuch 7) oder »Zu Betlehem geboren« (Gotteslob 140, Ev. Gesangbuch 32). Erst vierzehn Jahre nach Spees Tod wurde die nachmals berühmte Gedichtsammlung »Trutz-Nachtigall« veröffentlicht, sein literarisches Meisterwerk, aus dem der folgende Beispieltext stammt. Sie besteht aus 52 Langgedichten, konzipiert – so der Untertitel – als »geistliches poetisch Lust-Wäldlein, als noch nie zuvor in Teutscher Spraach auff recht Poetisch gesehen ist«. Gewidmet ist sie »allen geistlichen, gottliebenden Seelen, und sonderlich der poetischen Kunst gelehrten Liebhabern zur Erquickung«[49].

Der folgende Text ist in der »Trutz-Nachtigall« als Gedicht 27 aufgeführt. Im Rahmen einer umfassenden Sammlung von Lobgedichten trägt es den Titel: »Ein anders Lobgesang, auch auß dergleichen Wercken Gottes, so ihn jmmerdar preisen«[50]. Es besteht aus vierzehn parallel gestalteten Strophen zu jeweils acht Versen, die – dem singbaren Lied angemessen – im Kreuzreim verfasst sind. Um einen Eindruck von dem Text, seinem Ton und seiner poetischen Welt zu bekommen, reicht ein Blick auf fünf ausgesuchte Strophen aus. Dieses Verfahren scheint auch deshalb legitim, weil das Gedichts selbst zunächst nur aus weniger Strophen bestand, die nachträglich von Spee selbst ergänzt wurden.[51] Die Schreibweise wurde der gegenwärtigen Orthographie angepasst, um die Hürden des Zugangs zu diesem Gedicht nicht unnötig zu erhöhen.

Ein anderer Lobgesang

1.
Auf, auf, Gott will gelobet sein,
Der Schöpfer hoch von Ehren:
Uns lasst die Laut' und Harfen rein
Mit Saiten süß vermehren.
Die Sonn' mit edlem Strahlenkranz
Den Schöpfer täglich weiset,
Der Mond mit rundem Sternentanz
Den Schöpfer nächtlich preiset.

2.
Auf, auf, Gott will gelobet sein,
Der Schöpfer groß von Machten:
Ich bei dem Sonn- und Sternenschein
Tu seinen Glanz erachten.
Wie klar muss Er dann leuchten selb,
Wie wunder wunder glitzen?
Wenn schon die Fackeln güldengelb
So reines Licht besitzen.

5.
Auf, auf, Gott will gelobet sein:
Ihn loben Wind und Regen,
Ihn loben Blitz und Wetterschein,
Zusamt den Donnerschlägen:
Ihn lobet auch der Regenkreis
Der Bogen bunt gefärbet;
Reif, Hagel, Schloos und Sommereis
In Kiesel klein zerkerbet.

9.
Auf, auf, Gott will gelobet sein,
Ihm Lilien schön und Rosen,
In gelb und purpur Mäntelein
Gar lieb- und freundlich kosen;
Sie lächeln ihm gar schön gefärbt,
In Kraut- und Blumengärten,
Von ihm die Schönheit hab'n ererbt,
Samt ihren Mitgefährten.

14.
Auf, auf, Gott will gelobet sein,
An schönen Sommertagen:
Lasst unserm Gott, lasst ihm allein
Die Laut' und Harfen schlagen.
Feu'r, Wasser, Luft, Erd, aller End'
Die Wunder sein verkünden;
Uns alle Welt und Element
Zu seiner Lieb entzünden.

Der Grundduktus dieses Gedichtes ist eindeutig bestimmbar: Die Menschen werden aufgerufen in das Lob Gottes einzustimmen. Gott »will« gelobt und gepriesen sein, weil die Schöpfung ein wunderbares Geschenk ist, das von sich aus auf den mächtigen und klugen Weltenschöpfer verweist. Da die Schöpfung selbst Gottes Lob singt, soll der Mensch einstimmen in den Jubelgesang. Seine Aufgabe im Weltganzen liegt gerade darin, Gott als Schöpfer anzuerkennen und die Gabe dieser Schöpfung im Lobpreis zu rühmen. Gotteslob ist hier ganz und gar Schöpfungslob. In immer neuen Anläufen bestimmen die einzelnen Strophen Grund und Ausdrucksmöglichkeiten dieses Lobgesangs. Biblische, möglicherweise direkt einflussreiche Vorbilder dieses Schöpfungsjubels liegen etwa im Psalm 148,2–12 vor, oder im »Lobgesang der drei jungen Männer im Feuerofen« aus dem Buch Daniel (Dan 3,52–90).

Die erste Strophe verweist gleich auf den musikalischen Charakter dieses Gedichtes als Lob*gesang*. Gotteslob bedarf der musikalischen Unterstützung durch den Klang von Saiteninstrumenten. In dieser Musik spiegelt der Mensch mit seinen Möglichkeiten jenes Lob, das Sonne, Mond und Gestirn auf ihre Weise immer schon verkündet haben. Die zweite Strophe vertieft dieses Bild: Sonne und Sterne, aber selbst schon Fackeln verbreiten strahlendes und reines Licht. So verweisen sie auf den unendlich reinen Glanz, den Gott selbst als Schöpfer dieser »minderen Lichtquellen« ausstrahlen muss. Strophe fünf weitet den Blick auf die Naturerscheinungen des Wetters, die auf ihre Weise ebenfalls die Größe Gottes lobend verkünden. Ob Wind oder Regen, Regenbogen oder Hagel – sie loben Gott. Die hier nicht abgedrucken Strophen führen diesen Gedanken in zahlreichen weiteren Bildern aus dem Bereich der im Alltag erfahrbaren Naturwelt weiter aus. Strophe neun etwa – hier exemplarisch aufgenommen – richtet den Blick auf die Welt der wunderbar gefärbten Blumen und Kräuter. Die Schlussstrophe bündelt die Gedanken des Gedichtes: Erneut wird das Motiv der musikalischen Untermalung des verbalen Lobs aufgegriffen: Mit allen vier Elementen als Sinnbild der gesamten Schöpfung darf und soll der Mensch in den Lobpreis Gottes einstimmen.

Friedrich Spees Text verdeutlicht exemplarisch die große Bedeutung, die dem Motiv des Gotteslobes zukam. Nicht zufällig trägt ja auch das seit 1975 gebräuchliche deutschsprachige Gesangbuch der katholischen Kirche den Namen »Gotteslob«. Tatsächlich trat die Bedeutung des preisenden Lobgesangs in literarischen Annäherungen an Gott jedoch mehr und mehr zurück, um dem Motiv des Dankes Platz frei zu räumen[52] – ohne freilich ganz zu verschwinden. Worin sich Lob und Dank unterscheiden, welche spirituellen Verschiebungen mit beiden Begriffen verbunden sind, soll der Blick auf den zweiten Text zeigen. Es handelt sich dabei um ein als Lied weithin bekanntes Gedicht, das uns zu dem wohl wichtigsten evangelischen Kirchenlieddichter neben und nach Luther führt, zu Paul Gerhardt.

Paul Gerhardt: Nun danket alle Gott

Der 16 Jahre nach Spee in Sachsen geborene *Paul Gerhardt*[53] (1607–1676) – als evangelischer Diakon oder Pfarrer in Mittenwalde, an der Nikolaikirche in Berlin, schließlich in Lübben tätig – zeigt sich in seinem Bezug zur Bibel, zu Funktion und Form von Dichtung, in seiner ganzen Theologie als treuer Erbe Luthers. Nicht um literarische Innovation ging es ihm, sondern um den dichtenden Dienst an der Gemeinde – verstanden als Dienst an Gott und ausgerichtet an der (evangelisch-lutherischen) Theologie. Von seinen 134 Liedtexten und Gedichten, die sich immer wieder an Psalmen und mittelalterlichen Hymnen orientieren, sind 25 in den allgemeinen Teil des Evangelischen Gesangbuches übernommen worden. Schon daran zeigt sich die zeitübergreifende Bedeutung Gerhardts. Seine Texte markieren aber auch eine grundlegende perspektivische Änderung in der Spiritualität des Kirchenliedes. Bei ihm rückt der Schwerpunkt fort vom individuellen oder kollektiven Bekenntnislied hin zum persönlichen Andachts- und Erbauungslied. Die LeserInnen oder SängerInnen sollen so in ihrem Alltag Gott gedenken. In diese Betrachtungen werden deshalb oft stimmungsvolle Naturbeschreibungen aufgenommen: »Nun ruhen alle Wälder«[54] oder »Die güldene Sonne«[55] sind bekannte Beispiele für solche volkstümlichen Lieder voll innigen Gottvertrauens.

Der hier vorgestellte Text »Nun danket alle Gott«[56] ist als »Nun danket all und bringet Ehr« in beiden Konfessionen ein vielgesungenes Lied und findet sich in beiden aktuell gebräuchlichen Kirchengesangsbüchern (Gotteslob 267; Ev. Gesangbuch 322). Es entstammt Gerhardts fruchtbarer Zusammenarbeit mit dem Kantor an der St.-Nikolai-Kirche in Berlin, *Johann Crüger* (1598–1663), der die musikalische Gestaltung übernahm. 1647 veröffentlichte dieser das im 17. Jahrhundert führende und darüber hin-

aus wirkmächtige Gesangbuch unter dem Titel »Praxis Pietatis Melica«
(»Lyrische Übung der Frömmigkeit«). Von den dort aufgenommenen 387
Liedern stammen 18 von Gerhardt, jeweils von Crüger vertont.

Nun danket alle Gott

Nun danket all und bringet Ehr,
Ihr Menschen in der Welt,
Dem, dessen Lob der Engel Heer
Im Himmel stets vermeldt.

Ermuntert euch und singt mit Schall
Gott, unserm höchsten Gut,
Der seine Wunder überall
Und große Dinge tut.

Der uns von Mutterleibe an
Frisch und gesund erhält,
Und, wo kein Mensch nicht helfen kann,
Sich selbst zum Helfer stellt.

Der, ob wir ihn gleich hoch betrübt,
Doch bleibet gutes Muts
Die Straf erlässt, die Schuld vergibt
Und tut uns alles Guts.

Er gebe uns ein fröhlich Herz,
Erfrische Geist und Sinn:
Und werf all Angst, Furcht, Sorg und Schmerz
In's Meeres Tiefe hin.

Er lasse seinen Frieden ruhn
In Israelis Land,
Er gebe Glück zu unserm Tun
Und Heil in unserm Stand.

Er lasse seine Lieb und Güt
Um, bei und mit uns gehn,
Was aber ängstet und bemüht,
Gar ferne von uns stehn.

Solange dieses Leben währt,
Sei er stets unser Heil
Und bleib auch, wenn wir von der Erd
Abscheiden, unser Teil.

Er drücke, wenn das Herze bricht,
Uns unsre Augen zu
Und zeig uns drauf sein Angesicht
Dort in der ewgen Ruh.

In neun kreuzreimigen Vierversstrophen wird ein kleines Panorama der Beziehung von Gott und Mensch aufgerissen. Auffällig zunächst, wo der Schwerpunkt dieses Panoramas liegt: nicht in der Heilsgeschichte – keine Rede von den biblischen Entfaltungen der Gottesbeziehung; auch nicht in der Schöpfung; keine von Spee vertraute Rede von der Großartigkeit der auf Gott verweisenden Natur. Stattdessen wird die ganz persönliche Beziehung eines jeden Menschen zu Gott thematisiert: diese persönliche Gottesbeziehung wird zum Anlass von Dank. Und in diesen Dank aufgenommen ist immer schon die Bitte um beständige Zuwendung – der übergreifende Gestus des Danks nimmt aber die erhoffte Erfüllung der Bitten vorweg. Deshalb die neue Schwerpunktsetzung: Nicht um Lob und Preis geht es hier – denn die gelten Gott vor allem für die Heilsgeschichte und die Schöpfung, sondern um Dank und Bitte. Wo Lob und Preis den Blick ganz und gar auf die Größe des so Angeredeten richten, wendet sich die Aufmerksamkeit bei Dank und Bitte auf das Geschick des Dankenden selbst als Teil der Gottesbeziehung. Wo in Lob und Preis das Individuum ganz verschmilzt in den Chor der Mitlobenden, kommt der Individualität des Dankenden und Bittenden in seiner persönlichen Gottesbeziehung gerade entscheidendes Gewicht zu.

Die zwei ersten Strophen bilden eine Art Einstimmung auf das Thema. Wie bei Spee steht auch hier eine Aufforderung: Menschen, lobt Gott, so wie er ja auch im Himmel gelobt wird; lobt ihn, das Höchste Wesen, dessen wunderbares Wirken überall zu erspüren ist! Die zwei nächsten

Strophen formulieren den Grund für den eingeforderten Dank: Gott hält schützend den Lebenslauf eines jeden Menschen von Geburt an in der Hand und hilft gerade dort, wo Menschen nicht weiter wissen. Dabei zeigt er sich als barmherziges Gegenüber, das dem Menschen Verfehlungen immer wieder vergibt. Die fünf letzten Strophen ziehen den Folgeschluss: Ein Gott, dem man danken kann und auf dessen Vergebung man vertrauen darf, wird auch offen sein für Bitten. In Strophe fünf bis sieben werden solche auf das Leben bezogene Bitten angesprochen: die Bitte um Lebensmut, die Bitte um Friede und Erfolg, die Bitte um seinen Beistand. Die zwei Schlussstrophen weiten den Blick über das Leben hinaus: Die Bitte verlängert sich um den Beistand im Sterben und um das »Schauen seines Angesichts«, die Aufnahme in Gottes Reich. Das Danklied blickt so nur zum Teil zurück auf bereits erfahrene Gunst. Der größte Teil dieses Dankes richtet sich auf Bitten, deren künftige Erfüllung vertrauensvoll erhofft und jetzt schon mit vorausgehendem Dank bedacht wird.

Interessant, welche Veränderungen dieser Text Paul Gerhardts in den Versionen der Gesangbücher durchmachte. Das Ev. Gesangbuch nimmt alle Strophen auf, glättet sprachlich die zwei Schlussverse von Strophe acht (»und wenn wir scheiden von der Erd, verbleib er unser Teil«), übernimmt aber sonst auch alle sprachlich inzwischen ungewöhnlichen Wendungen. Im Gotteslob wird die Textfassung übernommen, die auch dem Ev. Gesangbuch zu Grunde liegt. Allerdings sind hier drei Strophen ausgelassen: Die Strophen drei und vier, in denen der Grund des Danks benannt wird als Voraussetzung zu den folgenden Bitten, außerdem Strophe sieben, die in der Tat kaum eigene inhaltliche Akzente setzt. Nur eine Stelle ist jeweils inhaltlich verändert: Aus »Er lasse seinen Frieden ruhn / In Israelis Land« (Strophe sechs) wird die vertraute Wendung »Er lasse seinen Frieden ruhn auf *unserem Volk und Land*«. Diese Veränderung fällt auf. Vom gedanklichen Duktus her mag sie nachzuvollziehen sein: Der Blick auf Israel als (Volk und?) Land des Heils fällt in diesem Text völlig aus dem Rahmen. Es geht hier ja gerade nicht um Heilsgeschichte, nicht um den Blick nach außen, sondern um den Blick auf das Individuum hier. Und zum Leben jetzt und hier gehört »unser« Volk und Land hinzu. Trotzdem bleibt die Rückfrage an die Rezeptionsgeschichte: Musste das »fremde Element« Israel ausgemerzt werden, damit dieser Text bekannt und vertraut wie ein Volkslied werden konnte? Störte der Verweis auf das Land (und Volk?) der Juden?

Annette von Droste-Hülshoff: Am neunzehnten Sonntag nach Pfingsten

Mit den folgenden Texten verlassen wir die Tradition der geistlichen Lieddichtung, in der Liturgie und Literatur noch untrennbar miteinander verschmolzen waren. Dazu springen wir um einige Generationen nach vorn, in das 19. Jahrhundert. *Annette von Droste-Hülshoff* (1797–1848) gilt als die vielleicht bedeutendste deutschsprachige Lyrikerin vor dem 20. Jahrhundert überhaupt. Ihr Leben zwischen dem heimatlichen Rüschhof in Westfalen mit seinen Heide- und Moorlandschaften auf der einen und der Meersburg am Bodensee auf der anderen Seite gibt schon allein Stoff für Romane.[57] Den bleibenden Platz in der Literaturgeschichte hat sie sich jedoch vor allem mit der Novelle »Die Judenbuche« (1842) und mit ihren schaurigen naturmagischen Balladen erschrieben. In der Rezeptionsgeschichte sind die geistlichen Gedichte der – bekennenden, praktizierenden, mit und um ihren Glauben ringenden – Katholikin immer eher zurückgetreten. Dabei machen sie einen Großteil ihres überschaubaren literarischen Lebenswerkes aus. In zwei verschiedenen Anläufen hat sie sich dabei dem Kirchenjahr zugewendet: 1820 kommentierte sie in ihren geistlichen Versen den Zeitraum von Neujahr bis Ostermontag; erst neunzehn Jahre später, also 1839, widmete sie sich der verbleibenden Zeitspanne vom Sonntag nach Ostern bis Silvester. Dieses in sich einzigartige, lyrisch lückenlos kommentierte geistliche Jahr zählt zu den Höhepunkten geistlicher Lyrik in deutscher Sprache.

Der folgende Text stammt aus dem 1839 bearbeiteten Teil des Jahreskreises, er widmet sich dem Evangelium »Am neunzehnten Sonntag nach Pfingsten«[58]. Lesung dieses Sonntags war die Perikope Mt 22,35–46 »Die Frage nach dem wichtigsten Gebot«, die Jesus ganz im Sinne der jüdischen Tradition mit der Auskunft beantwortet: »Du sollst den Herrn deinen Gott lieben, mit ganzem Herzen, mit ganzer Seele und mit alle deinen Gedanken«. Als gleichwertig erinnert Jesus an die in Lev 19,18 bereits formulierte Vorgabe: »Du sollst deinen Nächsten lieben wie dich selbst.« Annette von Droste-Hülshoff konzentriert sich in ihrer lyrischen Meditation dieser Bibelstelle auf den ersten Aspekt:

Am neunzehnten Sonntag nach Pfingsten

Ob ich dich liebe, Gott, es ist
Mir unbewusst.
Oft mein ich, dass nur du es bist,
Was diese Brust
In aller andrer Liebe Schein
Und dämmerndem Verlangen
Wie eine Sühnungsfackel rein
Hält gnadenvoll umfangen.

Wenn zu dem Edelsten der Geist
Sich frei erhebt,
Was als Gedanke ihn umkreist
Und dennoch lebt,
Unsichtbar, wesenlos doch nicht,
Fern, aber allerwegen,
Wes Spur aus Menschenauge spricht
Und aus der Träne Segen:

Dann bin ich wohlgetröstet, und
Gebet entsteigt
So zuversichtlich meinem Mund,
Als sei gereicht
In fremder oder deiner Lieb
– Wer hat es je ergründet? –
All was des Sehnens würdig blieb
Und deinen Odem kündet.

Doch fühl ich dann zu andrer Zeit,
Wie Haar dem Haupt
Der finstren Erde mich geweiht,
So machtberaubt,
Wenn in dem Freunde mich entzückt
Selbst wie ein Reiz das Fehlen,
Die Schwächen, an mein Herz gedrückt,
Mir keiner dürfte stehlen:

Da wär es Gottes Zeichen nur,
Was ich erkannt?
Und nicht die sündige Natur
Böt ihre Hand,
Wenn der Geliebten Tugend ich
In Ehrfurcht mag ertragen,
Doch fleckenloser sicherlich
Mein Herz würd kälter schlagen?

Weh! eine kalte Wolke fährt
Es über mich,
Wie dem Damokles unterm Schwert
Die Wange blich,
Wie einem, der an Ufers Rand
Sich spiegelt, lächelt, trinket,
Wenn sacht entschlüpft der falsche Sand
Und seine Stätte sinket.

O Retter, Retter, der auch für
Die Toren litt,
Erscheine, eh die Welle mir
Zum Haupte glitt!
Greif aus mit deiner starken Hand,
Noch kämpf ich gen die Wogen;
So manchen hast du ja ans Land
Aus tiefem Schlamm gezogen!

Hab ich dem Schlamme mich entwirrt
So ganz und recht,
Dann erst zu deinem Bildnis wird
Die Sehnsucht echt;
Dann darf ich lieben stark, gesund,
Ohn alle Schmach und Hehle,
Aus meines ganzen Herzens Grund
Und meiner ganzen Seele.

Auch dieses Gedicht hat die Gestalt eines lyrischen Gebetes. Im Gegensatz zu den bisher aufgeführten Texten ist es jedoch nicht an Mitbeter oder an die eigene Seele, sondern in direkter Ansprache direkt an Gott gerichtet. Ein Gebet ist es tatsächlich jedoch nur auf den ersten Blick. Weder ist es je so gesprochen worden, noch wäre es aber auch geschrieben zum betenden Nachsprechen. Es ist ein Gebet in literarischer Brechung, eher die sehr persönliche, genau konstruierte Reflexion über die Möglichkeit des Betens, über die Grundstruktur der Gottesbeziehung des Menschen. Die komplizierte metrische Struktur der Achtversstrophen verwehrt sich so im Verbund mit den häufig eingesetzten Zeilensprüngen der liedhaften Vertonung oder des chorischen Sprechens.

Am Anfang steht eine Frage, die sich aus der direkten Auseinandersetzung mit dem Tagesevangelium ergibt: Liebt sie, die im »lyrischen Ich« verkleidete Dichterin, Gott denn tatsächlich so, wie es das von Jesus formulierte Hauptgebot fordert? Das Gedicht ist eine meditative Reflexion dieser Rückfrage an sich selbst. Wurde im Blick auf die Gottesbeziehung bei Lob und Preis der Blick fast ausschließlich auf Gott gerichtet, bei Dank und Bitte auf die beiden Pole der Beziehung, so schwenkt die Perspektive, unter der die Gottesbeziehung betrachtet wird, hier fast ausschließlich auf den Menschen über.

Die erste Strophe schränkt ein: Ob die Sprecherin Gott liebe, sei ihr »unbewusst«, bestenfalls ahne sie, dass die Liebe Gottes alle anderen Gefühlsregungen letztlich umfängt und – wo nötig – entschuldigt. In der zweiten und dritten Strophe wird ein Bild davon entworfen, wann und wie sich die Sprecherin ganz zuversichtlich, getröstet und bei Gott geborgen fühlt: Wenn ihr Geist sich frei zu dem erhebt, der unsichtbar und doch überall ist und in Menschenaugen und Tränen ansatzweise erspürbar wird. Doch derartige Momente der harmonisch vollendeten Gottesbeziehung, in der das Lob- und Preisgebet leicht »entsteigt«, sind die Ausnahme. »Zu anderer« Zeit, so die vierte Strophe, herrscht ein anderes Gefühl vor – und diesem gilt der Hauptakzent des Gedichtes: das Gefühl der Machtlosigkeit, Schwäche, Verlorenheit und Verwirrung. Sind denn die Gefühle irdischer Liebe und irdischer Leidenschaft tatsächlich von Gottes Liebe umfangen – wie es die erste Strophe noch erhoffend behauptete? Oder wird gerade durch die menschliche Versündigung die Sehnsucht nach Gott umso größer – so scheint die vierte, im Textlaut komplizierte Strophe zu fragen.

Die drei letzten Strophen beantworten diese Unsicherheit mit Bezug auf ein biblisches, hier freilich abgewandeltes Bild. Im »Seewandel des Petrus« (Mt 14,22–33) wird geschildert, wie jemand aus mangelndem Glauben »versinkt«, jedoch von Jesus vor dem »Versinken« gerettet wird. Hier wird ein vergleichbares Versinken geschildert: Der eben noch Sichere und Lächelnde, der an einem Ufer sitzend vom Wasser trinkt, wird plötzlich vom nachgebenden Uferrand in die Tiefe gerissen. Übertragen auf die Ebene des Gedichtes: Die eben noch ihrer Gottesbeziehung gewisse Gedichtsprecherin gerät in Zweifel und Verwirrung. In dieser Situation bleibt ihr nur der Appell an den Retter, sich erneut als Hilfe zu erweisen, wie er sich ja schon vielmals erwiesen hat. In der Not bleibt nur die – hier von Lob, Preis und Dank ganz unberührte – Bitte um Rettung.

Erst nach erfolgter Rettung kann wirkliche Gottesliebe »aus meines Herzens Grund und meiner ganzen Seele« entstehen. Liebe, so der Duktus des Gedichtes, kann nur dann die Beziehung des Menschen zu Gott ganz bestimmen, wenn er in Zweifel und Not Gott als Hilfe erfahren hat. Die in den Anfangsstrophen heraufbeschworene Ahnung, dass Gott alle menschlichen Beziehungen trägt oder dass die Verbindung zu Gott im reinen Geist in glücklichen Momenten möglich ist, erweist sich so nur als vorläufige Antwort auf die Frage nach der Gottesbeziehung des Menschen. Wirkliche Gottesliebe wird der Mensch – so Droste-Hülshoff – nur nach der Erfahrung echten Getragen-Seins durch tiefe Krisen empfinden können. Freilich: Diese Aussage trifft die Dichterin nicht im bestätigenden Rückblick, sondern im Modus der künftigen Möglichkeit. Das Empfinden solcher Gottesliebe bleibt hier der Sehnsucht und Hoffnung vorbehalten.

Wo zuvor perfekte Glaubenskunde in allgemein singbare oder betbare Texte verdichtet wurde, in der Bitten stets harmonisch eingebunden waren in die vorauseilende Sicherheit des Dankes, wird hier erstmals ein individuelles Ringen, ein Suchen, ein Eingeständnis von Zweifeln spürbar. Getragen ist der Text trotzdem von einer Gottesgewissheit und Hoffnung, aber er nimmt die Lesenden mit auf einen Weg, dessen Ziel nicht immer schon weithin sichtbar und unangefochten vor Augen steht. Texte von Annette von Droste-Hülshoff sucht man so in den kirchlichen Bet- oder Gesangbüchern vergebens. Das mag mit an der nur bedingt liedgeeigneten Form der Gedichte liegen. Sicherlich verweigerte sich die zeitgenössische Kirche aber auch der angedeuteten Spiritualität von Zweifel und ehrlicher Suche.

Eduard Mörike: Gebet

Der Eingang in die kirchlichen Liederbücher der Gegenwart ist auch dem letzten in dieser Gruppe aufgenommen Dichter verwehrt geblieben, dem schwäbischen evangelischen Dichterpfarrer *Eduard Mörike* (1804–1875). Er gilt als Hauptvertreter des schwäbischen Biedermeier, ja grundsätzlich: als wichtigster deutschsprachiger Lyriker zwischen den Epochen von Romantik und Realismus. Sieben Jahre älter als die Droste und gemeinsam mit ihr der schwäbischen Landschaft verbunden, gilt auch Mörike – auf den ersten Blick – als Repräsentant einer noch weitgehenden Übereinstimmung zwischen traditioneller Theologie, kirchenmilieugefärbter Frömmigkeit und aus diesem Geist gespeister literarischer Produktivität. Das folgende Gedicht illustriert diese geistige Welt, lässt aber gleichzeitig Biografie und Lebenslauf[59] in differenzierter Wahrnehmung deutlich werden. Mörike veröffentlichte es 1847 unter dem Titel »Gebet«[60]:

Gebet

Herr! schicke, was du willt,
Ein Liebes oder Leides;
Ich bin vergnügt, dass beides
Aus deinen Händen quillt.

Wollest mit Freuden
Und wollest mit Leiden
Mich nicht überschütten!
Doch in der Mitten
Liegt holdes Bescheiden.

Das kleine, scheinbar so sanftmütige und einfache Neunversgedicht entstand in zwei Anläufen. Der älteste Teil ist der Fünfzeiler, im Jahre 1832 verfasst. Erst fünfzehn Jahre später entsteht der Vierzeiler, den Mörike den älteren Versen voranstellt. Bei genauem Hinsehen unterscheidet sich denn auch der Grundton der beiden Gedichtteile, auch wenn sie beide als

Bittgebet konzipiert sind. Im älteren Teil herrscht eher Resignation vor: Der an Gott gerichtete Gebetswunsch, sowohl von übermäßigen Freuden als auch von übermäßigen Leiden verschont zu bleiben, trägt einen Ton von »Fatalismus« – wie dies *Peter Härtling* einmal deutete: Bei der in »holdem Bescheiden« angestrebten »Mitte« gehe es dem ruhelosen, zwanghaft und heimatlos umhergetriebenen Endzwanziger Mörike um einen »Ruhepunkt auf der nicht enden wollenden Flucht«[61] vor den Ansprüchen seines Lebens.

Der in Ludwigsburg geborene Mörike hatte sich nur widerwillig der theologischen Laufbahn verschrieben. Nach dem Examen 1826 trieb ihn seine achtjährige Vikariatszeit in zahllose, bald schon wieder verlassene schwäbische Kleingemeinden. Den Beruf empfand er jedoch stets als Belastung. Der Alternativplan, als Schriftsteller zu leben, scheiterte. Als er 1834 zum Pfarrer von Cleversulzbach bei Heilbronn ernannt wird, steigern sich die Zerrissenheitsgefühle zwischen der Berufung zum Dichter und dem Beruf als Pfarrer. 1843 lässt er sich auf eigenen Wunsch im Alter von nur 39 Jahren frühpensionieren, um fortan weiterhin ruhelos und mit widerwillig ausgeführten gelegentlichen Beschäftigungen als Lehrer und Dozent mehr schlecht als recht sein Auskommen zu finden. Eine 1851 eingegangene Ehe mit der Katholikin Gretchen von Speeth gab ihm nicht den erhofften Halt, scheitert schließlich wie viele andere Beziehungen dieses rast- und heimatlosen Dichters, der schließlich 1875 in Stuttgart stirbt. Wer mit Mörike also Biedermeier im Sinne von »Glücklich trautes Heim« verbindet, missversteht das Lebensgefühl im 19. Jahrhundert, das sich in den Erzählungen, Romanen, Balladen, Idyllen und Gedichten Mörikes spiegelt. Von der Zerrissenheit dieses Lebens spricht der Fünfzeiler: Ausruhen zu dürfen jenseits der Zerrissenheit zwischen Lust und Last – das allein erbittet der Beter dieses älteren Textteils.

Anders, gelassener, schicksalsergebener wird die Stimmung im späteren Vierzeiler: Nur hier wird Gott als Adressat des lyrischen Gebets direkt angeredet. Doch nicht um eine »Mitte« geht es hier, sondern darum, beides, »Liebes und Leiden« anzunehmen, da beides von Gott stammt. Und weil es aus Gottes »Händen quillt«, deshalb nimmt der Sprecher es »vergnügt« an. Wo also hier ein vergnügtes Ertragen des von Gott so oder so geschenkten Lebens zur Grundaussage des Textes wird, wirkt der zweite Gedichtteil wie die Bitte um Verschonung vor solchen Erfahrungen. Letztlich löst das Gedicht diese Spannung nicht auf. Deutlich wird jedoch:

Mörike fügt sich ganz unter das spirituelle Muster des Getsemane-Gebetes Jesu: »Vater, alles ist dir möglich. Nimm diesen Kelch von mir! Aber nicht, was ich will, sondern was du willst!« (Mk 14,36). Der Mensch hat – so die Grundhaltung dieser Spiritualität – alles von Gott zu nehmen, wie es kommt. Zwar darf er im Gebet seine Bitte vortragen, diese Bitte soll aber im Gestus der Unterordnung unter den göttlichen Willen enden. Ja mehr noch, und über das Getsemane-Gebet hinaus gehend: Als Gabe Gottes soll der Mensch sein Schicksal – so oder so – fröhlich und vor allem klaglos tragen.

Didaktisch-methodische Überlegungen

Vier Gottesgedichte aus längst vergangenen Zeiten, aus dem 17. und 19. Jahrhundert: Gemeinsam ist ihnen der enge Bezug zur Tradition des Gebetes sowie die Orientierung an den klassischen Gebetsformen von Lob, Preis, Dank und Bitte. Didaktisch kann man sich diese Beobachtung nutzbar machen. Mit diesen Texten, eher: mit ausgesuchten Beispielen aus diesen Texten lassen sich die Grundformen des Gebetes – in literarischer Brechung – erschließen. Gleichzeitig lässt sich jeweils die zu Grunde liegende Vorstellung der Beziehung von Gott und Mensch deuten. Keiner der Texte und der damit verbundenen Traditionen geht von einem Verständnis von Gebet als »Dialog« aus. Lob, Preis und Dank setzen eine vorhergehende Gotteserfahrung im Sinne von Lebensermöglichung voraus, auf die der Mensch antworten muss – in der ihm möglichen menschlichen Sprache. Umgekehrt, aber daran anschließend bei der Gebetsbitte: Sie setzt den menschlichen Sprachimpuls in der Hoffnung, dass Gott erneut durch machtvolle Zuwendung gelingendes Leben ermöglicht.

Den meisten Schülerinnen und Schülern werden die Formen von Dank und Bitte von einfachen Kindergebeten her vertraut sein – sei es, dass sie diese in Kindergarten und/oder Familie selbst gesprochen haben, sei es, dass sie diese Bräuche wenigstens passiv kennen. Die Sprechakte von Lob und Preis[62] sind heutigen Menschen hingegen kaum noch vertraut, bestenfalls aus bekannterem kirchlichem Liedgut wie dem Kanon »Lobet und preiset ihr Völker den Herrn« (Gotteslob 282, Ev. Gesangbuch 337). Sie entstammen der Vorstellungswelt von monarchischen Kulturen, in denen man Herrscher lobte und pries – was in den heutigen Demokratien eher unüblich ist. »Preisen« hat fast überhaupt keinen Sitz im Leben mehr. Und die Rollenverteilung von »Lob« hat sich umgedreht: In unserer Lebenserfahrung loben Höhergestellte (Eltern, Lehrer, Vorgesetzte) die von ihnen Abhängigen (Kinder, Schüler, Untergebene). Das Lobpreisen eines Höhergestellten – unbedingte Voraussetzung zum Gotteslob – hat keinen Sitz im Leben mehr, das macht das Verständnis der Texte zum Gotteslob so schwierig. Mit Schülerinnen und Schülern der Sekundarstufe kann man diese Überlegungen erarbeiten und an den Beispieltexten aufzeigen.

Methodisch lassen sich dabei zahlreiche kreative Verfahren heranziehen[63]. Das Ziel dieser Methoden liegt jeweils darin, den Lernenden eine intensive Textbegegnung zu ermöglichen. In einer Zeit der Reiz-, auch Textüberflutung und der schnellen, flüchtigen, dabei aber nur oberflächlichen Zurkenntnisnahme, wie sie die elektronischen Medien fördern, muss die Maßgabe auch für den Religionsunterricht sein, Schülerinnen und Schüler an sorgsame, verlangsamende und trotzdem motivationsgestütze Textarbeit heranzuführen – im Bewusstsein, dass Texte nur eines von mehreren Medien des Religionsunterrichtes sind.

■ *Friedrich Spees* Loblied lebt von seinem besonderen fröhlich-beschwingten Ton. Deshalb bietet es sich an, genau diesen Ton nicht nur zur Kenntnis zu geben, sondern erschließen zu lassen. Die Lerngruppe erhält dazu das Gedicht als Lückentext mit der Aufforderung: »In diesem Gedicht hat ein Dichter vor 400 Jahren seinen Jubel über die Schönheiten der Schöpfung als Lob Gottes formuliert. Versucht einmal, euch in seine Situation hineinzuversetzen: Welche Worte passen eurer Meinung nach in die Textlücken?« Es geht dabei zentral um eine Einfühlung, nicht um das Erraten des vermeintlich »richtigen Lösung«. Denn hier wird und darf es bleibend unterschiedliche Einschätzungen geben. Im Gruppengespräch können die Lösungen besprochen und bewertet werden, um sie dann mit Spees Vorschlägen zu vergleichen. Treffen sie im Ton mit den Ideen der Schülerinnen und Schüler zusammen? Wo gibt es Abweichungen? Warum wohl? Können wir heute diesen Text innerlich nachvollziehen? Wo gibt es Sperren, wo Zustimmung? Wichtig bei den Lücken: Pro Strophe reichen zwei Begriffe aus. Sie müssen zentral für den Ton und aufschlussreich für das poetische Verfahren des Dichters sein – und im Kontext wirklich erschließbar. Bei weniger sprachstarken Klassen kann man auch jeweils drei Einsetzmöglichkeiten anbieten und diskutieren, welche warum besser passt. Ich wähle etwa: Strophe 1 »süß« / »edlen«; 2 »Glanz« / »wunder, wunder«; 3 »Regenkreis« / »Morgenkreis«; 4 »lieb und freundlich« / »Schönheit«; 5 »Wunder« / »seiner Lieb«. Mithilfe dieses Zugangs werden Schülerinnen und Schüler aufgefordert sich – versuchsweise – in den Text und seine Welt hineinzuversetzen.

■ Im Blick auf das Gedicht von *Paul Gerhardt* bietet sich ein doppelter methodischer Zugang an: einerseits eine Phase vor der Textpräsentation, andererseits eine Phase danach. Zunächst schreibt man den Titel des Gedichtes »Nun danket alle Gott« an die Tafel, verbunden mit der Aufforderung: »Schreibt in Partnerarbeit Begriffe auf ein Blatt, von denen ihr erwartet, dass sie in einem Gedicht mit diesem Titel auftauchen könnten!« Ziel ist die Erhebung von Schülererwartungen, wofür und mit welchen Worten man Gott danken könnte – unabhängig davon, ob die SchülerInnen solche Danktexte selbst sprechen würden. Der Befund wird an Tafel, Tageslichtprojektor oder Plakat gesammelt. Eventuell kann man durchspielen, welche Begriffe von der Klasse favorisiert werden, indem jede/jeder drei der genannten mit einem Punkt versehen darf. Dann wird der Gerhardt-Text ausgeteilt und zunächst von jedem still gelesen. Das Gedicht wird also von der Vorerwartung her wahrgenommen und besprochen – so spart man sich die lästige, motivationstötende Frage: »Was steht im Text?« Im Ergebnis wird die Überschneidung wahrscheinlich nicht sehr groß sein – so lässt sich die Besonderheit der gerhardtschen Spiritualität erkennen und herausstellen. Vor allem der Überschwung zu den Bitten wird überraschend kommen, kann aber gerade den inneren Zusammenhang von Dank und Bitte deutlich machen. Auch der Blick auf Sterben und Leben nach dem Tod wird viele überraschen, gehört aber untrennbar zur damaligen Spiritualität hinzu. Nach der Textbetrachtung kann ein weiterer vertiefender Blick auf das Lied erfolgen: Wenn möglich unter Betrachtung der musikalischen Gestaltung, auf jeden Fall aber im Blick auf den Text. Katholische Gruppen kann man etwa fragen: »Welche drei Strophen haltet ihr für verzichtbar?« – um dann auf die Fassung im Gotteslob zu schauen. Je nach Kenntnisstand der Lerngruppe kann man schließlich die Änderung von »Israelis Land« zu »Unser Volk und Land« ansprechen und problematisieren.

■ Das Gedicht von *Droste-Hülshoff* ist sicherlich der schwierigste der hier vorgestellten Texte und deshalb nur mit sprachbegabten Oberstufenklassen zu lesen. In seiner Sperrigkeit gegen leichtes Verstehen liegt aber der besondere Reiz. Als Zugang bietet sich zunächst der Blick auf die Bibelstelle zu den jesuanischen Hauptgeboten an, der ja auch die Dichterin selbst zu dieser meditativen Reflexion bewegte. In einer – schweigend durchgeführten – Schriftmeditation können die Schülerinnen und Schüler in kleinen Gruppen Kommentare, Fragen, Stellungnahmen, grafische Symbole zu den Hauptgeboten auf ein Plakat niederschreiben, auf dem beide Gebote nebeneinander geschrieben sind. Nach einer Sichtung und Diskussion wird den SchülerInnen das Gedicht als »Ganztext« vorgelegt mit der Aufforderung: »Vor 150 Jahren hat eine Dichterin so ähnlich wie ihr versucht, über diese Bibelstelle nachzudenken. Versucht den schwierigen Text zu verstehen. Was überrascht euch im Vergleich zu euren eigenen Überlegungen?« Neben einer genauen, verstehensfördernden Textanalyse rückt der Schwerpunkt also auf die Betrachtung der Aspekte von Gottesliebe im Verhältnis zu Menschenliebe und der Rettung aus Not. Der Text darf dabei fremd bleiben – im Fremden erkennt man das Eigene besser.

■ *Mörikes* kleines Gedicht lebt von der aufgezeigten Spannung der beiden Teile. Hier empfiehlt sich als Gegenstrategie zur oberflächlichen Kenntnisnahme die Methode des Textpuzzles. Dazu zerschneidet man den Text in seine neun Einzelverse und bittet die SchülerInnen, ihn stimmig in zwei Strophen zusammenzubauen. Nur in genauer Einfühlung wird die Lösung möglich. Vielleicht wird so schon die unterschiedliche Tonfarbe beider Teile deutlich. Grundsätzlich bietet es sich an, bei allen Gedichten auf Person und Zeitumstände hinzuweisen, zumindest sollte man Informationsmaterial dazu anbieten. Wenn man mehrere Gedichte aus der Gruppe herausgreift, lässt sich im Textvergleich die jeweilige literarische und thematische Eigenart besonders plastisch zeigen. Von diesen Gedichten aus wird der Blick ins 20. Jahrhundert spannend: Wurde die literarische Annäherung an Gott in gleicher Form weitergeführt, oder ästhetisch wie inhaltlich verändert, radikal in Frage gestellt, neu begründet?

2. DEM GEIST DER TRADITION VERPFLICHTET: CHRISTLICHE LYRIK BIS 1945

In der ersten Hälfte des 20. Jahrhunderts finden sich gleichzeitig völlig verschiedenartige literarische Strömungen nebeneinander. In ihnen spiegelt sich die geistige Pluralität der Moderne, in der das christliche Element mehr und mehr an prägendem Einfluss verliert. Neben anderen literarischen Richtungen – von denen in diesem Buch später noch ausführlich zu reden sein wird – hält sich aber ein konservativ ausgerichteter Traditionsstrom explizit christlicher Literatur, in welchem Schriftstellerinnen und Schriftsteller das Erbe der bislang aufgezeigten Linie weiterschreiben. Angetrieben unter anderem von dem von Frankreich ausgehenden »Renouveau Catholique« – einer Vereinigung von Philosophen und Schriftstellern, die eine bewusste Rückwendung zu den Werten des Katholizismus propagierte – setzte sogar eine bewusste Orientierung an der christlichen Tradition als Gegenzug zur scheinbaren Beliebigkeit der Moderne ein. Die Hauptfiguren dieser Bewegung waren entweder Konvertiten oder aber neu zu ihrem Glauben Zurückkehrende. Im evangelischen Bereich setzte sich der Traditionsstrom geistlicher Dichtung in dieser Zeit eher ungebrochen fort.

Den Hauptzeugen dieser explizit christlichen Bewegungen und ihrer Art und Weise der schriftstellerischen Annäherung an die Gottesfrage gilt so zunächst das Augenmerk: Wie versuchen sie nach dem Durchbruch der atheistischen Gotteskritik von Feuerbach, Marx und Freud, nach der Proklamation vom »Tod Gottes« durch Nietzsche, und in einem Zeitalter der zunehmenden Emanzipation des Individuums, aber auch der kollektiven Technisierung, Urbanisierung und Industrialisierung weiterhin von Gott reden?

Rainer Maria Rilke:
Die Dichter haben dich verstreut

Der erste aufgerufene Dichter sprengt bereits die gerade angedeuteten Entwicklungstendenzen, lässt sich nicht ohne weiteres einer eindeutigen literarischen Bewegung zuordnen: *Rainer Maria Rilke* (1875–1926), der wohl bedeutendste und einflussreichste deutschsprachige Lyriker der ersten Hälfte des 20. Jahrhunderts überhaupt. Wirkmächtig und kreativ wie kein anderer setzte er den Auftakt zur langen Tradition der literarischen Gottesrede im 20. Jahrhundert. Mit seinem bereits 1905 veröffentlichten »Stundenbuch« legte er eine Art »Grundtext der Gottesanrede« vor, der zugleich der Tradition der christlichen Gottesrede verpflichtet war, und sie doch bereits überwand. *Karl-Josef Kuschel* hat in seinem literarisch-religiösen Porträt[64] überzeugend aufgezeigt, dass sich Rilke als knapp 25-Jähriger von seiner traditionell katholischen Herkunft aus dem Prager Mittelstand bereits völlig gelöst hatte und dennoch in ganz enger Nähe zu den Grundvorstellungen des Christentums sein literarisches Schreiben weiterführte.

Um den folgenden Text wirklich verstehen zu können, bedarf es zunächst der Berücksichtigung zweier Reisen Rilkes, die ihn tief prägen sollten: Im Frühjahr 1898 war er erstmals nach Italien, im Frühjahr des Folgejahres nach Russland gereist. Tief beeindruckt hatte ihn jedes Mal vor allem die Malerei – die Bilder der großen florentinischen Bildkünstler auf der einen, die russische Ikonenmalerei auf der anderen Seite. Von diesen beiden Kunstrichtungen her beginnt er den Stil seiner bis dahin schwermütig-sehnsuchtsvoll pathetischen Frühdichtungen radikal umzustellen. Vor allem die Beziehung von Mensch und Gott und die Rolle des Künstlers in dieser Beziehung wird für ihn nun entscheidend wichtig. Diese Frage steht im Zentrum des – an die Form der altfranzösischen livres d'heures angelehnten – »Stundenbuches«, das über einen Zeitraum von fast sechs Jahren entstand. Der erste Teil, »Das Buch vom mönchischen Leben«, wurde unmittelbar nach der Russlandreise noch 1899 niedergeschrieben und wählt als imaginären Ich-Sprecher einen Mönch, der – so in einem der ersten Gedichte – »um Gott kreist«[65]. Das hier abgedruckte und wie im ganzen Stundenbuch übliche titellose Gedicht aus diesem ersten Zyklus trägt die Datierung vom 2. Oktober 1899:

Die Dichter haben dich verstreut
(es ging ein Sturm durch alles Stammeln),
ich aber will dich wieder sammeln
in dem Gefäß, das dich erfreut.

Ich wanderte in vielem Winde;
da triebst du tausendmal darin.
Ich bringe alles was ich finde:
als Becher brauchte dich der Blinde,
sehr tief verbarg dich das Gesinde,
der Bettler aber hielt dich hin;
und manchmal war bei einem Kinde
ein großes Stück von deinem Sinn.

Du siehst, dass ich ein Sucher bin.

Einer, der hinter seinen Händen
verborgen geht und wie ein Hirt;
(mögst du den Blick der ihn beirrt,
den Blick der Fremden von ihm wenden).
Einer der träumt, dich zu vollenden
und: dass er sich vollenden wird.

Formal betrachtet ist dieser Text durchaus typisch für das Stundenbuch: Abkehr von festem strophischem Grundschema, Festhalten an allerdings unregelmäßig, ungewöhnlich und abwechslungsreich gesetzter Reimstruktur, dialogische Anrede an das Du des in anderen Texten auch direkt so benannten Gottes. Aber was ist mit diesem »du« gemeint? In der Rezeptionsgeschichte hat man immer wieder behauptet, Rilke schaffe mit diesen Texten eine rein ästhetische Ersatzreligion, löse hier die monotheistische Gottesrede ab durch eine unverbindliche, rein ästhetizistische Gottesrede, der aber nichts wirklich entspreche. Er benutze damit lediglich die Hohlform einer Anrede an ein nur literarisch notwendiges Du, um so seine Gedichte dialogisch strukturieren zu können. – Die spätere Rede von »Engeln« in den bekanntesten Gedichten Rilkes, in den »Duineser Elegien«, mögen einer damit angedeuteten Poetologie verpflichtet sein, die Gottesrede im Stundenbuch jedoch ist andersartig. Das wird an diesem Gedicht deutlich. Es illustriert anschaulich das »poetologische Grundsatzprogramm der Gottesrede« aus Rilkes Stundenbuch.

Am Anfang des Textes steht der Blick zurück: Die anderen »Dichter« haben den Zugang zu Gott nicht wirklich eröffnet, sondern eher verstellt: Sie haben Gott in ihrem »Stammeln« »verstreut«. Wie häufig bei Rilke wird Gottes Wirken im biblischen Bild des Sturmes gezeichnet: Selbst das sowieso schon undeutliche Stammeln wurde so noch einmal mehr verwirrt. Gerade hier setzt der Sprecher des Gedichtes aber seine Aufgabe: Er will Gott »wieder sammeln« in dem ihm möglichen »Gefäß« der Lyrik. Die zweite Versgruppe gibt an, aus welchen Quellen er dieses Sammeln speisen will: Aus den Beobachtungen von seinen Wanderungen, in denen er Gott »tausendmal« in kleinen Brechungen begegnet ist. Begegnet vor allem bei den vermeintlichen »kleinen Leuten«, bei Blinden, Gesinde, Bettler und Kind – hier sind durchaus jesuanische Anklänge beabsichtigt. Was also ist der »Sammler der Gottesrede«? – Ein »Suchender«, so die Auskunft des zur Betonung herausgehobenen Einzelverses. Als scheuer wandernder Suchender – so die letzte Versgruppe – trifft ihn der Argwohn derjenigen, denen er begegnet. Deshalb braucht er den bittend erhofften Schutz Gottes auf seinem Weg. Das doppelte Ziel des Weges wird direkt benannt: Ziel der Suche nach der rechten Sprache der Gottesrede ist es einerseits Gott zu vollenden, gerade darin aber auch sich selbst zu vollenden.

Dieses Gedicht lässt sich so als eine Art poetologischer Leseanweisung für das ganze Stundenbuch deuten. Auffällig in der gesamten Sammlung ist die Überfülle an Metaphern für Gott, der in immer wieder neuen Bildern beschrieben wird, als »Turm«, »Dom«, »Nachbar«, als das »Leiseste«, »Tiefste«, Sanfte« – um nur wenige Beispiele anzuführen. Das ist jedoch nicht als Absage an den personalen Gott der monotheistischen Religionen zu verstehen, sondern als poetischer »Indikator einer letzten Un-Sagbarkeit Gottes«, die davon zeugt, dass Rilke in seinen Texten das Verhältnis von Gott und Mensch immer wieder »zwischen Selbstbewusstsein und Demutshaltung oszillieren«[66] lässt, so *Karl-Josef Kuschel* überzeugend. Einerseits lässt sich Gott für Rilke nicht so sicher in Definitionen und Dogmen definieren, wie dies noch »die Dichter«, die klassischen christlichen Schriftsteller vergangener Generationen versuchten (Stichwort Demut), andererseits braucht Gott gerade die Künstler, um ihn immer wieder neu auszusagen und zu »vollenden« (Stichwort Selbstbewusstsein). Mit »vollenden« ist gerade nicht »erschaffen« gemeint. Gott ist kein Fantasieprodukt der Künstler. Das für ihn Entscheidende hatte Rilke in Italien und Russland gelernt: Gott bedarf der Kunst, um immer wieder neu – in seiner bleibenden Unbegreifbarkeit – in Bildern aus Farbe oder Wort Ausdruck zu finden. Ohne die immer neu suchenden Künstler verstummt die Gottesrede. Rilkes lyrische Annäherungen an Gott sind also gerade nicht eine Abkehr vom christlichen Gottesbegriff hin zu einem wesenlosen Ästhetizismus, lassen sich im Gegenteil charakterisieren als »eine einzige Absage an Materialismus, Atheismus und Aberglauben«, als ein energischer spiritueller Versuch, »nach dem Zusammenbruch der alten Metaphysik von Gottes Wirklichkeit dennoch zu reden«[67].

Mit diesem Programm und den danach verfassten Gedichten setzte Rilke einen großartigen Auftakt für die Spurensuche nach Formen der Gottesrede in der Literatur des 20. Jahrhunderts. In der Spiritualität ist er dabei durchaus dem »Geist der Tradition« verpflichtet – so ja der Titel dieser Abteilung. In poetologischer Reflexion, formaler Innovation und nachkritischer Distanz lässt er die Texte dieser christlichen Tradition jedoch bereits weit hinter sich zurück. Die folgenden SchriftstellerInnen werden in ihren Texten den damit bereits aufgezeigten Sprung in der literarischen Annäherung an Gott nicht mitmachen. Bei ihnen zeigt sich eher der Geist der Restauration, der Bewahrung allen Widerständen zum Trotz. Rilkes poetologische Impulse werden so erst viel später – in anderer Form, mit anderer Einstellung und Absicht – wieder aufgriffen.

Gertrud von le Fort:
Großer Gott meines Lebens

Was für ein Sprung zwischen zwei geistigen und literarischen Welten: Von Rainer Maria Rilke zu der fast gleichaltrigen *Gertrud von le Fort*[68] (1876–1971). Ein Jahr nach ihm geboren überlebte ihn die im westfälischen Minden geborene Freifrau aus einem alten hugenottischen Adelsgeschlecht um ganze 45 Jahre. Und doch wirkt sein Werk unserer Gegenwart unendlich viel näher als die vor allem historisch geprägten Novellen, Erzählungen und Gedichte dieser Autorin, deren Werk »durchtränkt von

Religiosität« ist, denn seltsam: gerade »diese Art von religiöser Überzeugung« erschwert uns – so die Lyrikerin *Ulla Hahn* in einem einfühlsamen Porträt – »den Weg zu ihr«[69]. Als fast 50-Jährige konvertierte Gertrud von le Fort zur katholischen Kirche. Der Grund für diesen damals in einer bestimmten Intellektuellenschicht durchaus häufig anzutreffenden Schritt war nicht so sehr Kritik an der evangelischen Kirche. Einmal war sie fasziniert von einer Begegnung mit Papst Pius X. in Rom, der für sie das »Antlitz eines Heiligen«[70] trug. Vor allem aber leuchtete ihr die bleibende Notwendigkeit einer eigenständigen evangelischen Kirche in ihrer Zeit immer weniger ein. So ging es ihr mit diesem Schritt um eine »Vereinigung der getrennten Bekenntnisse«. Sie schrieb in einem Brief im Jahr des Übertritts: »Es gibt nur eine allgemeine christliche Kirche, die wir im Apostolikum bekennen. Wo dieses Bekenntnis am stärksten lebt, da muss auch der Herzschlag der Kirche sein.«[71]

Zwar wirkt ihr Werk aus heutiger Sicht in seiner traditionalistischen Kirchenbezogenheit wie ein Relikt vergangener Zeiten, tatsächlich war Gertrud von le Fort aber eine auch in den Kirchen umstrittene Dichterin, die mit ihrer Institutionskritik und Mahnung zu einer Orientierung an jesuanischem Geist immer wieder aneckte. Mehr und mehr festigte sich aber ihr Ruf als geradezu *der* repräsentativen Vertreterin christlicher Literatur schlechthin. 1956 wurde ihr der theologische Ehrendoktor der Münchner Katholisch-theologischen Fakultät verliehen. Und ein Nachruf in den Katechetischen Blättern kann sie fünf Jahre nach ihrem Tod als »exemplarische Dichtertheologin«[72] feiern.

Bekannt wurde Gertrud von le Fort in In- und Ausland erst als Mittvierzigerin, als sie 1924 – zwei Jahre vor ihrer Konversion – den Gedichtband »Hymnen an die Kirche« veröffentlichte, der für viele Christen ihrer Generation zur Grundschrift des eigenen Selbstverständnisses werden sollte. Aus diesem Band ist unser Beispieltext entnommen, der die theologische und ästhetische Welt der Gertrud von le Fort illustrieren soll. Es handelt sich dabei um eine literarische Meditation über das Tedeum, eines der zentralen kirchlichen Grundgebete. Auch als »ambrosianischer Lobgesang« (vgl. Gotteslob 706) bekannt, handelt es sich hierbei um einen rhythmisierten, an den Sprachduktus der Psalmen angelehnten Prosagesang, der aus drei Teilen besteht: Gotteslob, Christushymnus und Bittgebet. Das Tedeum gilt als feierlichster aller liturgischen Lobgesänge, der in der katholischen Liturgie bis heute seinen festen Platz einnimmt. Am bekanntesten ist heute wohl die zum Lied umgestaltete Version, die der katholische schlesische Pfarrer *Ignaz Franz* (1719–1790) im Jahre 1768 als »Großer Gott, wir loben dich« schuf (Gotteslob 257, Ev. Gesangbuch 331). Als derart bekanntes liturgisches Gebet ist es vor und nach Gertrud von le Fort immer wieder auch von anderen Schriftstellern als Prätext für eigene Auseinandersetzungen mit der Gottesfrage herangezogen worden.[73] So aber dichtete Gertrud von le Fort 1924:

> Großer Gott meines Lebens, ich will dir lobsingen an allen drei Ufern deines einigen Lichts!
> Ich will mit meinem Lied in's Meer deiner Herrlichkeit springen: unterjauchzen will ich in den Wogen deiner Kraft!
> Du goldener Gott deiner Sterne, du rauschender Gott deiner Stürme, du flammender Gott deiner Feuer speienden Berge,
> Du Gott deiner Ströme und deiner Meere, du Gott aller deiner Tiere, du Gott deiner Ähren und deiner wilden Rosen;
> Ich danke dir, dass du uns erweckt hast, Herr ich danke dir bis an die Chöre deiner Engel,
> Sei gelobt für alles, was da lebt!
> Du Gott deines Sohnes, großer Gott deines ewigen Erbarmens, großer Gott deiner verirrten Menschen,
> Du Gott aller, die da leiden, du Gott aller, die da sterben, brüderlicher Gott auf unsrer dunklen Spur:
> Ich danke dir, dass du uns erlöst hast, Herr ich danke dir bis an die Chöre deiner Engel,
> Sei gelobt für unsre Seligkeit!
> Du Gott deines Geistes, flutender Gott in deinen Tiefen von Liebe zu Liebe,
> Brausender bis hinab in meine Seele,
> Wehender durch alle meine Räume, Zündender durch alle meine Herzen
> Heil'ger Schöpfer deiner neue Erde:
> Ich danke dir, dass ich dir danke, Herr ich danke dir bis an die Chöre deiner Engel:
> Gott meiner Psalmen, Gott meiner Harfen, großer Gott meiner Orgeln und Posaunen,
> Ich will dir lobsingen an allen drei Ufern deines einigen Lichts!
> Ich will mit meinem Lied in's Meer deiner Herrlichkeit springen: unterjauchzen will ich in den Wogen deiner Kraft!

In der Struktur dieses Textes orientiert sich Gertrud von le Fort an der trinitarischen Grundstruktur des Credo. Wie als Motto wird dieses Gedicht umschlossen von den ersten zwei Versen, die sich in den letzten vier programmatisch zusammengefassten Versen wiederholend spiegeln. Das zu singende Lob gilt explizit »Gott an allen drei Ufern deines einigen Lichts«: Gotteslob wird hier bewusst als Lob des dreieinigen Gottes ausgeführt. So gilt je eine vierzeilige (in der dritten wohl um einen Vers erweitert) Versgruppe einer der Personen der Trinität: Vers 3–6 dem Vater, Vers 7–10 dem Sohn, schließlich Vers 11–15 dem Geist. Formal orientiert sich die Dichterin dabei an den mehrteiligen Langversen der Psalmen, häufig in Anlehnung an den hebräischen Parallelismus Membrorum, der syntaktisch ähnlichen Wiederholung eines auch inhaltlich vergleichbaren Sachverhaltes. Das so entstehende Metrum lädt zum gemeinsamen Nachsprechen ein und klassifiziert den Text als liturgiefähiges Gemeindegebet.

Die beiden Einleitungsverse setzen gleich den so besonderen Ton des gesamten Gedichtes fest: Der Lobpreis Gottes erklingt in Bildern ungestümen Jubels und überbordender Ausgelassenheit. Dieser freudige Prunk setzt sich auch im Lob Gottvaters als Schöpfergott fort – zunächst in den Adjektiven: »golden, rauschend, fallend«, dann in den ihm untergeordneten Gegenständen seiner Schaffenskraft: »Ströme, Meere, Tieren, Ähren, Rosen«. Das Schöpfungslob schlägt schließlich um in einen Dank für das eigene Leben und für das Leben überhaupt. Wie schon das Lob reichen auch hier die Superlative für den Dank kaum aus: Dank »bis an die Chöre deiner Engel«. Mit dem Blick auf den Sohn ändern sich Aussage und Zielrichtung. Hier geht es vor allem um die Heilsgeschichte, um die menschenzugewandte Seite Gottes. In Christus zeigt er sich als Erbarmer, als Gott der Verirrten, Leidenden, Sterbenden, als Gott bei uns »auf unsrer dunklen Spur«. Wie schon für die Schöpfung kennt nun auch der Dank für das geschenkte Heil der Erlösung kaum eine angemessen euphorische Sprache. Im anschließenden Lob des Geistes spitzt sich die Perspektive enger auf die persönliche Gotteserfahrung der Gedichtsprecherin zu. Dieser wird in pfingstlichen Bildern als »flutende, brausende Kraft der Liebe« erfahren, die tief in der Seele wirkt, den Menschen so ganz und gar (»durch alle meine Räume, alle meine Herzen«) erfasst und ausfüllt, gleichzeitig aber auch eine »neue Erde« schaffen wird. Und erneut überschlägt sich der Dank: Er wird zum Dank für den Dank. In den Schlussversen schließt sich der rahmende Bogen in der Wiederholung der Anfangsbilder.

Ein eigentümlicher Text: Faszinierend in seinem »expressionistisch eingefärbten Pathos«[74], seinem überschwänglichen Jubelton – und gerade darin vielen heutigen Menschen völlig fremd. Wenn überhaupt, dann sind Lob und Dank vielfach in das private meditative Sprechgebet ausgewandert, aber so lauthals Gott zujubeln? Nur in charismatischen Gruppierungen hat sich diese Tradition des Lobpreises erhalten. Auch im Kontext der Entstehung des Textes bleiben Rückfragen: Wo sind denn die tiefen Zeiterschütterungen, welche die meisten Generationskollegen in dieser Zeit umtreiben? Wo die Gotteskritik der Aufklärung, wo die Erschütterung durch technische Errungenschaften, wo der Riss der Weltkriegserfahrung, das Beben der Revolutionen und Umstürze nach dem Ersten Weltkrieg? Wo auch nur Ansätze von Fragen und Klagen? Gertrud von le Fort knüpft ohne jeden Kontextbezug an die Tradition der christlichen Dichter der vorherigen Jahrhunderte an, ja: steigert, überbietet geradezu deren Lob-Preis-und-Dank-Jubel noch.

Dem Text wird man deshalb wohl nur dann gerecht, wenn man ihn als bewusste Setzung versteht. Gertrud von le Fort ignoriert all die erdbebenartigen Erschütterungen um sich herum nicht, sie setzt ihnen bewusst »ewige Wahrheit« entgegen. Angesichts der Heilsgeschichte zählt die Zeitgeschichte nicht! Angesichts ewiger Wahrheiten lohnt sich der Streit um Gegenwartsfragen kaum! Gottes Lob ist zu singen gegen, trotz, in allem Chaos der Zeit. Aus dieser Unerschütterlichkeit leben die Texte der »Hymnen an die Kirche«, nur in dieser Hermeneutik wird man sie verstehen können.

Neben der Verwunderung über die hier perfekt dokumentierte innere Geschlossenheit der klassisch-dogmatischen Glaubenssystematik bleiben die Rückfragen: Ist das nicht doch eskapistische Flucht ins Ewige? Entzieht man den Glauben so nicht gerade seiner irdischen Lebensverwurzelung und Zielperspektive? Ist das nicht Trostliteratur, die vor allem mit Ewigkeit *ver*tröstet, ohne die Ursachen der Entstehung von Trostnotwendigkeiten auch nur in den Blick zu bekommen?[75] Von hier aus weitet sich der Blick auf die Frage, ob diese literarische Form der christlichen Gottesrede auch in der Zeit der Nazidiktatur, in der Gräuelzeit von 1933 bis 1945, weiterhin Bestand haben könnte. Die beiden folgenden Gedichte entstammen diesem Kontext.

Jochen Klepper:
Ambrosianischer Morgengesang

Mit *Jochen Klepper*[76] (1903–1942) nähern wir uns nun einem der letzten Vertreter der großen Tradition traditioneller geistlicher Dichtung im evangelischen Bereich. Klepper stammte aus einem evangelischen Pfarrhaus in Beuthen an der Oder. Das gestörte Verhältnis zu den Eltern, deren Erwartungen er offensichtlich nicht erfüllen konnte, belastet ihn schwer, das Theologiestudium bricht er ab, mehrere berufliche Versuche des zu Depressionen neigenden jungen Mannes in Rundfunk oder Verlagswesen scheitern. Klepper: ein Suchender, Unsicherer, Umhergetriebener, fest verankert nur in seinem leidenschaftlichen Christsein. Umso mehr kämpft er um seine Anerkennung als Schriftsteller, die ihm erst der 1937 erscheinende Roman »Der Vater« um den Preußenkönig Friedrich Wilhelm I. bringen sollte. Entscheidend für sein Leben und Schaffen wird die Ehe, die der knapp 30-Jährige mit einer dreizehn Jahre älteren Frau eingeht – einer Jüdin, die zwei Töchter aus erster Ehe mit in die neue Familie einbringt, während dem Paar gemeinsamer Nachwuchs sehr zur Trauer von Klepper versagt bleiben sollte. Die Angst um das Schicksal seiner Frau und der geliebten Stiefkinder in dem sein Unwesen verbreitenden Regime der Nationalsozialisten wird sein Leben fortan bestimmen. So muss er mit ansehen, wie ihm die für ihn identitätsstiftende schriftstellerische Arbeit durch seine Ehe zunehmend erschwert wird. Die Lebensmöglichkeiten steuern von Jahr zu Jahr auf die Katastrophe zu, die darin gipfelt, dass Klepper – gemeinsam mit seiner Frau und der jüngeren Tochter Renate – am Ende nur noch den gemeinsamen Selbstmord am 10. Dezember 1942 als Ausweg sieht.

Zu seinem schriftstellerischen Programm angesichts der Nazibarbarei wird das Spenden von Trost. Klepper erkennt, dass Menschen Trost brauchen und nur im Glauben finden können. Er empfindet sein Schreiben so als »dichterisches Apostolat«. In seinen aufwühlenden Tagebüchern »Unter dem Schatten deiner Flügel« – wohl sein bleibend wichtigstes literarisches Vermächtnis – finden sich immer wieder Hinweise auf sein so bestimmbares Selbstverständnis. Er lebe und schreibe – so ein Eintrag vom 23. Juni 1933 – in der »Hoffnung, göttliches Werkzeug zu sein«[77], und wenig später heißt es: »Ich bitte Gott immer wieder, dass er aus meinem

Schreiben etwas wie ein Pfarramt«[78] mache. Der Dichter wird hier zum schreibenden Gottesverkünder.

Wie aber kann ein Dichter diese Vorgabe erfüllen? Für Klepper war klar, dass nur eine ganz enge und getreue Orientierung an den verehrten Vorbildern Luther und Gerhardt dem selbst gestellten Anspruch genügen könne. Das zieht poetologisch die Konsequenz nach sich: Reim, Bildwelt und Rhythmus seiner geistlichen Lieder verzichten auf jegliche Originalität, zielen auf die Singbarkeit und sofortige Verstehbarkeit in der Gemeinde. Keine Zeit für literarische Originalität, wie Klepper selbst in einem Tagebucheintrag vom 4. Oktober 1937 festhält: »Denn für Lyrik ist dies keine Zeit; sie bringt keine echte Lyrik hervor. Aber die Stunde für politische und geistige Dichtung ist da.«[79] Und doch eine Zeit für Sorge um den eigenen Nachruhm – am 11. Januar 1938 notiert er in seinem Tagebuch: »Die bange Frage bleibt, ob ich jemals den Weg ins Gesangbuch finde.«[80] Im Nachhinein hätte man ihn beruhigen können. Seine Texte sind im Blick auf das Ev. Gesangbuch *die* geistlichen Liedtexte des 20. Jahrhunderts geworden, gleich zwölf Texte finden sich im allgemeinen Teil (zwei davon auch im katholischen Gotteslob). Sie stammen zum größten Teil aus der Zeit zwischen 1936 und 1938, wurden im letztgenannten Jahr unter dem Titel »Kyrie« herausgegeben. Einer dieser Texte (auch im Ev. Gesangbuch 453), verfasst im oben benannten Programm, ist der »Ambrosianische Morgengesang«:

Fünf einfache paarreimige Vierzeiler, verfasst in unmittelbar verständlicher Sprache, im Vokabular angefüllt mit typischen, vielfach bereits antiquiert wirkenden Kirchenbegriffen (behüten, Hader, entzweien, Hoffart ...) – diesen Text könnte tatsächlich auch schon ein Paul Gerhardt geschrieben haben. Er trägt den Zusatzvermerk »Nach dem altkirchlichen Hymnus ›Iam lucis orto sidere‹ von Ambrosius«, schlägt also auch im unmittelbaren Bezug den Bogen zurück in die Traditionsgeschichte. Schon im Blick auf das von Gertrud von le Fort neu meditierte Tedeum (S. 62) war der Mailänder Bischof *Ambrosius* (333/4–397) als vermeintlicher Verfasser genannt worden. Tatsächlich hat Ambrosius – einer der wirkmächtigsten Theologen und Kirchenväter in der römischen Kirche des Westens – auch einige wichtige Hymnen verfasst, jedoch wohl weder das Tedeum noch den hier von Klepper genannten Hymnus, der erst aus dem 9. Jahrhundert stammt.

Ambrosianischer Morgengesang

Schon bricht des Tages Glanz hervor.
Voll Demut fleht zu Gott empor,
dass, was auch diesen Tag geschieht,
vor allem Unheil er behüt'.

Er halte uns die Lippen rein,
kein Hader darf uns heut entzwein.
Er mache unser Auge frei
und zeige, was da eitel sei.

Ringt um des Herzens Lauterkeit!
Legt ab des Herzens Härtigkeit!
Des Fleisches Hoffart beugt und brecht!
Und Trank und Speise brauchet recht.

Auf dass, wenn dann die Sonne sinkt
und Dunkel wieder uns umringt,
wir ledig aller Last der Welt
lobsingen dem im Sternenzelt.

Lob dem, der unser Vater ist,
und seinem Sohne Jesu Christ,
dem Geist auch, der uns Trost verleiht,
vordem, jetzt und in Ewigkeit.

Neben der vollkommenen Treue zur Tradition fällt an dem Text zunächst auf, dass er eigentlich kein Gebet ist, sondern ganz den Duktus des Appells an die Mitmenschen trägt. Anders als bei sonstigen Texten Kleppers bleibt hier selbst der trinitarisch-liturgische Gebetsschluss Zitat und Aufforderung. Noch auffälliger – etwa im Vergleich mit le Fort – ist der düstere Ton des Gedichtes. Hier geht es nicht um einen freudig verfassten Morgenjubel oder um fröhlichen Dank für erfahrene Wohltaten, auch nicht um eine Bitte um gelingendes Leben. Nirgendwo im Text wird eine Anspielung auf den Zeit- und Lebenskontext deutlich. Im Ton jedoch lässt sich Kleppers Lebensgefühl erschließen. Aus dem Glanz des Morgens erhebt sich ein Flehen – das ist mehr und dringlicher als ein Bitten – darum, von Unheil bewahrt zu werden. Strophe zwei und drei zählen so erneut nicht auf, was Gott geben, sondern vor welchen Lastern und Versuchungen er bewahren möge: Von Lüge, Streit und Eitelkeit, Verschwendung, Härte und Luststreben. Die Negativformulierung zieht sich durch. Die vierte Strophe kann so den Blick auf das Sterben nur noch als Befreiung aller Lasten beschreiben. Und erst jetzt ist die Rede vom Lobpreis, der erschallen möge. Die in klassischen Texten bekannte Reihenfolge von »Lob – Dank – Bitte« wird hier umgekehrt zu »flehentliche Bitte – Lob«. In diesen Strukturmerkmalen wird deutlich, wie Klepper – bei aller bleibender Nähe zur Tradition – die klassischen Formen unter dem persönlichen Druck und den Belastungen seiner Zeit das Erbe traditionell christlicher Dichtung fortschreibt.

Reinhold Schneider: Wie sollt ich, Herr?

Abschließend zu dem vielleicht wichtigsten deutschsprachigen Vertreter christlicher Literatur aus katholischem Geist in der ersten Hälfte des 20. Jahrhunderts, zu *Reinhold Schneider*[81] (1903–1958). Obwohl sich das Gesamtwerk des gebürtigen Baden-Badeners weit ausspannt über verschiedene Formen von Essays, Romanen, Tagebüchern wurde er vor allem bekannt mit seiner Lyrik, besonders mit der von ihm perfektionierten Form des Sonetts. Der folgende Beispieltext[82] stammt aus dem Jahre 1938 und illustriert formal wie inhaltlich Schneiders schriftstellerische Rede von Gott angesichts der Nazi-Barbarei und des geistigen wie physischen Terrors dieser Zeit:

> Wie sollt ich, Herr, Dein heilig Licht verkünden,
> Das, mit dem trübern dieser Welt vereint,
> Auf Wolken und auf Bergen widerscheint
> Und gleich der Lilie aufsteigt aus den Gründen?
>
> Wie reine Geister sich an Dir entzünden
> Und höchste Liebe Deine Liebe meint
> Und tiefste Trauer Deinen Schmerz beweint,
> Will alles Wesen sich mit Dir verbünden.

Du hast die Welt geheiligt durch Dein Kommen
Und hast verklärt den Wandel der Planeten
Und in Dein Licht die Erde aufgenommen;

Im ganzen Weltenkreis, den Du betreten
Ist eine Sehnsucht ohne Maß entglommen,
Dein Lob zu künden und Dich anzubeten.

Das Gedicht beginnt mit einer Grundfrage aller religiösen Menschen, speziell aller in der Glaubensvermittlung Tätigen: »Wie sollt ich, Herr, dein Licht verkünden?« Diese Gebetsfrage erinnert an Rilkes Suche nach der angemessenen, neu zu sammelnden Sprache. Mit welcher Sprache kann er, der Schriftsteller, Gott verkünden? Schneider deutet durch den Konjunktiv »sollt« an, dass er genau weiß, eigentlich ein Unmögliches von sich zu fordern. Von Gott zu reden ist im Grunde dem Menschen nicht möglich – und doch seine Aufgabe. Mit diesem Dilemma beginnt Schneider seinen Text.

Wie löst er dieses Dilemma für sich? Zunächst verrät die gewählte lyrische Form des Sonetts als solche viel über den Grundduktus. Die kunstvolle Gebundenheit, Stimmigkeit und Sicherheit der strengen Form von Rhythmus, Metrum und Reim steht bei ihm bewusst als Gegenprogramm zum geistigen Chaos, zur Form- und Ordnungslosigkeit seiner Zeit. Am 11. Oktober 1931 schreibt er in einer poetologischen Reflexion in sein Tagebuch – bezugnehmend auf den Escorial, den architektonisch streng gegliederten monumentalen Palast Philipps II.: »Meine Verse baue ich ganz im Stil des Escorial: symmetrisch, schwer; ich opfere die Form unter keiner Bedingung, weil die Form Inhalt ist; so kommt etwas Architektonisches zustande (...) Meine eigene höchste Lust ist es nun, in diese Strenge einen chaotischen Gehalt zu bannen: das Lob der Schwermut, des Untergangs, des Chaos, wodurch die Form zur notwendigen Ergänzung des Gesagten wird. Da der Untergang in streng gebändigten Worten gefeiert wird, ist er von dem unbesiegbaren Bau- und Formtrieb doch schon überwunden. Die Sonette sind ganz das, was der Escorial für mich ist: eine zerstörende innere Gewalt wählt sich als Erscheinungsform das Gesetz.«[83]

Schon die streng gebundene Form des Sonetts trotzt also der Verzweiflung und Angst seiner trostlosen Gegenwart. Die wie bei Klepper fast liturgisch anmutende Sprache versucht bewusst Halt zu geben. Im Blick auf den Inhalt heißt das für unseren Text: Schneider beschwört noch einmal eine bildreiche Vision, durch die er klassisch dogmatische Aussagen der Gotteslehre illustriert: Gott, der die Welt durch sein Kommen heiligt; die kosmologische Verklärung durch die Erlösungstat Gottes; die Antwort des Menschen auf diese Tat: Erlösungs- und Verbindungssehnsucht und Gotteslob. Gedichte nach einer solchen Konzeption finden sich bei Schneider in dieser Zeit zuhauf: Texte der zugesprochenen Zuversicht; Texte der mahnenden Konzentration auf Gebet, Gericht und Gnade in der »Nacht«; Texte der drohenden »Apokalypse« – so der Titel einer Gedichtsammlung von 1945; Texte der direkt-indirekten politischen Kritik; Texte, die im Spannungsbogen von Mahnung und Hoffnung trösten sollten.

Doch eindeutig: All diese fest gefügten Lehraussagen über die Heilsgeschichte scheinen uns und unserer heutigen Welt- und Menschenerfahrung sphärenhaft fern. Die »Sehnsucht ohne Maß« Gott anzubeten und sein Loblied zu singen – sie entspricht unabhängig von der dogmatisch-überzeitlichen Wahrheit solcher Aussagen den allerwenigsten heutigen Erfahrungen. Ganz entscheidend zum Verständnis Schneiders ist jedoch die Einsicht, dass diese Aussagen auch schon in seine Zeit alles andere als Zustandsbeschreibungen waren. Schneider formuliert wissentlich ein Wunschbild, das er durch seine literarische Fiktion erst hervorrufen will. So wie die feste Form, so schien ihm allein die feste inhaltliche Zusage den Menschen seiner Zeit helfen zu können. Diese Art der literarischen Gottesrede: Sie war also schon 1938 nur noch Zitat. Und Schneider war sich bewusst, was er tat. Wie sein Dichterfreund Jochen Klepper stellte er eigene poetische Ambitionen ganz bewusst hinter den »Dienst am Geoffenbarten«[84], hinter sein »poetisches Apostolat« zurück. Außergewöhnlich jedoch: Schneider war sich der Zeit- und Situationsgebundenheit derartiger Werke bewusst. Während Klepper durch seinen tragischen frühen Tod das Ende des Krieges und den Wiederaufbau nicht mehr erleben darf, wird Schneiders Selbst- und Weltbild noch einmal tief erschüttert. Der Weg, den die bundesdeutsche Gesellschaft nach 1945 einschlägt, findet seine Zustimmung nicht. In der Frage der Wiederbewaffnung und der Atompolitik etwa tritt er als Mahner auf, eine Rolle, die ihm – dem ehemals so hoch geschätzten Tröster der Nation – viel Feindschaft und Häme einbringt.

Vor allem zweifelt er an der einst so sicher beschworenen Religion. Die alten Sicherheiten schwinden, an ihre Stelle tritt jener Zweifel, den Schneider bereits als junger Mann immer wieder tief verspürt hat.[85] Im Rückblick ist ihm klar, dass er in den Jahren 1939 bis 1945 ein religiös-dichterisches Apostolat getragen, die Rolle des Trösters bewusst angenommen, dass er mit seinen Texten eine Art spirituell-geistig-religiösen Sanitäterdienst abgeleistet hatte. »Ich war« – schreibt er in seiner Autobiografie »Verhüllter Tag« von 1954 – »in gewissem Sinne einberufen, endgültig abberufen vom literarischen Leben in die religiös-geschichtliche Existenz«[86]. Als die Welt zum »Verbandsplatz«[87] wurde – so an gleichem Ort niedergeschrieben – da lieferte er das Verbandszeug mit seinen Trosttexten. In seinem letzten Werk, dem 1958 veröffentlichten skeptisch-fragmentarischen Tage- und Gedankenbuch »Winter in Wien«, schreibt er von diesen Jahren als jener Zeit, in der »ich mich in religiösem Sanitätsdienst bemühte«[88]. Am Ende seines Lebens sollte wieder der Zweifel stehen, die ungeklärte Suche, vielleicht der tiefe Wunsch nach jenem Trost, den er selbst einst anderen gestiftet hatte.

Die nachträgliche Selbstkritik Schneiders in Bezug auf die von ihm bereitwillig und wirkmächtig ausgefüllte Rolle als literarischer Tröster sollte fortan bei anderen wichtigen Schriftstellern massiv weiter vorangetrieben werden. Und weder in der Tradition von le Fort oder Klepper noch in der Nachfolge Schneiders sollte in deutscher Sprache bis heute je wieder maßgebliche Lyrik verfasst werden. Der Schweizer *Max Frisch* (1911–1991) hatte als einer der Ersten mit wachem Gefühl gespürt, dass diese Art von Literatur sowohl im Blick auf die Form als auch im Blick auf den Inhalt keine Zukunft haben werde. Ohne Schneider namentlich zu nennen, bezieht er sich in den folgenden Ausführungen aus seinem so erfolgreich veröffentlichten Tagebuch auf ihn: »Wir schreiben Sonette«, schreibt Frisch – der selbst wohlweislich nie ein Sonett veröffentlicht hat –, »als wüsste der Schreiber auf die Zeile genau, wo der Mensch aufhört, wo der Himmel beginnt, wie Gott und der Teufel sich reimen«. Dann jedoch: Auf alles reimen sich diese Sonette, »nur nicht« auf das »Erlebnis«, auf tatsächliche Erfahrung. Zwar gibt Frisch durchaus zu: »Ein Katholik beispielsweise, der sich in einer geschlossenen Welt glauben kann, hat natürlich die Erlaubnis zur Vollendung.« Doch erneut folgt die Einschränkung: »Die Haltung der meisten Zeitgenossen«, so Frisch schon 1946, »ist die Frage, und ihre Form, solange eine ganze Antwort fehlt, kann nur vorläufig sein.«[89]

Didaktisch-methodische Überlegungen

Die geistige Welt, die in diesen Texten aufscheint, ist den meisten Schülerinnen und Schülern genauso fremd wie jene Welten, die in den Gedichten der ersten Abteilung Hintergrund und Kontext bildeten. Über den Geschichtsunterricht und die eben doch nähere Distanz dürfte – zumindest bei den höheren Kassen – dennoch mehr Wissen über die gesellschaftlichen und politischen Rahmenbedingungen vorhanden und aktivierbar sein. Daran gilt es anzuknüpfen, im Idealfall fächerverbindend zwischen Deutsch-, Religions- und Geschichtsunterricht. Mit den hier vorgelegten Texten kann man sich auf die Spur der Rede von Gott im 20. Jahrhundert machen als Spiegel der Geschichte bis 1945. Das Besondere an den ausgesuchten Gedichten liegt darin, dass sie eine direkte Auseinandersetzung mit dieser Geschichte auf der Textebene selbst verweigern. Bei le Fort, Klepper und zum Teil bei Schneider besteht die Strategie aus einer umso festeren Beschwörung der Glaubenstradition als Trost und Orientierungshilfe. Diese Texte sind so auch in einer Unterrichtseinheit zum Thema »Trösten«[90] sinnvoll einsetzbar.

Nur bei Rilke und Schneider finden sich Hinweise auf die Notwendigkeit nach einer neuen Suche, nach einer neuen Form und einer neuen Vorsicht in der Art der Rede von Gott. Unterhalb der Textebene sind die Erschütterungen jedoch stets zu spüren. Deshalb ist hier um einer fairen Behandlung der Texte willen jeweils ein Hinweis auf den biografischen Kontext besonders wichtig. Didaktisch kommt alles darauf an, diese Gedichte in *ihrer* Zeit und im Blick auf ihre konkreten VerfasserInnen verständlich zu machen. Gleichzeitig darf jedoch die kritische Nachfrage gestellt werden, ob diese Texte aus *heutiger* Sicht überzeugen und für unsere Form der Gottesrede hilfreiche Wegmarken sind. Vielfach werden Heranwachsende diese Frage für sich verneinen, gerade darin aber Hinweise daraufhin entdecken können, wie eine heute überzeugende Rede aussehen müsste.

■ Da *Rilke* die Impulse für seine Poetologie der Gottesrede maßgeblich von den Werken der Kunst bezieht, bietet es sich in der methodischen Präsentation seines Textes an, zunächst solche Kunstwerke selbst zu betrachten, erneut idealerweise in Kooperation, hier mit dem Kunstunterricht. Besser als die Werke der italienischen Renaissance eignen sich dazu sicherlich Ikonen[91], die das Bildverbot (»du sollst dir kein Gottesbild machen« – Ex 20,4) paradoxerweise gerade in Bildern bestätigen: Jedes Bild von Gott oder Jesus erschließt wie verschließt den Zugang. Und wirkungsästhetisch entscheidend: In jeder Ikone wird – recht verstanden – der Mensch vom Betrachter zum Betrachteten ... In vorsichtiger und bedachtsamer Annäherung kann man so gemeinsam versuchen herauszufinden, wie Ikonen Gott und Heiliges darstellen. Woraus besteht ihre besondere Kunstsprache? Wie erzeugen sie den Effekt, der von ihnen ausgeht? Dann kann man zu Rilke überleiten mit der folgenden, herausfordernden Fragestellung: »Hier seht ihr das Bild eines Dichters, der nach einer Russlandreise nach Hause kommt, völlig beeindruckt von der Kunst des Ikonenmalens, und versucht, etwas Vergleichbares in Form von Literatur zu schaffen. Welche Möglichkeiten hat er, mit Sprache etwas Vergleichbares wie die Kunst auszudrücken?« Dann erst legt man das Gedicht vor und vergleicht die Erwartungen mit dem tatsächlichen Text. Bei starken Oberstufenklassen kann ein Hinweis auf das Kunstverständnis Rilkes und seine spezifische Verhältnisbestimmung von Mensch, Gott und Künstler die Betrachtung abschließen.

■ *Gertrud von le Forts* Lobgedicht bietet äußerlich keine klar erkennbare Struktur, innerlich jedoch sehr deutlich. Dieser Sachverhalt sollte die methodische Umsetzung bestimmen. So erhalten die SchülerInnen den Auftrag, das Gedicht zu gliedern und jeden Teil mit einer Überschrift zu versehen. Die so erarbeitete trinitarische Struktur kann leicht mit den klassischen Gebeten des Christentums verglichen werden – sei es mit dem Tedeum, sei es mit dem Credo. Gerade im Vergleich wird aber auch der besondere Jubelton des Gedichtes deutlich. Wie kann man ihn sich erklären? Wie wirkt er auf uns? Warum schreibt jemand einen solchen Text? Als Textverfremdung kann man schließlich die Idee ausprobieren, pro Zeile ein besonders auffälliges Wort durch ein anderes zu ersetzen – nach Stimmigkeitsentscheidung der einzelnen SchülerInnen. So wird der Text in seiner Sperrigkeit und vielleicht doch Aktualität noch einmal neu beleuchtet.

■ Auch *Kleppers* Text sollte man der Lerngruppe mit einem Arbeitsauftrag vorlegen: All jene Begriffe sollen gekennzeichnet werden, die in der normalen Umgangssprache nicht auftauchen. Dann sollen die SchülerInnen spekulieren, von wann dieser Text wohl sein könnte. Sie werden wahrscheinlich überrascht sein, dass er aus dem 20. Jahrhundert stammt. In einem knappen Lehrervortrag kann man ihnen dann von Jochen Klepper erzählen, um den Text so verständlicher zu machen. Vor allem in einem direkten Vergleich mit dem Gedicht von Paul Gerhardt (S. 41) kann die »Negativstruktur« dieses Bittgebets deutlich werden. Mit diesem Vergleich kann man auch in ein anderes methodisches Verfahren einsteigen: Wie werden Lob, Dank und Bitte formuliert? Welches Lebensgefühl prägt die Gebetstexte? Welche Wirkung haben Gebete in traditionellem Stil, welche Wirkung haben Gebete in neuer Sprache? Bei Gruppen mit höherem Anteil von aktiv praktizierenden Christen kann man schließlich vielleicht sogar versuchen, »andere« Gebete selbst zu formulieren.

■ *Schneiders* Gedicht verbindet kongenial Form und Inhalt. Deshalb liegt eine besondere didaktische Chance darin, ein Gefühl für diese Form und ihre Wirkung zu fördern. Jeweils zwei SchülerInnen erhalten als Textpuzzle eine lose Folge von Textschnipseln, entweder die 14 Einzelverse, oder bei nicht sehr leistungsstarken Klassen sieben Zweierverse. Nach dem Zusammenbau wird zunächst die Form analysiert, eventuell verbunden mit der oben zitierten Selbstaussage Schneiders zu seiner Poetologie des Sonetts (S. 69). Erst daraufhin wird der Inhalt näher charakterisiert. Am Ende steht auch hier der verständnisfördernde Blick auf Person und Zeitumstände, vielleicht sogar der Ausblick auf die zerbrechende Gottesgewissheit des Dichters. Wenn man so – seiner Meinung nach – nicht mehr von Gott denken, sprechen und dichten kann, wie denn dann? Diese Frage leitet über zu neueren literarischen Versuchen der Gottesrede.

3. WORTSUCHE, KLAGE UND VERTRAUEN: GOTTESTEXTE AUS DEM GEIST DES JUDENTUMS

Die bislang vorgestellten lyrischen Auseinandersetzungen mit der Gottesfrage hatten ihre Beheimatung in der spirituellen Welt des Christentums. Mit dem Blick auf das Judentum nähern wir uns nun einer Welt, die einerseits selbstverständlich dieselbe war: im Blick auf den deutschen Kulturraum und die Geschichte, im Blick auf die Sprache, im Blick auf ein und denselben Gott. Andererseits war diese jüdische Lebenswelt und ihre Auseinandersetzung mit der Gottesfrage jedoch auch ganz anders: Kultur und Geschichte haben Juden bei gleichen objektiven Daten subjektiv anders erlebt, viel zu oft: erlitten. Und der Blick auf denselben Gott ist eben aus jüdischer und christlicher Sicht doch verschieden. Schließlich fehlt jener Bezug, der bei fast allen Texten bislang wichtig war: der Bezug zu einer kirchlich institutionalisierten Liturgie, aus der heraus oder auf die hin viele der Texte verfasst wurden. Eine vergleichbare literarische Tradition im Blick auf die Synagoge hat sich nicht herausgebildet. Jüdische literarische Annäherungen an die Gottesfrage spiegeln so fast immer bereits eine größere Distanz zur theologischen Orthodoxie. Sie stehen nie repräsentativ für »das Judentum«, sondern sind eher Zeugnisse einzelner Stimmen – oft bloßer Randtraditionen – innerhalb der breiten geistigen Welt dieser Religion.

Von der Traditionsgeschichte einer eigenständigen »deutsch-jüdischen Literatur« kann man erst seit Anfang des 18. Jahrhunderts sprechen.[92] Vor allem in der Publizistik und im Feuilleton spielten Juden von da ab mehr und mehr eine wichtige Rolle. Abgesehen von herausragenden Einzelgestalten wie *Ludwig Börne* (1786–1837) oder *Heinrich Heine* (1797–1856) blieb ihre Wirkung auf die deutschsprachige Gesamtgesellschaft zunächst jedoch gering. Das änderte sich erst durch das Entstehen neuer soziokultureller Gesamtkonstellationen gegen Ende des 19. Jahrhunderts, als mehr und mehr assimilierte Juden vor allem in Berlin, Wien und Prag wichtige Impulse in den öffentlichen Kulturbetrieb einbrachten. *Hans Schütz* stellt in einem informativen Überblick zu dieser Frage fest: »In der Tat war die überdurchschnittliche Beteiligung der Juden am kulturellen Leben nach 1880 nicht mehr zu übersehen.«[93] Die – nie real gewordene – Vision einer friedlichen deutsch-jüdischen Symbiose sollte freilich nur knapp fünfzig Jahre lang bis 1933 Bestand haben. Innerhalb dieser Zeit, aber auch in den Katastrophenjahren der Nazidiktatur, entstanden qualitativ herausragende Auseinandersetzungen mit der Gottesfrage, die einerseits die spezifisch jüdische Erfahrung mit diesem Gott spiegeln, die aber darin und darüber hinaus ganz allgemein die Beziehung von Mensch und Gott ansprechen. Deshalb werden sie in diesem Buch breit zu Wort kommen. Am Anfang sollen Texte stehen, die den Bogen spannen vom Beginn des Jahrhunderts bis zur Katastrophe der Schoah.

Else Lasker-Schüler: An Gott

Die Gedichte von *Else Lasker-Schüler* (1869–1945) – von *Gottfried Benn* sieben Jahre nach ihrem Tod wohl ein wenig zu enthusiastisch als »größte Lyrikerin, die Deutschland je hatte«[94] gefeiert – sind voller religiöser Motive: seien das zahllose biblische Anspielungen vor allem aus den wirkmächtigen »Hebräischen Balladen« von 1913, seien das aber auch zahlreiche Texte, die direkt an Gott adressiert sind.[95] 1869 im westfälischen Elberfeld (heute Wuppertal) geboren, wuchs sie in einem jüdisch-bildungsbürgerlichen, stark akkulturierten Milieu auf. Ihr Leben war bestimmt von unsteter Suche: der Suche nach Freunden, die sie mit vielen Größen aus Malerei, Literatur und dem Kulturbetrieb zusammenführte; der Suche nach Liebe, die sie neben und nach zwei geschiedenen Ehen bei wechselnden Partnern erhoffte; der Suche nach Heimat, die sie nach Jahren in Berlin ab 1933 in die Schweiz verschlug, ab 1937 nach Jerusalem, wo sie 1945 sechsundsiebzigjährig verarmt und weitgehend unbeachtet starb. Eine geniale Frau voller übersprühender Fantasie, besorgt um eine immer wieder neu zurechtgelegte Künstlerbiographie, begabt in Malerei, vor allem aber in der Literatur, und hier vor allem im Bereich der Lyrik. Ab 1902 veröffentlichte sie zahlreiche weit verbreitete und wirkmächtige Gedichtbände, mit denen sie etwa als entscheidende Wegbereiterin der expressionischen Lyrik gilt.

Die Suche Else Lasker-Schülers betraf aber auch den Bereich der Religion. Von ihrem weitgehend assimilierten jüdischen Elternhaus her musste sie sich an das jüdische Erbe erst von außen herantasten. Mit ihren »Hebräischen Balladen« und anderen religiös motivierten Gedichten schrieb sie sich buchstäblich an ihr Judentum heran. In dem 1905 veröffentlichten Schlüsselgedicht »Mein Volk«[96] wird der Weg dieser zunehmenden Identifikation mit dem Volk der Juden deutlich, das – wie sie – »zu Gott schreit« – so der Schlussvers. Das Ringen mit diesem Gott wird ihr lyrisches Werk über die ganzen Jahre ihres Schaffens weiter auszeichnen, so vor allem in »Und suche Gott«, »O Gott«, »Gebet«, »Ein Lied an Gott«, »Gott hör« und ein zweites Gedicht »Gebet«[97]. Allein diese Texte bedüften einer eigenen intensiven Untersuchung. Wir beschränken uns auf das Gedicht »An Gott«[98], das im Jahre 1908 von der damals knapp Vierzigjährigen in der Zeitschrift »Das Magazin« veröffentlicht wurde, von ihr später als »eine meiner mir liebsten hebräischen Balladen«[99] bezeichnet:

An Gott

Du wehrst den guten und den bösen Sternen nicht;
All ihre Launen strömen.
In meiner Stirne schmerzt die Furche,
Die tiefe Krone mit dem düsteren Licht.

Und meine Welt ist still –
Du wehrtest meiner Laune nicht.
Gott, wo bist du?

Ich möchte nah an deinem Herzen lauschen,
Mit deiner fernsten Nähe mich vertauschen,
Wenn goldverklärt in deinem Reich
Aus tausendseligem Licht
Alle die guten und die bösen Brunnen rauschen.

Sowohl im Titel als auch im dialogischen Duktus des Gedichtes selbst hält sich dieser Text an die Form des Gebets. Bei näherer Betrachtung ist er aber wohl nicht als tatsächlich gesprochenes oder zu sprechendes Gebet zu verstehen, sondern als »literarische Kunstform Gebet«. Das Zwölfversgedicht sprengt den liedhaften Duktus schon in der unregelmäßigen Verteilung von Vers pro »Strophe«, zudem durch sein unregelmäßiges Metrum und das fast willkürlich gesetzte Reimschema. In dieser Form zeigt sich der ganz subjektive Charakter dieser Gedankenlyrik

Das Gedicht wird von dem Gegensatz zweier Welten bestimmt, die durch das Motiv der sehnsuchtsvollen Suche verbunden sind. Da ist zum einen die Sphäre Gottes: bestimmt durch die Gewalt über die »guten und bösen Sterne«, die »goldverklärt rauschenden Brunnen«, das »tausendselige Licht«. Ihm gegenüber steht die Lebenserfahrung der Gedichtsprecherin: sie fühlt sich einerseits ausgesetzt den »Launen« der Sterne, andererseits der eigenen »Laune«, gezeichnet durch das Gewicht der Krone, schmerzerfüllt im »düsteren Licht« in einer »stillen« Welt. Der Gegensatz dieser Sphären verbindet sich im Angelpunkt dieses Gedichtes, in der Suchfrage: »Gott, wo bist du?« Sehnsuchtsvoll reichte der Sprecherin selbst die »fernste Nähe«, um doch bei Gott sein zu können und die sie umgebende Stille zu vertauschen mit den Klängen des Herzens und dem Rauschen der Brunnen in Gottes Reich. Die einzelnen Bilder – wie stets bei Lasker-Schüler kühn und sperrig gesetzt – sind dabei nicht genau auslotbar. Insgesamt lässt das Gedicht die Spannung zwischen ehrfurchtsvoller Gottessehnsucht und in den Bildern betonter Gottesferne letztlich unaufgelöst bestehen.

Doch eine weitere Deutung ist möglich. In einem 1932 in dem Band »Konzert« veröffentlichten Essay beschäftigt sich Else Lasker-Schüler direkt mit dem Gebet. Dort schreibt sie: »Jedes wahre Gebet ist eine Konzentration ... Ich und Ich. Und aus dieser Selbstverbindung entsteht doppelte Kraft.«[100] Gebet ist für sie hier also eher eine innere Selbstbesinnung und Selbstvergewisserung als eine wirklich dialogische Auseinandersetzung mit einem transzendenten Gegenüber. Nach diesem Verständnis könnte sich »An Gott« auch lesen als Auseinandersetzung mit dem Dasein als Künstlerin. Lasker-Schüler sah sich als Prophetin, als lyrische Erlösungskünderin in einer heillosen Welt. Gott stünde dann als Metapher für die Erlösungskraft der Kunst. Sie ist die schmerzende Krone, die ihre Furchen zieht. Das düstere Licht bezeugt die vergebliche Wortsuche der Dichterin, die den Launen der Inspiration ausgeliefert ist. Die Sehnsucht nach dem rauschenden Brunnen, nach Licht, Gold und Nähe zum Ursprung wäre dann die Sehnsucht nach der rechten »göttlichen« Sprache der Kunst. Gerade im Kontext des Gesamtwerks der Dichterin behält eine solche Deutung ihre Plausibilität. Das Gedicht lässt sich jedoch bleibend auf den beiden hier aufgezeigten Deute-Ebenen lesen – ist wohl ganz bewusst auf diese Doppelbödigkeit der Interpretation angelegt.

Karl Wolfskehl: Herr, ich will zurück

Den Jahrgangsgenossen *Karl Wolfskehl*[101] (1869–1948) verbindet mit Else Lasker-Schüler der Hintergrund eines weitgehend assimilierten Elternhauses, der Aufstieg zu einer der zentralen Figuren der literarischen Kreise (sie in Berlin, er in München), die sofortige konsequente Reaktion auf die Machtergreifung der Nationalsozialisten in der 1933 erfolgenden Flucht in die Schweiz, schließlich der bittere Gang ins Exil (sie nach Jerusalem, er nach Neuseeland). Die Parallelen erstrecken sich aber noch weiter bis hin zu »deutlicher Nähe«[102] in Bildwelt und Ausdruck, obwohl sie wohl keinerlei persönlichen Kontakt pflegten. Als Sohn einer alteingesessenen und wohlhabenden Darmstädter Bankiersfamilie konnte sich Wolfskehl zunächst ganz seiner Leidenschaft, dem Interesse für die Kulturwissenschaften und darin vor allem der Literatur widmen, die er umfassend studierte und in der er nach Studien in Leipzig, Berlin und Gießen promoviert wurde. Er machte sich bald als Übersetzer, Sammler und Herausgeber vor allem alter deutscher Dichtung einen Namen. Nach dem Umzug nach München wurde sein Haus zu einem der beliebtesten Treffpunkte der kulturellen Elite der Stadt – hier verkehrten so verschiedene Gestalten wie *Martin Buber, Oswald Spengler, Franz Marc, Paul Klee* oder *Alfred Kubin.* Daneben trat Wolfskehl selbst als Dramatiker und Dichter auf. Er lernte *Stefan George* kennen und wurde in dessen Kreis einer der gelehrigsten und doch bleibend eigenständigsten Schüler.

Dass gerade für jemanden wie ihn, der so sehr im deutschen Geist verwurzelt war oder Verwurzelung suchte, die Machtergreifung der Nationalsozialisten zum Schock werden musste, liegt auf der Hand. Wolfskehl war sich seiner jüdischen Identität immer bewusst gewesen, hatte jedoch von einer harmonischen deutsch-jüdischen Symbiose geträumt, die in seiner Person in vielleicht einzigartiger Weise verwirklicht war. Nun beraubte man ihn eines Teils seiner selbst – des Deutschtums – und »reduzierte« ihn auf das Judesein. Er reagierte entsprechend extrem: Sein Exil suchte er so weit entfernt von Deutschland wie möglich – in Neuseeland, wo er die letzten Lebensjahre in zunehmender Erblindung verbrachte. Die Jahre des Exils wurden jedoch zu Jahren der kreativen literarischen Produktivität. Seine dem Leid abgetrotzten Spätwerke – allen voran der Zyklus »Hiob oder Die vier Spiegel«[103] – sind sicherlich sein bleibendes literarisches Vermächtnis.

Das folgende Gedicht »Herr! Ich will zurück«[104] – verfasst von einem 65-Jährigen – markiert den Beginn dieser letzten Schaffensphase. Es eröffnet den 1934 veröffentlichten Band »Die Stimme spricht«, eine der bekanntesten Sammlungen von Exillyrik. Ort der Erstveröffentlichung am 2. Oktober 1933 war das »Frankfurter Israelitische Gemeindeblatt«.

Herr! Ich will zurück

Herr! Ich will zurück zu deinem Wort.
Herr! Ich will ausschütten meinen Wein.
Herr! Ich will zu Dir, ich will fort.
Herr! Ich weiß nicht aus und nicht ein!
Ich bin allein.

Allein in leerer, atemleerer Luft,
Allein im Herzen, vor mir selber scheu.
Alle meine bunten Bälle sind verpufft,
All meine Weisheit ward Dunst und Spreu.
Ich bin arm, Gott! Neu

Neig dich her wie den Vätern,
Oder triff mich mit Deinem Strahl:
Auch den ärgsten Tätern
Warst Du nah einmal.

Zeig dich, Gewölk oder Feuer,
Hol uns zur Wüstenfahrt –
Herr, sind wir Dir nicht teuer:
Warum hast Du uns aufgespart?

Ist der bange Tag nun verstrichen?
Brach die Nacht hinter uns entzwei?
Alle Sterne sind blind, sind verblichen:
Ruf uns, wir rufen Dich herbei –
Noch vorm Hahnenschrei
Kommen deine Boten geschlichen,
Ohne Laut geschlichen –

Schon formal betrachtet lässt sich das Gedicht in drei unterschiedlich gestaltete Teile untergliedern: Die beiden ersten Fünfverstrophen sind über
den abschließenden Zeilensprung mit den zwei Vierversstrophen verbunden, während die abschließende Siebenversstrophe eine eigene Einheit bildet. Der Text ist in Form eines klassischen Gebetsrufs verfasst, deren Dringlichkeit durch die vierfach wiederholte Anrede »Herr!« in den
ersten Zeilen nachdrücklich unterstrichen wird. Die beiden Pole »Ich«
und »Du« (Gott) strukturieren so das Gedicht. Die erste Strophe schildert
die Verlassenheit und Ausweglosigkeit des Sprechers, aus der sich die Suche nach Gott begründet. Die Suche nach dem »Wort« ist dabei einerseits
bildlich gleichzusetzen mit der Suche nach Heil, nach einer wiederge-
wonnen Gottesbeziehung, andererseits aber auch ganz konkret als Suche
nach dem dichterischen Wort, das Wolfskehl auch in anderen Gedichten
immer wieder mit dem auszuschüttenden »Wein« vergleicht. Gottsuche
und Bitte um das gelingende dichterische Wort verbinden sich hier zu einer Einheit.

Die zweite Strophe konzentriert sich auf die Beschreibung des jäm-
merlichen Zustands des Beters, geprägt von Einsamkeit und der schockie-
renden Erkenntnis, dass alle Lebenspläne, alle aus bisheriger Erfahrung
gewonnenen Einsichten als Illusionen zerplatzt sind. Erst jetzt, in den
über den Zeilensprung eng angebundenen Strophen drei und vier, wendet sich der Sprachgestus zur ausformulierten Bitte: Gott möge sich dem
Beter zeigen, sei es zu Wohl oder Wehe. Ein typisch jüdischer Gebetszug

erinnert dabei an die Größe Gottes, die sich geschichtlich ja erwiesen hat
– im befreienden Exodusgeschehen, auf das die Bilder von »Gewölk
oder Feuer« und der »Wüstenfahrt« anspielen. Ebenfalls typisch: Die zuvor individuelle Ich-Klage weitet sich zur kollektiven Wir-Rede, die den
Rest des Gedichttextes bestimmt. Irgendetwas müsse Gott mit den Juden der Gegenwart ja vorhaben, wofür sonst habe er sie »aufgespart«.
Und um Schuld oder Unschuld könne es dabei ja auch nicht gehen,
schließlich habe er ja auch in biblischer Zeit selbst »ärgsten Tätern«
(etwa David?) beigestanden.

Die Schlussstrophe schließt das Gedicht offen ab. Schilderung der
Lage, Bitte und Appell münden in offenen Fragen und unsicherer Zukunft. Im typischen Psalmgestus wird die durch den Hahnenschrei markierte Morgenstunde nach mit Gebeten angefüllter durchwachter Nacht
als mögliche Stunde der Rettung beschworen – doch ohne sichere Hoffnung auf eine derartige Rettung. Unklar bleibt schon, ob der rechte Zeitpunkt bereits da ist: Liegt der »Tag« als Sinnbild der bedrohlichen Lei-
denszeit tatsächlich schon zurück? Ist die Nacht schon überstanden?
Das Erbleichen der Sterne kann gleichzeitig auf eine Wahrnehmung des
anbrechenden Morgens, aber auch auf ein Schwinden des Abrahamse-
gens (vgl. Gen 15,5) gedeutet werden. So bleibt nur ein letzter Appell: So
wie »wir« Gott anrufen, möge er auch uns »rufen«. Doch wird das ret-
tende »Wort« – ein impliziter Bogen zum Gedichtanfang – erklingen?
Die zwei Schlussverse weisen im offen bleibenden Gedankenstrich sowie im nur noch wiederholend gleichen Reimwort auf den ungewissen
Ausgang. Stärker als bei Lasker-Schüler wird in diesem Gedicht Wolfskehls die formale und strukturelle Nähe zum biblischen Erbe des Psalm-
gebets deutlich, die jedoch nicht imitiert, sondern in der Tradition deutscher Verssprache ausgesprochen wird. Der Text steht so idealtypisch
für Werk und Person Karl Wolfskehls, der sich selbst als »jüdisch, römisch, deutsch zugleich«[105] charakterisierte.

Gertrud Kolmar: Die Leugnerin

Sie ist sicherlich in Leben und Schreiben ihrer »literarischen Zeitgenossin *Else Lasker-Schüler* nahe«[106]; sie ist gut bekannt mit der einzigen deutschsprachigen Literaturnobelpreisträgerin *Nelly Sachs*, die sie als »eine der wohl größten Lyrikerinnen preist«[107]; nicht zufällig wird *Johannes Bobrowski* gerade diesen drei geistig verwandten deutschjüdischen Lyrikerinnen in den Jahren 1960 und 1961 sehr persönliche Widmungsgedichte schreiben[108]; und doch ist sie weder als Person noch auch durch ihr Werk auch nur annähernd so bekannt wie die beiden großen poetischen Schwestern: *Gertrud Kolmar* (1894–1943) wurde als Tochter des angesehenen Rechtsanwaltes Ludwig Chodziesner und seiner Ehefrau Elise in Berlin geboren. Auch sie wächst auf in einem assimilierten Elternhaus, wendet sich aber schon früh der jüdischen Tradition zu. Als sie 1917 eine erste Gedichtsammlung publiziert, wählt sie den Künstlernamen »Kolmar«, den deutschen Namen der Geburtsstadt des Vaters Chodziesen in Posen. Zu ihren Lebzeiten sollten 1934 und 1938 nur noch zwei weitere ebenfalls nur gering beachtete Gedichtsammlungen erscheinen. Erst nach dem Krieg werden weitere Gedichte, der Roman »Die Mutter« und die Erzählung »Susanna« erscheinen – Werke, deren Rezeption langsam aber stetig voranschreitet. Gertrud Kolmar, eine Cousine *Walter Benjamins*, hatte nach der schulischen Ausbildung das Lehrerinnenseminar besucht, Sprachdiplome erworben, kurze Zeit als Erzieherin in Hamburg gearbeitet, verbrachte aber sonst ihr Leben in Berlin. Aus Treue zu ihrem Vater blieb sie dort, auch als die Lebensbedrohung durch die Nationalsozialisten immer deutlicher wurde. Das Haus wurde enteignet, der Vater bekam Berufsverbot, sie selbst wurde zu erniedrigender Zwangsarbeit in einer Fabrik eingezogen, schließlich verhaftet, nach Auschwitz verschleppt, wo sie vermutlich in den ersten Märztagen 1943 im Alter von 48 Jahren ermordet wurde. In einer Atmosphäre zunehmender Bedrohung, umgekehrt zunehmend aktiver Auseinandersetzung mit der eigenen jüdischen Identität – vor allem bezeugt in Gedichten wie »Die Jüdin«, aber auch in den biblisch inspirierten »Esther« und »Judith«[109] – entstand das hier aufgenommene Gedicht »Die Leugnerin«[110], 1938 veröffentlicht in der Sammlung »Die Frau und die Tiere«, aber schon um 1930 entstanden.

Die Leugnerin

Einst zog ich Gott mit meinen Kleidern ab.
Ich warf ihn hin. Er hing vom Stuhl herab,
Wo schmaler Florstrumpf um die Lehne rankte.
Wie lang schon, dass ich nicht mit ihm mehr zankte.

Den Wänden ward mein Antlitz zugekehrt.
In lockre Träume stieg ich unbeschwert;
Aus meinen Hüften brachen blaue Falter,
Mit nackter Sohle trat ich Staub und Alter.

Und als sich Wiesenlandschaft wirr verschob,
Ein Nachtmeer schauernd mich in Morgen hob,
Da griff ich Hemd und Kittel, Gurt und Kragen,
Fand nicht mehr Gott und dachte nicht an Fragen. –

Ich war allein und schluchzte, rief und rief
Und schrie. Doch Gott schrieb einen Herbstmondbrief,
Gott rollte Sterne aus dem Wunderknäuel.
Und mir am Bette kniet' ein blödes Scheuel.

Ich streute Lampenwärme, gelben Sand,
Es zuzudecken. Wühlte Tuch und Band,
Gott nachzuspähn. Bin müd in mich verkrochen. –
Gott lag sehr fest um meinen Stirnenknochen.

Er war mir angewachsen als die Haut,
Von Glut geschwächt, in Frösten aufgeraut,
Ganz fahl und wund gebeizt von bittren Laugen.
Und fiel als Lid auf jedes meiner Augen.

Das Gedicht ist formal sehr traditionell gebaut: sechs rhythmisch gleichmäßig aufgebaute Vierversstrophen im Paarreim. Der Inhalt des Gedichtes steht freilich in scharfem Kontrast zu dieser konventionellen Form. Geschildert wird die Erfahrung einer vorgeblichen Gottesverabschiedung, die doch nur die unabänderliche Bindung an Gott offensichtlich

werden lässt: Gott, der »sehr fest« um den »Stirnenknochen« liegt. Gott –
in jüdischem Verständnis der Unaussprechliche – wird zu Beginn dieses
Gedichtes zu einem Gegenstand, den man abstreifen kann wie seine Kleider. Hängt herab wie ein Trauerstrumpf. Beziehung gekündigt, vergessen, verklungen selbst der Streit mit ihm.

Das in diesen Bildern geschilderte Abstreifen Gottes wird zunächst als
Befreiung erlebt, führt zu »Unbeschwertheit« in »lockeren Träumen«, zu
»blauen Faltern« als expressionistisches Bild von Lebenslust. Doch diese
Befreiung stellt sich als bloßes Intermezzo heraus: An ihre Stelle rückt die
Erfahrung von höchster Verwirrung, von Schrecken und Schaudern. Als
die Sprecherin Gott nun sehnsuchtsvoll suchte, fand er sich nicht mehr,
hatte eben doch nicht seinen Platz bei den abgelegten Kleidern. »Fand
nicht mehr Gott«, »dachte nicht an Fragen«. In Klage und Bitte rief sie
nach Gott, den sie nun wieder brauchte. Und erstaunlich: Gott – so die
vierte Strophe – antwortete auf ihr Flehen. Seltsame Bilder: Er »schrieb ihr
einen Herbstmondbrief«, »rollte Sterne aus dem Wunderknäuel«. Doch
die in diesen Nachtlichtbildern beschriebene Erfahrung löste das Problem
der Gedichtsprecherin nicht auf. Am Fuße ihres Bettes kniete ein »blödes
Scheuel« – in archaischer Wendung wird hier das Bild eines kleinen, ge-
brechlichen (so ist »blöd« hier zu verstehen) Ungeheuers entworfen, eines
»Scheusals«, das die Schrecken und Ängste bildhaft verdeutlichen soll.

Zwei weitere Versuche, diese erfahrenen Schrecknisse zu bannen, werden in den beiden letzten Strophen geschildert: Einerseits das Setzen auf
die Selbstheilungskräfte, gefasst in die Bilder von »Lampenwärme« und
»Sand«, vor allem aber die nun letztmalig intensivierte Gottsuche: »wühlte
Tuch und Band, Gott nachzuspähn«. Und nun – ermüdet von dem Durch-
littenen – fand sie ihn nah, fest und unlösbar verwachsen mit sich selbst,
ausgedrückt in einer »bestürzenden Bildhaftigkeit«[111]. Das am Beginn des
Gedichts geschilderte »Abziehen Gottes« erweist sich so als Täuschung.
Das Gottesbild, das dieser Vorstellung zu Grunde lag, war zu oberflächlich.
Gott lag ihr vielmehr »sehr fest um meinen Stirnenknochen« wie ein eiser-
nes Zwingband. Mehr noch: Wie die Haut war er »angewachsen«, gezeichnet von den Erfahrungen von »Glut«, »Frösten« und »bittren Laugen«. So,
als Zwingband, als Stirnhaut, fiel Gott auf die Augen der Sprecherin, ver-
schaffte er der Müdigkeit Ruhe, ließ sie einschlafen.

Warum trägt das Gedicht den Titel »Die Leugnerin«? Was leugnet die
Gedichtsprecherin? Gottes Existenz? Seine Wichtigkeit für ihr Leben? Es

geht wohl tatsächlich um eine Leugnung der Gottesbeziehung, die über den Prozess von Abstreifen, Befreiungsgefühl, Krise und Krisenüberwindung wieder entdeckt wird. Die vermeintliche Gottesbefreiung führt so zur Erfahrung von engster, dichtester, zwanghaft bestehender und bleibend schmerzhafter Gottesbeziehung, die hier zumindest für kurze Zeit Ruhe und Frieden schafft.

Yvan Goll: O Herr daß du mich ausbrennst

Mit *Karl Wolfskehl* teilt der letzte in dieser Abteilung aufgerufene Dichter einerseits das Schicksal, sich selbst und das eigene lyrische Spätwerk ganz und gar in das Zeichen Hiobs zu stellen. Andererseits ist aber auch sein Werk weitgehend nur noch einem Kreis von Spezialisten bekannt. Die Rede ist von *Yvan Goll* (1891–1950), im Elsass unter dem Namen Isaac Lang geboren, später aus Deutschland vertrieben nach England, Frankreich, Amerika – ein heimatloser Wanderer zwischen den literarischen Welten von Expressionismus, Impressionismus und Symbolismus, dessen Werk in den drei Sprachen seiner Lebensländer verfasst wurde. Sich selbst charakterisierte er in der epochalen expressionistischen Anthologie »Menschheitsdämmerung« von 1920 wie folgt: »Iwan Goll hat keine Heimat – durch Schicksal Jude, durch Zufall in Frankreich geboren, durch ein Stempelpapier als Deutscher bezeichnet.«[112]

Der lange Irrweg führt Yvan Goll in seinem letzten Lebensjahr in die Region seiner Kindheit zurück. Unheilbar an Leukämie erkrankt, wendet er sich nach langen Jahren wieder der deutschen Sprache zu. Der alttestamentliche Hiob wird ihm zur Deutefigur der eigenen Leidensexistenz[113] – mit ihm und in seinem Bilde ringt er nun um den Sinn der eigenen Sterbenskrankheit. Zwischen dem 21. September 1948 und dem 4. Januar 1949 entsteht ein Komplex von mindestens sechsundzwanzig Hiob-Gedichten, in denen er in immer neuen Anläufen, Rücknahmen, und erneuten Zugängen Hiobs Schicksal mit seinem eigenen vergleicht. Der folgende Text[114] stammt aus einem diesem Komplex entnommenen Zyklus »Hiobs Gesang«.

O Herr daß du mich ausbrennst
Wie lebender Kalk brütende Sonne gieriger Staub
Das ist mein Schmerzens-Preis das ist dein Mörder-Geschenk
Daß ich von Element zu Exkrement mein Sein erfuhr
Bin ich geadelt zur Nessel
Bin ich begeistert zum Stein

Sieh von meinem Haupt rieselt der braune Honig
Durch meine Hände blitzt der grüne Eidechs
So kehr ich zu mir zurück wie Statuen
Die nur von innen wahrnehmbar sind

Die Leere meiner Brust ist erfüllt von Seherstimmen
Es erschallt mein steinernes Tal mit Hymnen des Donners
O Herr daß du mich ausgeleert wie den Krug für blühenden Wein
Und meinen Eiter verteilst den blauesten Faltern
Verfallen ist die Kuppel Sodoms
Doch ihre verlorenen Vögel
Beginnen auf meinem Schädel zu schlafen
O einen Schlaf so dünn wie ein Halm
Von dem aus man den Geist erwartet

Das äußerst komplexe, sich jedem leichten Zugang versperrende Gedicht öffnet in Form eines klassischen Klagegebets mit der Anrede »O Herr«, die zugleich Klage, Ergebenheit und letzte Hoffnung auf Erhörung einschließt. Die Leukämie wird als Prozess des »Ausbrennens« beschrieben. Gott als »Mörder« ist die Macht, von der diese Krankheit ausgeht. Gott im Bild der Sonne schafft nicht Lebensenergie, sondern dörrt Kalk und Staub aus. Doch diese hart benannten Bilder des Gedichtanfangs führen nicht – wie zu erwarten wäre – zu knallharter Anklage, Rebellion oder Rückweisung, sondern zu einer letzten Einsicht in die Notwendigkeit des Sterben-Müssens, zu einem Einverständnis mit dem Naturnotwendigen.

Die Krankheit ist »Geschenk« – das ist nicht ironisch gemeint. Sie ist tatsächlich der »Schmerzens-Preis« für ein ins Extrem ausgelebtes Leben (»Element zu Exkrement«). So schließt sich der »Schmerzenskreis« des Lebens, indem der Gedichtsprecher seinen Tod als Verwandlung und Metamorphose beschreibt, ja geradezu feiert: Er ist »geadelt zur Nessel«

(Symbol für Wachstum und königliche Purpurblüte), ist »begeistet zum Stein« (Symbol der ewigen Unvergänglichkeit). Durch den Tod kehrt er in das Reich der Elemente zurück, erhält so Anteil an der Ewigkeit der Naturkreisläufe. Diese Metamorphose wird auch in der zweiten Versgruppe angedeutet. »Honig« (Bild für die überreichen Gaben der Natur) und »Eidechs« (Bild für die Vitalität) verweisen auf jene Rückkehr, die im Bild der »nur von innen wahrnehmbaren« Statuen noch einmal in ihrer Sperrigkeit und kaum möglichen Mitteilbarkeit aufgerufen wird.

In der dritten Versgruppe weitet sich der Blick unter nochmals komplizierterer Bildstruktur, die sich der Auflösung endgültig entzieht. Ein zweites Mal wird die Klageanrede »O Herr« aufgenommen, um doch nur aufgelöst zu werden in jetzt schon eröffnete, aber in die Zukunft hineinwirkende Bilder: Zwar ist die »Brust« leer, zwar ist das Tal »steinern«, zwar der »Krug geleert« – aber Seherstimmen klingen, Hymnen tönen wie Donner, blühender Wein wird eingefüllt werden. Metamorphosen: Eiter wird an »blaueste Falter« (wie bei Gertrud Kolmar ein Bild der Lebensfreude) verteilt, die Vögel Sodoms finden Ruheplatz auf dem Schädel, schlafen dort ihren »dünnen« Schlaf, aber all diese Bilder weisen nur auf die Erwartung, die den Schlussvers prägt: Erwartung des »Geistes«. Hiob, der imaginäre Sprecher dieses Gedichtes, findet sich ab mit dem eigenen Sterben, indem er es als Rückkehr zu den Elementen versteht, in denen er Anteil hat am neu aufbrechenden Leben. Auch im Blick auf die anderen Hiobgedichte Golls wird dieser verstörende Grundzug deutlich: Der Klageruf »O Herr« wandelt sich zum Einverständnis mit dem von Gott verfügten Schicksal.

Didaktisch-methodische Überlegungen

Die vier in Form, Inhalt und »Sitz im Leben« ganz verschiedenartigen Gedichte zeigen eindrücklich, dass es unmöglich ist, eine einheitliche »deutsch-jüdische Tradition« inhaltlich zu begründen. Dennoch treten Elemente auf, die in der hier vorliegenden Textauswahl neu sind: Stimmen der tiefen Infragestellung, Klage und Anklage, die ein ringendes Sich-auseinander-Setzen mit der eigenen religiösen Tradition verraten. Wenn sie also repräsentativ für »das Judentum« stehen, dann höchstens in dem Sinne, dass sie zeigen, wie jüdische Dichter sich in Distanz und bleibender Verbundenheit mit ihrer Tradition auseinander setzen.

Genau hier kann auch ihr didaktischer Ort bestimmt werden. Diese Gedichte verdeutlichen jenen Bruch mit der zuvor unhinterfragten eigenen religiösen Prägung, die – dem Amerikaner *James W. Fowler* zufolge – den Übergang des »mythisch wörtlichen« zum »synthetisch-konventionellen Glaube«[115] und zu weiteren möglichen Glaubensstufen bestimmt. Gerade dieser meist in der Pubertät erlebte Bruch gilt als entscheidende Phase für die Ausprägung des künftigen Gottesbildes Heranwachsender. Religionspädagogisch hängt alles davon ab, diese Phase des Ringens und Zweifelns sensibel zu begleiten. Eine Möglichkeit liegt darin, aufzuzeigen, dass dieses Ringen in der Religion selbst seinen Platz hat und nicht gegen sie betrieben werden muss. Was Hiob, die Klagepsalmen oder Kohelet im Alten Testament repräsentieren, wird auch – auf ganz anderer Ebene – in den hier aufgerufenen Gedichten deutlich.

Zum Verständnis dieser Texte ist sicherlich eine vorher erfolgte Einführung in das Judentum – inzwischen Bestandteil aller Religionslehrpläne – notwendig. Einsetzbar sind die Gedichte deshalb wohl vor allem in der Oberstufe und in der Erwachsenenbildung. An ihnen kann deutlich werden, dass das Judentum eine Religion des Wortes ist, der Wortsuche, des Ringens um die rechte sprachliche Annäherung an Gott.

■ Bei *Else Lasker-Schüler* steht vor allem die Spannung zwischen der Sehnsucht nach Gott und der unerfüllbaren Distanz zu ihm im Vordergrund. Der besondere Charakter des Gedichtes liegt dabei – wie stets bei dieser Dichterin – in der eigenwilligen Bilderwelt. Über diese Sprachbilder lässt sich der schwierige Text durch Einfühlung erschließen. Dazu präsentiert man das Gedicht zunächst in der Form eines Lückentextes: zentrale Begriffe sind dort ausgespart. Dafür werden aber jeweils drei mögliche (und jeweils sinnvolle) Angebote am Rand angegeben: Für welche entscheiden sich die Schülerinnen und Schüler? Warum? Was verrät die Wortwahl der Dichterin über die Grundlinie des Gedichtes? So etwa kann ein solches Angebot aussehen:

An Gott

Du wehrst den guten und den bösen .... nicht;	(Taten, Sternen, Gedanken)
All ihre Launen strömen.	
In meiner .... schmerzt die Furche,	(Stirne, Hoffnung, Seele)
Die tiefe Krone mit dem düsteren Licht.	
Und meine Welt ist still –	
Du wehrtest meiner Laune nicht.	
Gott, ...?	(warum schweigst du, wer kennt dich, wo bist du)
Ich möchte nah an deinem Herzen lauschen,	
Mit deiner fernsten Nähe mich vertauschen,	
Wenn .... in deinem Reich	(nur für mich, goldverklärt, irgendwann)
Aus .... Licht	(strahlend hellem, tausendseligem, deinem reinen)
Alle die guten und die bösen Brunnen rauschen.	

■ Im Gegensatz zu Lasker-Schülers Gedicht herrscht in *Karl Wolfskehls* Text das ungebrochene Vertrauen, die ungebrochene Hoffnung der biblischen Psalmen vor. Es zeigt eindrücklich die Kraft der biblischen Heilszusage, die auch noch im 20. Jahrhundert wirkt. Das Gedicht eignet sich besonders gut dazu, als moderner Psalm eingesetzt zu werden. Nach der Betrachtung eines biblischen Psalms kann an diesem Text gezeigt werden, wie sich Menschen unserer Zeit auf die alttestamentlich bezeugte Heilsgeschichte besinnen und daraus ihre Spiritualität für heute gewinnen. Besonders fruchtbar für eine biblisch geschulte Gruppe ist dabei der – sicherlich anspruchsvolle – Steuerungsimpuls, den Text auf seine biblischen Bilder hin zu sichten und deren Funktion für den pragmatischen Charakter des Textes herauszuarbeiten.

■ Das Gedicht »Die Leugnerin« von *Gertrud Kolmar* wird in seiner Bildwelt und mit seinen antiquierten Sprachsprengseln viele Schülerinnen und Schüler verwirren. Hier gilt es zunächst, eine wirklich ernsthafte Textbegegnung zu ermöglichen, um die zu Grunde liegende Erfahrung zu veranschaulichen. Möglich ist dazu folgendes Verfahren: Das Gedicht wird in seine sechs Einzelstrophen – ohne Überschrift – zerschnitten und der Lerngruppe mit dem Arbeitsauftrag vorgelegt, diese in die richtige

Reihenfolge zu bringen. Dazu ist eine erste vertiefte Textaufnahme notwendig. Nach der Zusammenstellung der richtigen Textreihenfolge gilt es nun Bild für Bild die dahinterliegende Erfahrung zu rekonstruieren. Schließlich werden die Schülerinnen und Schüler aufgefordert, Titelvorschläge für das Gedicht zu überlegen. Die Konfrontation mit dem tatsächlichen – wohl unerwarteten – Titel kann zu einer abschließenden Textbetrachtung überleiten.

■ Didaktisch gesehen eignet sich das hier vorgestellte Gedicht von *Yvan Goll* vor allem für den Kontext der Auseinandersetzung mit Sterben, Tod und den Hoffnungen über den Tod hinaus. Hier wird einerseits eine andere als die jüdisch-christliche Hoffnungsvision deutlich, diese verbindet sich jedoch in der Gebetsansprache mit der dialogisch-personalen Gottesvorstellung der jüdisch-christlichen Tradition. Diese Spannung prägt den Text, gibt auch methodisch den Ansatzpunkt vor. Die Schülerinnen und Schüler erhalten den Text verbunden mit der Aufgabe, genau herauszuarbeiten, welche Rolle Gott in diesem Gedicht zukommt, wie der Gedichtsprecher den eigenen Sterbeprozess beschreibt und wertet, schließlich welche Beziehung von Gott und Sprecher deutlich wird. Die ungewöhnlichen Bildelemente können wohl nur gemeinsam erschlossen werden. Am Ende der Betrachtungen kann ein Vergleich mit Todesvorstellungen aus bekannten Weltreligionen stehen.

II. Zeugnisse zerbrechender Gottesgewissheit

Anfragen an das Gottesbild der klassischen Tradition, Zweifel an den herausgebildeten theologischen Vorstellungen, Zeugnisse tiefer religiöser Krisen – all das fand sich bereits in den bislang aufgenommenen literarischen Texten: ansatzweise in den Gedichten christlicher Autoren, deutlich stärker profiliert in den Gedichten der jüdischen Schriftsteller. Endgültig zum Durchbruch kommen solche Vorstellungen jedoch erst angesichts der Katastrophe der Jahre 1933 bis 1945. In der Schoah verdunkelt sich das Gottesbild radikal, bricht sich die Rückfrage danach Bahn, wie angesichts des Bezeugten Gott weiterhin denkbar, spürbar, geschweige denn in Sprache darstellbar sei. Zunächst vor allem bei jüdischen Schriftstellern, mit Verzögerung dann aber auch bei Schriftstellern mit christlichen Wurzeln – von denen sich viele lossagten – lässt sich die Gottesfrage nur noch vor diesem Hintergrund stellen.

Von solchen »Zeugnissen zerbrechender Gottesgewissheit« wird in diesem zweiten großen Kapitel die Rede sein. Der bislang vorwiegend chronologisch strukturierte Duktus macht dabei fortan einer mehr systematisierenden Zusammenstellung Platz. Die Texte sollen dabei jedoch nicht in ein ihnen fremdes Schema gepresst werden, vielmehr treten durch die Gruppierung Zusammenhänge, aber auch je spezifische Eigenheiten deutlicher hervor. Auch soll keine in sich sowieso fragwürdige strenge Trennung von »christlichen«, »jüdischen« oder »atheistischen« Texten erfolgen, sondern eine Orientierung an vergleichbaren inhaltlichen Ausrichtungen.

4. DE PROFUNDIS: CHRISTLICHE STIMMEN ZWISCHEN KLAGE UND ANKLAGE

Das Motiv der Klage gehört zu den Grundpfeilern biblischer Spirituali-tät.[116] Vor Gott sein Leid zu beklagen, aber auch Gott selbst für erduldetes Leid anzuklagen ist ein unverrückbarer Bestandteil lebendiger Gottesbe-ziehung. Vor allem im Alten Testament – etwa in den Psalmen oder Kla-geliedern, bei Hiob oder Jeremia – finden sich ergreifende Zeugnisse der-artigen Ringens um und mit Gott im Leid. Aber auch im Neuen Testament haben sich – zurückgedrängt – Spuren einer solchen Klagetradition erhal-ten. Sein Leid zu beklagen hat dabei nicht nur psychologische Bedeutung im Sinne einer Analyse der eigenen Situation, eines Aufbegehrens gegen Unrecht, einer Suche nach Auswegen. Daneben tritt die theologische Be-deutung: Wer vor Gott klagt, nimmt Gott in die eigene Leidensgeschichte hinein, traut ihm Erhörung oder sogar Wendung des Schicksals zu. Inso-fern ist Klage nicht nur eine verdeckte Form von in Dringlichkeit gestei-gerter Bitte, sondern – mit *Georg Steins* gesprochen – »eine Intensivform des Glaubens«[117].

Trotzdem ist die Klage in der christlichen Tradition mehr und mehr zurückgedrängt worden, galt sie lange als Zeugnis mangelnden Gottes-glaubens, als Einfallstür des Zweifels, als unerlaubtes Aufbegehren ge-gen Gott. Deshalb findet man kaum Spuren von Klage oder gar Anklage in den Gedichten und Liedern, aber auch in den theologischen Traktaten der christlichen Orthodoxie. Erst in der Theologie der letzten Jahrzehnte findet sich – angestoßen durch eine Rückbesinnung auf die bleibende Bedeutung des Alten Testaments – eine breite Wiederentdeckung der Klagespiritualität. Erst in jüngster Vergangenheit also beginnt man die Chancen des Klagemotivs für Theologie, Seelsorge und Religionspäda-gogik neu auszuloten. In diesem Prozess kommt literarischen Texten eine besondere Rolle zu. *Karl-Josef Kuschel* und *Walter Groß* hatten schon 1992 festgestellt, dass es »eine bemerkenswerte Konvergenz« gebe »zwi-schen der radikal theozentrischen und anklagenden Rede vom Übel im Alten Testament und der radikal erfahrungsbezogenen protestierenden Rede vom Leiden in modernen literarischen Texten«[118]. In literarischen Texten finden sich immer wieder ergreifende Beispiel für jene Rede aus den Tiefen (»de profundis«), die in den Psalmen archetypische Vorbildgestalt gewonnen hat.

Spuren solcher Erfahrungen in Texten von jüdischen AutorInnen haben wir bereits kennen gelernt, werden wir in anderen Zusammenhängen später auch erneut zu Wort kommen lassen. In dieser Abteilung geht es jedoch darum, aufzuzeigen, wie die klagende und anklagende Gottesrede auch bei Schriftstellern christlicher Prägung Heimat findet. Einerseits soll so der Bruch zur traditionell christlichen Gottesrede im Gedicht deutlich werden: Andererseits lassen sich so aber auch Hinweise dahingehend gewinnen, wie eine religionspädagogisch orientierte »christliche Sprachschule des Klagen-Lernens« aussehen könnte.

Ernst Thrasolt: De profundis 6

Zunächst zurück ganz an den Beginn des 20. Jahrhunderts: Mit dem ersten Beispieltext wird deutlich, dass das Motiv der Klage auch in christlicher Tradition keineswegs erst in den 50er-Jahren des 20. Jahrhunderts auftaucht. Gegenspuren zu den vorherrschenden Inhaltsausrichtungen von »Bitte, Lob und Dank« finden sich am Rande immer wieder. Vor allem in der Lyrik des Expressionismus brechen sich solche Stimmen von Aufbegehren und Rebellion Bahn, weil Gott für die Autoren dieser Epoche bestenfalls als »unbestimmbar und unsichtbar« erfahren wird, als ein Gott »der verzweifelt lästernden Klage Hiobs«[119].

Im Kontext derartiger Erfahrungen entstand das folgende Gedicht. Es stammt aus einem Gedichtband, der als Ganzer unter den Titel »De Profundis« gestellt und im Jahr 1908 veröffentlicht wurde. Dieser Band war das erste Buch des katholischen Pfarrers *Joseph Matthias Tressel* (1878–1945), der unter dem Pseudonym *Ernst Thrasolt* vor allem einige Bände geistlicher Gedichte verfasste. Als Vertreter der katholischen Erneuerungsbewegung wirkte der gebürtige Saarländer als Pfarrer zunächst im Rheinland, seit 1920 in Berlin, wo er zu einem Vorkämpfer der christlichen Friedensbewegung werden sollte. Mit dem Niedergang der gesamten Gattung der geistlichen Lyrik[120] spätestens seit Beginn der 1960er-Jahre geriet auch Ernst Thrasolt weitgehend in Vergessenheit. Der hier abgedruckte Text – verfasst von einem unter 30-Jährigen – bildet den Abschluss einer kleinen Reihe von sechs »De-profundis«-Gedichten[121].

De profundis 6

Herr, wüsstest du, wie hungernd nur nach dir,
Nach dir sich sehnt mein müder, bleicher Mund,
Und leer ist ohne dich das Leben mir,
Und Ewigkeiten lang währt jede Stund.

Wenn meine Hand die deine von sich stieß,
Ich weiß nicht, wer es war, ich war es nicht,
Glaub mir, dass dich mein Herz doch nie verließ,
Ob Aug und Fuß auch folgten falschem Licht.

Ja, Herr, wenn wieder ich an dich gedacht,
Du bist's, der Finsternis und Wolken scheucht,
Voll goldner, goldner Sterne steht die Nacht,
Fast blendet mich das blitzende Geleucht.

Du nimmst mich wieder auf, ich weiß,
Schon sucht dein Schritt in Sünd und Tiefe mich,
Die Lippe bebt nach dir in Liebe heiß,
Nicht deinen Himmel will ich, dich, nur dich.

Formal betrachtet bleibt dieser Text zunächst ganz der Tradition christlicher Dichtung verhaftet: Vier liedhafte Vierversstrophen im Kreuzreim. Auch die inhaltliche Struktur verweist auf die großen Vorbilder konfessorischer Literatur: In dialogischer Gebetsstruktur wird Gott oder Jesus – typisch: die nicht auflösbare Einheit – als Herr angesprochen. Wie in den Psalmen bleibt der Beter dabei ganz konzentriert auf seine individuelle Gottesbeziehung: politisch-zeitgeschichtliche und soziale Bezüge werden völlig ausgeblendet. Und erneut wie in den Psalmen schwingt sich der Grundduktus »von der Klage zum Lob«[122], von der Sehnsucht nach der tief vermissten Gottesnähe hin zur Gewissheit künftiger Annäherung. Auch wenn sich dieses Gedicht also noch »in konventionellen, durchschnittlichen Bahnen« bewegt, so lässt sich doch »eine schmerzlich erlittene Spannung« erspüren, zwischen dem Wissen um die Möglichkeit eines aus der Freiheit gelebten Lebens, aus dem »leidenschaftlichen Verlangen und Streben danach und der bitteren Erfahrung, durch eigene Schwäche und Schuld von diesem wahrhaften Glück«[123] weit entfernt zu sein. Der »De Profundis-Ruf« nimmt hier also nur vordergründig das Motiv der Klage auf, entpuppt sich jedoch als Ausdruck von mystischer Gottessehnsucht im Duktus der Liebesminne.

Die erste Strophe steht im Zeichen der Klage darüber, dass das ersehnte »du« fern ist. Ohne die Anrede »Herr« wäre hier auch ein traditionelles Liebesgedicht denkbar. In der zweiten Strophe richtet sich der Blick auf die Frage, warum die Beziehung zu Gott gestört ist: Durch schuldhaftes Verhalten des Beters selbst? Er ist sich keiner aktiven Schuld bewusst, versichert so seine innerliche Treue, auch wenn er unwissentlich falsche Wege gegangen sein sollte. In der dritten Strophe wird der klassische Ort des Klagepsalms aufgerufen, die Nacht. Einerseits blitzen hier die Sterne wie Versprechungen des kommenden blendenden Tageslichtes auf. Andererseits wird so das Bild aufgerufen, dass das Morgenlicht die Erfüllung der in sehnsuchtsvoller Klage geäußerten Bitte bringen möge. So kann die Schluss-Strophe in der Gewissheit der künftig wiederhergestellten Gottesbeziehung enden. Die ersehnte Versöhnung kann freilich nur von Gott selbst her ausgehen.

In diesem Gedicht bleibt das Motiv der Klage noch ganz im Rahmen der Orthodoxie: Beklagt wird die fehlende Gottesnähe. Mögliche Schuld für die gestörte Gottesbeziehung wird aber ausschließlich auf der Seite des Beters selbst gesucht. Der Gedanke an eine Anklage, an ein mögliches Verschulden auf Seiten Gottes, ist hier völlig unmöglich. Zudem bleibt der Klageton ganz im Sehnsuchtston aufgehoben, sodass die Sicherheit der Erhörung letztlich den Grundduktus des Gedichtes mehr trägt als jener der Klage, die im »De profundis-Titel« aufgerufen wird. Da dieses Gedicht allerdings den Abschluss zu einem kleinen Zyklus bildet, ist im Rahmen der Gesamtkomposition dieser hoffnungsfrohe Ausblick verständlich. In den ersten fünf Gedichten hatte die Klage stärkeres Gewicht. Sie wird auch vollends den Ton des späteren Gedichtbandes »Gottlieder eines Gläubigen« (1921) bestimmen. Wie sich die Klage beherrschend durchsetzen kann, wie der Rahmen der christlichen Tradition lyrisch gesprengt wird, davon zeugen die folgenden Texte.

Christine Lavant: Das war mein Leben, Gott!

Eine verstörende literarische Welt voller apokalyptischer Ahnungen und Stimmungen; ein karges, freudarmes Leben abgeschirmt von der kulturellen Öffentlichkeit im Kärtener Lavant-Tal; eine Frau, von Kindheit an verkrüppelt und verunstaltet, halb blind, halb taub, kontaktarm, gegen Mensch und Gott misstrauisch; einzigartige Gedichte, die man treffend als »Lästergebete«[124] charakterisiert hat – all das sind Annäherungen an Person und Werk der österreichischen Schriftstellerin Christine Thonhauser, die als Künstlernamen den Namen ihres Tales annehmen sollte: *Christine Lavant* (1915–1973). In kaum einem anderen literarischen Werk des 20. Jahrhunderts finden sich vergleichbare Klagetexte aus christlichem Geist, ausgespannt zwischen unbarmherziger Abrechnung mit Gott angesichts der trostlosen Welt und gleichzeitiger Hoffnung darauf, dass Gott den tiefen Wunsch nach glücklichen Momenten im Leben, nach Einsicht in den Weltzusammenhang doch noch gewähren möge.

Ein solcher Text, ein typisches Beispiel ihrer zahllosen Lästergebete, die fast nie einen eigenen Titel tragen und so zusammenschmelzen zu einem einzigen Gesamtwerk, stammt aus der ersten großen Gedichtsammlung von Christine Lavant, aus »Die Bettlerschale«[125] von 1956: Wie in einem Gedankenstrom schwimmen die Verse ohne Strophentrennung ineinander, strukturiert nur durch die unregelmäßig gesetzten Versenden, mal im Kreuzreim, mal im Paarreim. Auch hier wird Gott als Gegenüber angeredet, auch hier wird die ganz individuell durchlittene Leidsituation beklagt – doch wie anders ist der Grundton. Das betrifft zunächst die Schilderung der eigenen Situation: Die Sprecherin blickt – provokative Position – auf ihr Leben bereits zurück: »das war mein Leben«; sie ist und bleibt »eine Leiche«; paradoxe Übersteigerung: ihr »Leichnam tobt« und »will sich noch ermorden«. Gegen diese Nicht-mehr-Existenz setzt sie die Hoffnung und den innigen Wunsch nur noch einmal »ein Fünklein Liebe zu haben«, auf diese Gebetsbitte läuft der Gedankenstrom des Gedichtes zu.

Auf dem Weg zu dieser Bitte werden zwei Anklagefelder herausgehoben: vor allem die »lauen Worte der Frommen«, deren Trostworte als falsche Vertröstungen[126] durchschaut und scharf zurückgewiesen werden. In *deren* Himmel will sie nicht. Denn Verweise darauf, dass andere ähnliches erlebt hätten, ja sogar »fromm und Heilige« geworden seien, trösten gerade nicht. Hier drängt sich der Verdacht auf, diese »Frommen« hätten

Das war mein Leben, Gott, vergiss das nicht!
ich werde niemals wieder eines haben –
du kannst's verzögern, dass sie mich begraben
und dass mein Herz an diesem Kummer bricht;
doch seither bin und bleib ich eine Leiche.
Sag nicht, so viele hätten schon das gleiche
mit deiner Hilfe herrlich überstanden
und wären fromm und Heilige geworden.
Mein Leichnam tobt und will sich noch ermorden
und die dazu, die dich als Trost erfanden,
dort, wo du niemals wirklich wirksam bist.
An meinen Nerven zehrt ein Wolf und frisst –
bist das auch du? Und wühlt denn deine Hand
in meinem Häuflein glimmernden Verstands
so grob herum und hält mich überwach,
wenn alle schlafen? – Gott, sag das nicht nach,
sag keins der lauen Worte deiner Frommen!
Ich will ja nicht in ihren Himmel kommen!
Nur einmal noch – bevor sie mich begraben –
lass mich im Traum ein Fünklein Liebe haben.

Gott geradezu »als Trost« nur erfunden, freilich nur dort »wo er niemals wirksam ist«. Gott selbst aber wird zunächst von der Perspektive dieser »Frommen« betrachtet: Bangend, zweifelnd fragt die Gedichtsprecherin in der für sie typischen expressiven Bildrede dann jedoch nach: Ist es denn wirklich Gott, der ihr Leiden verursacht? Ist er der »Wolf, der an ihren Nerven zehrt und frisst«? Ist es seine »Hand«, die in ihrem »glimmernden Verstand« herumwühlt und sie nachts – wenn alle ihre Gedichte in quälender Schlaflosigkeit entstehen – wachzwingt?

Diese Gottesanklagen bleiben jedoch im Modus der Möglichkeit, der zweifelnden Frage. Daneben tritt die Hoffnung, dass Gott sich anders erweisen möge, als ihn seine Frommen darstellen. Er möge deren hohle Worte »nicht nachsprechen«, bittet sie ihn. Er könne den Zeitpunkt ihres Todes herauszögern und verhindern, dass »ihr Herz bricht« – so schon in Zeile drei und vier. Schließlich hofft sie darauf, dass er die Kraft habe, ihr eben jenes ersehnte »Fünklein Liebe« doch noch zu ermöglichen. Die Anklage dieses Gedichtes bezieht sich so zunächst auf die lauen Vertröstungen der »Frommen«. Ob Gott so ist, wie seine Gläubigen ihn verkünden, das wird angefragt. Wenn ja, dann schließt die radikale Anklage Gott mit ein; aber wenn nein, dann ist von Gott jene letzte Möglichkeit von Rettung und Hilfe möglich, die den Gebetstext letztlich trägt. Keine dieser Möglichkeiten wird ausgeschlossen. Dieses »Lästergebet« kann so als ideale Veranschaulichung jener »Intensivform des Glaubens« dienen, von der oben im Zusammenhang der Spiritualität des Klagegebetes die Rede war.

Thomas Bernhard: In hora mortis

Er ist vierzehn Jahre jünger als *Christine Lavant*, wie sie Österreicher, wie sie aufgewachsen im vorkonziliaren strengen Katholizismus, von dessen Prägung sich beide ihr Leben lang nicht lösen können – obwohl er aus der Institution Kirche 1972 austreten wird. Er lernt die ältere Dichterin kennen, ist fasziniert von ihren Texten, fühlt dort Konflikte ausgedrückt, die er selbst spürt. Später wird er eine Gedichtsauswahl ihrer Werke herausgeben und sie – und indirekt auch sich selbst – wie folgt charakterisieren: Christine Lavant habe »bis zu ihrem Tod weder Ruhe noch Frieden gefunden« und sei »in ihrer Existenz durch sich selbst gepeinigt und in ihrem christlich-katholischen Glauben zerstört und verraten«[127].

Damit beschreibt er in der Tat sein eigenes Leben: *Thomas Bernhard* (1931–1989), einer der wirkmächtigsten und gleichzeitig umstrittensten deutschsprachigen Schriftsteller[128] der zweiten Hälfte des 20. Jahrhunderts. Als uneheliches Kind aufgewachsen bei den Großeltern wird er ab 1945 zumeist in Salzburg leben, ruhelos, rastlos, in seinen tagespolitischen Theaterstücken und Romanen streitsüchtig, unerbittlich gegen sich selbst, sein Land, die Kompromisse des Alltags. Angestoßen durch die Begegnung mit Christine Lavant, beeinflusst allerdings vor allem von *Georg Trakl* beginnt er in den 50er-Jahren als Mittzwanziger Lyrik zu publizieren: ungebändigte Verse voller Weltverachtung, Melancholie und verzweifelter Hoffnung auf Erlösung. So entstehen Psalmvariationen und Texte, die den »Lästergebeten« der Lavant vergleichbar sind. Mit Beginn der 60er-Jahre wird Thomas Bernhard sich sowohl von der Lyrik als Gattung als auch von der direkt religiösen Thematik verabschieden. Sein poetisches Werk wird so heute kaum noch beachtet – im Gegensatz zur Prosa und den nach wie vor häufig inszenierten Bühnenstücken. Das folgende Beispielgedicht[129] stammt aus der 1958 veröffentlichten Sammlung »In hora mortis«.

Wach auf
wach auf
und höre mich
ich bin in Dir mein Gott
wach auf
und hör mich an
ich bin allein mit Dir
verbrannt zu Asche längst
und tot im Stein
der mir kein Feuer schlägt
wach auf
und hör mich an mein Gott
ich bin vor Frost schon müd
und traurig
weil mein Tag verblüht
und nicht mehr wieder kommt
was war
o Herr
mich friert
mein Schmerz ist ohne End
mein Tod kommt bald
zu mir.

Ein Gedicht, typisch für die Texte aus dieser Sammlung, die man nicht so sehr »Lästergebete« als vielmehr »Verzweiflungsgebete«[130] nennen kann. Auch sie tragen keine eigenen Titel, der nur eine abgeschlossene Einheit vortäuschen würde, die diesen Texten eben nicht zukommt. In der Form zeigen sie sich als zerrissene und fragmentarische Textbruchstücke, in immer neuen Ansätzen einem letzten Schlusspunkt entgegen drängend. Pragmatisch betrachtet äußern sie sich als klagender Appell an Gott – direkt als »o Herr« angeredet, als dringende Bitte um Gehör, um Erhörung. Dabei lassen sich durchaus Ähnlichkeiten zu den Klagepsalmen finden,

die zwar härteste Not vor Gott tragen, aber letztlich aus zuversichtlichem
Gottvertrauen gesprochen werden und fast immer in dieser Erhörungsge-
wissheit enden. In Jes 51,9 findet sich zudem eine vergleichbare Gebetser-
öffnung: »Wach auf, wach auf, bekleide dich mit Macht, Arm des Herrn!«

Auch das Leben dieses Sprechers ist gezeichnet von in immer wieder
neuen Bildfügungen aufgerufener verbrauchter Lebensenergie: »verbrannt zu Asche«, »tot im Stein«, der »keine Feuer« schlagen kann, müd
und traurig vom »Frost«, frierend an einem »verblühten Tag«, Schmerz
»ohne End«, gewiss des baldigen Sterbens. Doch wie in den biblischen
Vorbildtexten: Nicht Resignation zeichnet den Ton dieses Gedichtes aus,
sondern das Bewusstsein, »ich bin in dir mein Gott«. Aus dieser Gottesgewissheit erst wird das Klagegebet verständlich. Um was hier letztlich gebetet wird, bleibt dabei rätselhaft unbenannt: bloße Erhörung, persönliche Zuwendung, Hoffnung auf eine Wende des Lebensschicksals? In der
Klage wird das Leben vor Gott getragen – das ist hier entscheidend.

Hat sich Bernhard von dieser Form von Literatur verabschiedet, weil
er diese Gottesgewissheit – letztlich Voraussetzung solcher Texte – später
nicht mehr hatte? Hat die Klage nur dann Sinn, wenn zumindest die Möglichkeit, dass sie gehört oder eben auch erhört werden könnte, noch ernst-
haft erwogen wird? Ist das Ausbleiben von Klagespiritualität in literarischen wie theologischen Werken also ein Indiz für abnehmende Gottesgewissheit? Diese Fragen können hier nicht geklärt werden, weisen vielleicht aber auf eine zentrale Begründung für die Beobachtung, dass nach
Lavant und Bernhard deutschsprachige Texte in vergleichbarer Tiefe,
Dringlichkeit und Sprachmacht nicht mehr geschrieben worden sind. Ein
letztes Beispiel soll jedoch das grundsätzliche Fortleben der Tradition des
literarischen Klagegebets illustrieren.

Ernst Jandl: rot sei gott

Mit dem letzten Gedicht dieser Abteilung nähern wir uns endgültig der
unmittelbaren Gegenwart. Es stammt von dem Wiener Sprachjongleur
Ernst Jandl (1925–2000). Bekannt geworden ist er vor allem als einer der
wenigen wichtigen experimentellen deutschsprachigen Dichter des 20.
Jahrhunderts, als Sprachspieler, als Experimenteur mir konkreter Poesie,
mit Sprechgesang, Unsinnsversen und Texten für Sprechopern. Vor allem

im späteren Werk wird jedoch deutlich, dass diese Sprachexperimente weniger spielerischer Schaffensfreude entsprangen, sondern tiefster Depression, Isolation, ja: einem »Selbsthass«, der sich »bis zu Selbstauslöschungsfantasien steigern«[131] konnte – so einer der besten Kenner von Person und Werk, der Germanist *Klaus Siblewski*. Die späten Texte durchbrechen auch immer wieder den spielerisch-experimentellen Charakter, thematisieren unverblümt Depression, Verzweiflung, Alter, Verfall und Tod.

Als Katholik, der sich zeitlebens mit dieser religiösen Prägung herumschlug, gehört für den Georg-Büchner-Preisträger von 1984 die Auseinandersetzung auch mit religiösen Motiven zum Grundbestand des poetischen Schaffens. Sein Werk ist voller religiöser Bezüge, respektloser Anspielungen, spielerisch-ernsthafter Verfremdungen, tabulosen Lästereien – wie etwa in dem folgenden Kurztext: »als katholischer christ / beharre ich auf der / sinnlosigkeit des / menschlichen lebens«[132]: Der folgende Text stammt – wie der gerade zitierte – aus den posthum veröffentlichten »Letzten Gedichten«[133], entstanden in den 90er-Jahren, in der Zeit zunehmender Todessehnsucht und Lebensverzweiflung.

> rot sei gott und sein fleisch sei wild
> aus zerfetzten häuten hervorquellend
> seien seine gelben saugenden augen
> tränenkugeln in denen schwimmend
> seien die gestirne
> einschließlich der erde.
> gase seien die seinen mundlöchern
> entströmende botschaft,
> von haifischgebissen sei durchsetzt
> der klumpen seines leibes.
> ein sich in sich speiendes sei gott,
> eine sich selber fressende blutfontäne,
> ein im eigenen hirn stecken gebliebenes
> zeugungsglied

Keine Spur hier von »konkreter Poesie«, von »experimenteller Sinnzerbröselung« oder von »spielerischem Wortwitz«: ein albtraumhaftes Szenario der Gottesanklage tritt uns hier entgegen, blutrünstige Bilder, Abrechnungsblitze, die das Leben und den Schöpfergott schonungslos zurückweisen. Aus den Gebetsrufen »Gelobt sei Gott« oder »Dank sei Gott« wird hier die Rückweisung »Rot sei Gott«. Wo das klassische Schöpfungslob die Schönheit und überlegene Ordnung des Naturganzen schildert und feiert, da hebt dieser letztem Lebensekel abgerungene Text das lebenszerstörende Chaos hervor, die orgiastische Brutalität, die schauderhafte Barbarei einer Schöpfung, die auf ihren gleichartigen Schöpfer zurückweist. Ein albtraumartiges apokalyptisches Bildszenario: »wildes Fleisch«, »gelbe saugende Augen, die aus zerfetzten Häuten hervorquellen«, »ein in sich speiendes«, eine »sich selbst fressende Blutfontäne«, ein »im eigenen Hirn stecken gebliebenes Zeugungsglied« – mit solchen Bildern weist jemand verzweifelt die Schöpfung und ihren Schöpfer zurück. Die Erde als »schwimmendes Gestirn in den Tränenkugeln Gottes«, Gottes Botschaften als »seinen Mundlöchern entströmende Gase«, Gottes »Klumpenleib durchsetzt mit Haifischgebissen« – in solchen Schreckensvisionen klagt jemand das Zerstörerische des Lebensprinzips an, um es als Gräueldasein zu entlarven.

Der de-profundis-Ruf ist hier zur literarisch-provokativen Blasphemie, zur härtest möglichen Anklage gegen Gott mutiert. Der Konjunktiv »sei« macht dabei deutlich, dass es sich um Schreckensvisionen handelt, um Bilder, die einzig dem Sprecher des Gedichtes einfallen, wenn er von dem Zustand der Erde auf die Möglichkeit der Existenz eines Schöpfers zurückschließt. »Aus den Tiefen rufe ich, Herr« – ja, dieser Duktus findet sich auch hier. Aber nicht mehr um Erhörung oder Hilfebitte geht es hier, sondern nur noch um Anklage und Rückweisung der Schöpfung. Jandl hat – so die Lebensgefährtin und kongeniale Dichterfreundin *Friederike Mayröcker* in ihrem ergreifenden »Requiem für Ernst Jandl« – fraglos »bei den Trübsalen Hiobs länger verweilt als bei den Glückseligkeiten eines Salomonis«[134]. Dieser Hinweis hilft zu einer Einschätzung der spirituellen Tonhöhe dieser Verse. Hatte nicht auch Hiob Gott und seine Schöpfung angeklagt bis hin zur Blasphemie? – »Die Erde ist in Frevlerhand gegeben«, schleuderte er Gott entgegen, ja, dieser »spottet über der Schuldlosen Angst«, wenn »die Geißel plötzlich tötet« (Ijob 9,23f). Und doch wurde diese wilde Gegenrede am Ende als »Recht-Sprechen von Gott« (vgl.

Ijob 42,7) bestätigt, als letztes intensives Ringen *innerhalb* der Gottesbeziehung gerechtfertigt.[135] Vielleicht ist das tatsächlich mit Jandl vergleichbar: Dessen Intensität der Bildwahl, dessen Verzweiflungsdichte des Tons verweisen möglicherweise darauf, dass die Gottesbeziehung gerade so im letzten eingefordert, eingeklagt, eingelöst wird ...

Didaktisch-methodische Überlegungen

Der Bogen der vier hier nebeneinander gestellten Texte spannt sich weit aus: Von der zweifelnd frommen Gebeten eines Ernst Thrasolt über die Lästergebete Christine Lavants und Thomas Bernhardts hin zur verzweifelten Gottesanklage bei Ernst Jandl. Gemeinsam ist ihnen der Verweis auf die zerbrechende Gottesgewissheit, die zweiflerische Anfrage an Gott, die klagende Gottesprovokation, die jedoch in den ausgewählten Texten stets im Rahmen der Gottesbeziehung verbleibt. Hier haben die Gedichte auch ihren didaktischen Ort. Es sind Texte, anhand derer man die Sprachformen von Zweifel, Rückfrage, Klage, Anklage bis hin zur blasphemischen Gottesprovokation im Rahmen einer christlichen Weltsicht kennen lernen kann.

■ Das Gedicht von *Ernst Thrasolt* überrascht durch die aus dem Bereich der Mystik entlehnte Form der sehr eng-persönlichen Beziehungssprache. Diese Besonderheit kann auch im methodischen Zugang herausgestellt werden. So bietet es sich an, in einem Lückentext all jene Begriffe zunächst als Leerstellen zu präsentieren, in denen von Religion die Rede ist: Die zweimalige Anrede »Herr«, in der Schlussstrophe der Verweis auf »Sünd und Tiefe« sowie »deinen Himmel«. Die Schülerinnen und Schüler werden gebeten, diese Leerstellen so auszufüllen, wie es ihrer Meinung nach passt. Wahrscheinlich werden sie das Gedicht zu einem Liebesgedicht mit erotischen Anklängen ausgestalten, denn diese Assoziationen sind vom Text her nahe liegend. Um so überraschender kann der Vergleich mit der Version von Thrasolt sein: Warum gebraucht der Dichter zur Beschreibung seiner Gottesbeziehung diese minneartige Liebessprache? Was sagt das aus über seine Gottesbeziehung? Ist eine solche Sprache heute nachvollziehbar oder nur fremd? Welcher Platz kommt den Aspekten von Klage und Schuld in diesem Rahmen zu? Sinnvoll kann ein solcher Text deshalb am Beginn einer neuen Unterrichtseinheit zum Thema »Sprechen von Gott/Gebet« stehen, in dem der Kontext noch offen und der Arbeitsauftrag tatsächlich noch perspektivisch unbesetzt ist.

■ Der Zugang zu *Christine Lavants* Gedicht kann vor allem über ihre Person erfolgen. Ihre Texte sind so eng an ihr persönliches Schicksal geknüpft, dass der biografische Blick hier die Intensität steigert und die Frage nach einer Übertragbarkeit von Person *und* Text her begründet. Über die angegebene Sekundärliteratur ist ein Foto der Dichterin leicht beschaffbar. Das Gesicht prägt sich ein: halb verhüllt in ein Kopftuch, verhärmt, habichtsartig scharf, eindringlich. Dieses Bild wird zunächst als Folie präsentiert, dazu werden Hinweise auf das Leben dieser Frau gegeben. Von hier aus die Zugangsfrage: »Was denkt ihr: Wie sehen wohl die Gebete einer solchen Frau aus? Um was betet sie? Welche Kernbegriffe erwartet ihr?« Diese Kernbegriffe werden an der Tafel oder auf der Folie festgehalten. Dann wird das Gedicht präsentiert und mit den vorher formulierten Erwartungen verglichen. Drei Felder werden besonders herausgegriffen: die aus dem Text erschließbaren Aussagen über die Situation der Beterin; ihre Aussagen über »die Frommen«, ihre ungestillte Erwartungen an Gott.

■ *Thomas Bernhards* Klagetext ist geprägt vom Ton der Verzweiflung, von Resignation und dem trotzigen Appell an Gott. Um diesem Ton Raum zu geben legt sich hier eine vorhergehende Sensibilisierung durch einen Versuch des »kreativen Schreibens« nahe. Dazu werden die Schülerinnen und Schüler gebeten, zunächst selbst anonym einen Text zu verfassen. Sie bekommen ein liniertes Blatt, auf dem oben die beiden Anfangsverse stehen: »Höre mich/mein Gott«. Aufgabe: »Verfasst einen Text, in dem Menschen unserer Zeit Gott ihr Anliegen vortragen«. Es geht also nicht um tatsächlich persönliche Gebete – ein solches Verfahren wäre zu persönlich, zu ungeschützt – sondern um für möglich erachtete Texte. Diese Texte werden gesammelt, nebeneinander angeheftet und von der gesamten Gruppe in einer freien Phase des Herumgehens und Betrachtens gelesen. Gemeinsam kann man dann versuchen, Tendenzen, Auffälligkeiten, besonders überzeugende Texte herauszuarbeiten. Erst dann wird Bernhards Text präsentiert, verbunden mit der Aufforderung: »Ich habe euch einen vergleichbaren Text von einem der größten deutschsprachigen

Schriftsteller des 20. Jahrhunderts mitgebracht. Lest ihn euch in Ruhe durch und vergleicht ihn mit euren Texten.« Die Verzweiflung und Klagetiefe, gleichzeitig aber auch die Hoffnungskraft auf Gott kann so von den Lesern besonders eindrücklich nachvollzogen werden. Möglich ist es zudem, diesen Text nach einer Betrachtung ausgesuchter biblischen Psalmen zu präsentieren, um so die Fortschreibung von Psalmen bis in unsere Zeit hinein zu verdeutlichen.

■ Bei *Ernst Jandls* hartem Text wird man sicherlich gut überlegen, welche Gruppe man mit einer solchen Provokation konfrontieren kann. Ein spielerischer oder veralbernder Umgang damit verbietet sich angesichts der »Ernst-Haftigkeit« dieser Gottesklage. Im Rahmen einer Auseinandersetzung um die Gottesfrage angesichts von Leiden, im Rahmen einer Unterrichtsreihe zur Theodizeefrage kann dieser Text jedoch ein eindringliches Zeugnis geben. Methodisch ist folgender Zugang möglich: Zu Beginn bittet man die Schülerinnen und Schüler, bewusst das Tabu der Blasphemie zu durchbrechen. Welche Schimpfworte, welche dem Leiden abgerungenen Beschuldigungen kann man als Mensch Gott denn vorwerfen und entgegenschleudern? Gibt es Grenzen? Dann wird der bildstarke Text von Jandl gelesen. Übersteigt er die vorher bestimmten Grenzen? Warum? Aus welcher Haltung heraus, angesichts von welchen Erfahrungen schreibt man solche Texte? Als Vergleich kann schließlich ein Blick in die Anklagereden des Hiobbuches zeigen, dass ein solches Reden nicht außerhalb von Religion stehen muss, sondern extremer Ausdruck von Gottesbeziehung sei kann.

5. GEDICHTE NACH AUSCHWITZ? –
ZWISCHEN STAMMELN UND VERSTUMMEN

Darf man »nach Auschwitz« Gedichte schreiben? Ist nicht jeder Versuch lyrischer Wirklichkeitsdeutung nach der Schoah »Barbarei«, so das berühmte Verdikt *Theodor W. Adornos*? Theologische Parallelfrage: Darf man noch von Gott reden? Beide Fragen zusammengebracht: Darf man ausgerechnet auch noch in Gedichten von Gott reden? Von diesen Fragen wurde ein Großteil der literarischen und theologischen Debatten in den 60er- und 70er-Jahren des 20. Jahrhunderts bestimmt. Mehr und mehr setzten sich dabei die Erkenntnisse durch: Gerade wegen Auschwitz *muss* man Gedichte schreiben – gegen das Vergessen, zur Verarbeitung individueller und kollektiver Erlebnisse und Erfahrungen, als Zeugenschaft. Nicht Verstummen ist das »Gebot nach Auschwitz«, sondern ein sehr genaues Überlegen, in welcher Form, mit welchen Inhalten, wie man nach Auschwitz weiter Gedichte schreiben kann. Und Ähnliches gilt für die Rede von Gott: Auch sie steht fortan im Zeichen dieser Erfahrung tiefster im Rahmen von Geschöpflichkeit möglicher Unmenschlichkeit. Auch sie muss darum ringen, welche theologische Sprache noch möglich ist.

In der vierten Abteilung dieses Buches kamen Gedichte zu Sprache, die vor allem von der individuellen Klage und Anklage bestimmt waren. Die beklagte Situation entsprang weitestgehend den persönlich-individuellen Lebensumständen. Zeitgeschichtliche und politische Anklänge drangen dagegen nur selten an die Textoberfläche vor. Die Gedichte dieser fünften Abteilung sind nun maßgeblich von der konkreten geschichtlichen Situation bestimmt – sei es im Hintergrund, in der Lebensgeschichte der Schriftsteller, sei es direkt auf der Ebene der Gedichttexte. Hier geht es nicht so sehr um Klage und Anklage, sondern eher um die Fragen, ob überhaupt noch Sprechen und Verständigung möglich, ob die Rede von Gott nicht vollends abgebrochen ist. Durch diesen geschichtlichen Verweis ändert sich auch der didaktische Ort solcher Texte: Hier geht es nicht mehr um private Frömmigkeit und Leidensgeschichte, sondern um allgemeines Nachdenken über die Möglichkeit der Gottesrede »zwischen Stammeln und Verstummen«.

Nelly Sachs: Chor der Toten

Das gesamte literarische Werk von *Nelly Sachs* (1891–1970) – der einzigen weiblichen Literaturnobelpreisträgerin (1966) deutscher Sprache – spannt sich zwischen diesem unerträglichen Bogen aus: zwischen dem Verstummen angesichts des Unfassbaren der Schoah und der Pflicht, nicht nur Zeugnis davon zu geben – um es dem Vergessen zu entreißen –, sondern es in stammelnde Sprache zu kleiden, um überhaupt als Mensch weiterleben zu können. Eher behütet aufgewachsen im weitgehend assimilierten großbürgerlichen Berliner Judentum der Jahrhundertwende[136] setzt sie sich erst durch die Konfrontation mit dem Nationalsozialismus intensiv mit ihren jüdischen Wurzeln auseinander. Diese Konfrontation auf der einen, diese Auseinandersetzung auf der anderen Seite sollte fortan ihr Schreiben prägen. Wie durch ein Wunder gelingt ihr in letzter Minute 1940 die Flucht aus Berlin nach Schweden, wo sie den Rest ihres Lebens verbringen wird. Sie entkommt zwar den Vernichtungslagern, weiß aber schon früh um deren Existenz und Bedeutung. Im Stockholmer Exil beginnt sie zu schreiben, »wie in Flammen« – wie sie selbst später sagte, zu schreiben um in Sprache und mit Sprache dem Wahnsinn zu trotzen.

1947 erscheint im Berliner Aufbau-Verlag Nelly Sachs' aufrüttelnder Gedichtband »In den Wohnungen des Todes«, ein bis heute einzigartig eindrückliches lyrisches Zeugnis für ein Phänomen, das man »Holocaust-Literatur« genannt hat. In dem Zyklus »Chöre nach der Mitternacht« leiht Nelly Sachs unterschiedlichen, allesamt jedoch in der Schoah verstummten oder erstickten Erfahrungen ihre Stimme. Neben den »Schatten«, den »Geretteten«, den »Waisen« oder den »Ungeborenen« kommen in dem folgenden Gedicht auch die »Toten«[137] zu Wort.

Chor der Toten

Wir von der schwarzen Sonne der Angst
Wie Siebe Zerstochenen –
Abgeronnene sind wir vom Schweiß der Todesminute.
Abgewelkt an unserem Leibe sind die uns angetanen Tode
Wie Feldblumen abgewelkt an einem Hügel Sand.
O ihr, die ihr noch den Staub grüßt als einen Freund
Die ihr, redender Sand zum Sande sprecht:
Ich liebe dich.

Wir sagen euch:
Zerrissen sind die Mäntel der Staubgeheimnisse
Die Lüfte, die man in uns erstickte,
Die Feuer, darin man uns brannte,
Die Erde, darin man unseren Abhub warf.
Das Wasser, das mit unserem Angstschweiß dahinperlte
Ist mit uns aufgebrochen und beginnt zu glänzen.
Wir Toten Israels sagen euch:
Wir reichen schon einen Stern weiter
In unseren verborgenen Gott hinein.

Wie fast alle diese Chöre zeichnet sich auch dieser Text durch eine dialogische Grundstruktur aus: »Wir«, die imaginären »Toten Israels«, sprechen
den Gedichttext an »euch«, an die Leserinnen und Leser als die (Über-)Le-
benden. Die für Nelly Sachs typische Interjektion »O« bestimmt dabei den
Ton des Gedichtes als Klage. In der ersten Versgruppe werden die beiden
Gruppen charakterisiert – wie immer bei Nelly Sachs mit bildstarken pa-
radoxalen Umschreibungen, die sich einer eindeutigen Auflösung verweigern. Nur um mögliche Annäherungen handelt es sich so bei den folgenden Gedanken.

Die »Toten«, das sind von der schwarzen Angstsonne »Zerstochene«,
vom »Schweiß der Todesminute Abgeronnene«, von denen die Tode »abgewelkt« sind. Mit diesen Bildern wird einerseits der Horror der Todeser-
fahrungen eingefangen, werden die Toten andererseits als Geistwesen
charakterisiert, um sie so als Sprecher des Gedichtes auftreten lassen zu
können. Sie werden scharf kontrastiert gegen die anderen, die noch den

Staub als einen Freund grüßen. Hintergrund dieses Bildes ist wohl der bei Begräbnissen übliche biblisch inspirierte Spruch: »Staub bist du und zu Staub wirst du werden«. Das ist »uns« Angesprochenen wohl bewusst, und grundsätzlich akzeptieren wir dies auch, aber eben so, dass wir »den Staub« als Freund begrüßen. Mit diesem Spruch nimmt man dem Tod gerade den Schrecken. Nur so können wir im Bild des »redenden Sandes« zum »Sande« – als Bild für die Gestorbenen – sprechen »ich liebe dich«.

Gegen derartige Verharmlosung und leichtsinnige Verbrüderung erhebt die zweite Versgruppe zunächst einen energischen Einspruch. Die »Staubgeheimnisse« – die leichten Bilder des Todes, welche sich die Lebenden machen – sind »zerrissen«. Alle vier Elemente wurden in den quälerischen Massenmord verwickelt, keines blieb davon unbeteiligt. Die Wirklichkeit, die aus diesen Elementen gespeist wurde, ist unwiderruflich zerbrochen. Die Elemente haben sich nämlich mit den Toten aufgemacht und »beginnen zu glänzen«. »Glanz« ist für Nelly Sachs dabei ein zentraler Begriff, der – aus den Quellen des Chassidismus, der jüdischer Mystik stammend – immer für Verwandlung und Erlösungshoffnung steht. In den zwei Schlusszeilen wird diese provokative Erlösungshoffnung pointiert ausformuliert: Die Toten Israels »reichen schon einen Stern weiter«. Ihre Heimat ist nicht mehr dieser, sondern bereits ein nächster Stern – wobei auch »Stern« vor allem ein Hoffnungsbild ist. Dieser Stern wird hier jedoch noch einmal genauer charakterisiert. Es ist ein Stern im Reich des verborgenen Gottes, der dennoch »unser« Gott – so die Toten Israels – bleibt. Und so reichen die Toten jetzt schon »in Gott hinein«.

Am Ende dieses Textes, der die scheinbare Nähe von Gestorbenen und Überlebenden radikal zurückweist, mag so die Hoffnung darauf stehen, dass die Toten bereits bei Gott sind. Die mystische Sprache des Gedichtes warnt dabei davor, hier allzu zugreifend eine jüdisch-christliche Jenseitshoffnung anzunehmen. Die Sprache vom sehnsüchtig erhofften Jenseits bei Nelly Sachs entzieht sich immer wieder allen eindeutigen Zuordnungen, ist vor allem trotzige Hoffnung gegen alle Hoffnungslosigkeit. In der Struktur des Gedichtes wird jedoch deutlich: Den Lebenden kann Gott in Zeiten der »Gottesfinsternis« – so *Martin Buber*, dessen Werke Nelly Sachs intensiv studierte – nur als »verborgener Gott« erscheinen. Auch wenn das Wort »Gott« zu den Worten »mit der höchsten Frequenz«[138] bei Nelly Sachs gehört, so entzieht es sich doch einer eindeutigen Festlegung. Gottesrede im Angesicht der Schoah bleibt hier möglich, aber jenseits des Begreifens. In unserem Beispielgedicht heißt es deshalb: Allein die Toten »reichen einen Stern weiter«. Nur sie reichen »in unseren Gott hinein«.

Paul Celan: Zürich, Zum Storchen

Die Gottesrede, die sich bei Nelly Sachs zwar verrätselt, aber immer wieder auf der Textoberfläche findet, wird bei ihrem kongenialen Dichterfreund *Paul Celan* (1920–1970) immer weiter zurückgenommen und in Frage gestellt. Celan, der wohl wirkmächtigste deutschsprachige Lyriker des 20. Jahrhunderts überhaupt, war zwar 29 Jahre jünger als Nelly Sachs, wurde aber wie sie zu der vorherrschenden Stimme der lyrischen »Holocaust-Literatur«. 1920 in Czernowitz, der Hauptstadt der Bukowina als Paul Antschel geboren, entkam auch er wie durch ein Wunder der Vernichtungsmaschinerie der Nationalsozialisten.[139] So wie Nelly Sachs in Stockholm fand er in Paris einen neuen Lebensort, an dem er doch nie heimisch werden konnte. Wie die Dichterfreundin blieb auch er vor allem der Erstsprache Deutsch literarisch verbunden, im als schizophren empfundenen Bewusstsein, dadurch in der Sprache der Verfolger und Mörder zu schreiben.

Mit der »Todesfuge« – 1947 erstmals publiziert – schrieb er jenen Text, der wie kein anderer die Schoah in das deutsche Bewusstsein der Nachkriegszeit einprägen würde. Typisch für sein Werk, das in den Folgejahren in wenigen Gedichtbänden erschien, ist dieser lange rhythmisch-hymnische Text jedoch nicht. Viel eher wirken fast alle seiner Gedichte – unabhängig von den Intentionen des Dichters – wie hermetische, in ganz eigenen Bildwelten verfasste, immer stärker verknappte Sprachfragmente genau auf der Grenze von Stammeln und Schweigen. Sein Werk gehört gerade deshalb zu den umstrittensten, am meisten gedeuteten lyrischen Texten des 20. Jahrhunderts. [140]

Eines der bekanntesten Gedichte Celans ist gleichzeitig eines, das für die Frage nach der Gottesrede in seinem Werk – neben dem Gedicht »Psalm«[141] – am ergiebigsten ist. Zudem greift es den ausgesponnenen Faden zu Nelly Sachs erneut auf. Celan schrieb es 1960, veröffentlichte es 1963 im Gedichtband »Die Niemandsrose« und widmete es der Dichterfreundin: »Zürich, Zum Storchen«[142].

Zürich, Zum Storchen

Für Nelly Sachs

Vom Zuviel war die Rede, vom
Zuwenig. Von Du
und Aber-Du, von
Trübung durch Helles, von
Jüdischem,
von deinem Gott.

Da-
von.
Am Tag einer Himmelfahrt, das
Münster stand drüben, es kam
mit einigem Gold übers Wasser.

Von deinem Gott war die Rede, ich sprach
gegen ihn, ich
ließ das Herz, das ich hatte,
hoffen:
auf
sein höchstes, umröcheltes, sein
haderndes Wort –

Dein Aug sah mir zu, sah hinweg,
dein Mund
sprach sich dem Aug zu, ich hörte:

Wir
wissen ja nicht, weißt du,
wir
wissen ja nicht,
was
gilt.

Um diesen äußerst dichten und komplexen Text und seine Aussage im Hinblick auf die Möglichkeit eines lyrischen Sprechens von Gott wirklich verstehen zu können, bedarf es einiger Hintergrundinformationen zu seiner Entstehung.[143] Celan und Sachs sind – wie benannt – die beiden wohl wichtigsten deutschsprachigen Dichter, die es als Juden wagten, nach dem »Holocaust« in der Sprache der Verfolger weiterhin Gedichte zu schreiben über ein Denken, Sprechen, Dichten und Weiterleben nach der Schoah. Sie hatten bereits Briefkontakt aufgenommen und dort die aus ihren Gedichten bereits gegenseitig erahnte tiefe Seelenverwandtschaft entdeckt, bevor sie sich im Mai 1960 tatsächlich trafen. Nelly Sachs war aus ihrem schwedischen Exil in die Schweiz gereist, um den renommierten Droste-Preis entgegenzunehmen. Der wurde freilich in Meersburg überreicht, auf deutschem Boden also, den sie nie wieder betreten wollte. Ein Kompromiss wurde gefunden: Sie reiste in die Schweiz und von dort per Boot über den Bodensee direkt nach Meersburg. So kam es zu der lang ersehnten Begegnung mit Celan in Zürich, im Hotel »Zum Storchen« direkt gegenüber des Großmünsters an der Limmat gelegen, wo sie in den wenigen Tagen ihres Aufenthaltes wohnte. Es muss dort zwischen den beiden zu einem einzigartig dichten Gespräch über Gott gekommen sein, ein Gespräch, das Paul Celan im Nachhinein in diesem Gedicht lyrisch bündelt.

Die Unverwechselbarkeit des Gesprächs wird von Celan bewusst dadurch unterstrichen, dass er Gesprächspartner, Ort, Zeit (Himmelfahrt) und Atmosphäre (das goldene Spiegelbild des Großmünsters im Wasser der Limmat) explizit in Erinnerung ruft. Und das Thema? Nun, so die Eingangsverse, es ging um ein »Zuviel und Zuwenig«. Diese Anspielung verweist auf ein einzigartiges Buch, das Grundlage und Ausgangspunkt des Gespräches gewesen sein muss, auf *Margarete Susmans* 1946 erschienenen – 1996 wieder veröffentlichten – Essay: »Das Buch Hiob und das Schicksal des jüdischen Volkes«[144]. Die Religionsphilosophin und Literaturwissenschaftlerin Susman versuchte in diesem Buch etwas Revolutionäres und heftig Umstrittenes: Die erste Sinndeutung der Schoah unter Bezug auf biblische Muster. Denn das »Schicksal des jüdischen Volkes«, so Susman, zeichne »sich rein im Lebenslauf Hiobs ab«[145]. Ist das aber möglich, eine Sinndeutung der Schoah allgemein, und dann noch unter Bezug auf den biblischen Gott? Sie selbst ist sich der Frag-Würdigkeit ihres Versuchs bewusst und lässt ihr Werk mit den

Worten beginnen: »Wohl ist diesem Geschehen gegenüber jedes Wort ein Zuwenig und ein Zuviel«[146].

Dass es um eine Deutung der Schoah im Zeichen Hiobs, um die Möglichkeit eines jüdischen Gottesglaubens überhaupt ging, belegen auch die Folgezeilen unseres Gedichtes. Es ging um »Trübung durch Helles«, wohl eine Anspielung auf Nelly Sachs' eigenes Hiobgedicht, das mit den Zeilen endet: »Aber einmal / wird das Sternbild deines Blutes / alle aufgehenden Sonnen erbleichen lassen.«[147] Verhandelt wurde das Du und Aber-Du, Anspielungen auf das dialogische Prinzip *Martin Bubers*, dessen Werke für beide zu wichtigen Grundsteinen des eigenen Denkens wurden. Rede von Gott – sie ist nur im wirklichen Gespräch, in wirklicher Begegnung möglich. Und Ausgangspunkt dieses konkreten Gesprächs war offensichtlich der trotz allem unzerbrochene Gottesglaube von Nelly Sachs, ihr »jüdischer Gott«. Da-Von: Celan betont und bricht die Nennung dieses Themas durch die Wiederholung, die er in zwei Zeilen auflöst. Ja, ein drittes Mal spricht er das Thema des Gesprächs an, um einzuschränken: er selbst sprach gegen diesen Gott. Wie vielen anderen Juden zerbrach für ihn die Möglichkeit, angesichts der Schoah weiterhin an diesen Gott glauben zu können.

Und dennoch: Im Moment des Gesprächs hatte er das Herz, dennoch auf Gottes Wort – beschrieben als hadernd und röchelnd – zu hoffen. Die einschränkende Betonung: »das Herz, das ich *hatte*«, mag darauf verweisen, dass ihm die benannte Hoffnung im Gespräch möglich schien, im Moment des Verfassens dieses Erinnerungsgedichtes aber schon nicht mehr. Hoffnung auf Gottes höchstes Wort, leidend, zweifelnd? Ist in diesen Worten ein Verweis auf den am Kreuz leidenden, mit Gott in der »Warum-Frage« des Psalmisten hadernden jüdischen Leidensbruder Jesus mit eingeschlossen? Der Gedanke legt sich nahe, ohne verbindlich geklärt werden zu können. Jegliche eindeutige christologische Interpretation verbietet sich jedoch als Text und Autor nicht entsprechende Vereinnahmung.

Wie also ist die Position des Gedichtsprechers bis hierher zu benennen: Keine endgültige Absage an Gott, nur noch eine letztmögliche, mehrfach gebrochene, bis ans Äußerste zurückgenommene Hoffnung auf ihn? Die vorletzte Strophe durchbricht diese Aussage noch einmal, stellt erinnernd die Szenerie des Texthintergrundes vor Augen – zwei Menschen im Gespräch über Gott, die eine trotzig-gläubig im Dennoch, der andere zweifelnd, rebellierend gegen diesen Gottesglauben und doch mit einer letzten Hoffnung versehen. Ein Moment des Schweigens wird aufgerufen, des Hinschauens und Wegschauens (»Aug« – »Mund«), des Nachdenkens, Bedenkens der beiden Positionen. Und dann die Schlussworte, vorsichtig, stockend, bewusst paradox formuliert – durch den Drucksatz deutlich gemacht; Worte, durch die persönliche Anrede in ihrer Dringlichkeit und Ernsthaftigkeit noch intensiviert: »Wir wissen ja nicht, weißt du, wir wissen ja nicht was gilt«. Die Glaubenshaltungen bleiben nebeneinander stehen, beide behalten – durch das »wir« betont – ihre Gültigkeit, und werden doch relativiert, aufgehoben durch die Zurücknahme, die gleichzeitig die Hoffnung ermöglicht, dass der eigene Gedanke doch nicht der letztgültige sein mag. Von Gott reden angesichts der Schoah – »Wir wissen ja nicht, was gilt«!

Johannes Bobrowski: Immer zu benennen

Mit den beiden folgenden Gedichten verlassen wir den Bereich der expliziten »Holocaust-Literatur«. Implizit stand das Dichten in den 50er- und 60er-Jahren des vergangenen Jahrhunderts jedoch stets im Schatten dieser Erfahrung. Das lässt sich an zwei Gedichten aufzeigen, die zwar eigentlich völlig unabhängig voneinander entstanden sind, aber wie Wort und Wider-Wort[148], Spiegelung und Gegenspiegelung, zwei Seiten einer Medaille wirken. In ihnen wird das Grundproblem des Redens von Gott in unserer Zeit in einzigartiger Weise deutlich.

Der erste Text[149] dieses Gedichtpaars entstand – laut Datierung des Dichters – am 4. Februar 1961 und stammt von *Johannes Bobrowski* (1917–1965), der sich vor allem als natur- und seiner baltischen Heimat verbundener Lyriker und Erzähler einen Namen gemacht hat. Immer wieder ruft er in seinen Werken Natur und Menschen der deutsch-slawischen Grenzlandschaft auf, beherrscht vom Ton einer erdverbundenen Schwermut. Der bekennende evangelische Christ baut dabei sparsam und bewusst biblische und religiöse Bezüge in sein Werk ein, die noch wenig untersucht sind.[150] So auch in dem folgenden Text, entnommen seiner wichtigsten Gedichtsammlung »Schattenland Ströme« von 1962.

Immer zu benennen

Immer zu benennen:
den Baum, den Vogel im Flug,
den rötlichen Fels, wo der Strom
zieht, grün, und den Fisch
im weißen Rauch, wenn es dunkelt
über die Wälder herab.

Zeichen, Farben, es ist
ein Spiel, ich bin bedenklich,
es möchte nicht enden
gerecht.

Und wer lehrt mich,
was ich vergaß: der Steine
Schlaf, den Schlaf
der Vögel im Flug, der Bäume
Schlaf, im Dunkel
geht ihre Rede–?

Wär da ein Gott
und im Fleisch,
und könnte mich rufen, ich würd
umhergehn, ich würd
warten ein wenig.

Ein langsames, gemächliches Gedicht, das einerseits sanfte Bilder in die Landschaft des Vorstellungsvermögens tupft, andererseits in seiner Sprachsetzung sperrig, kantig und abgerissen wirkt. Die erste Strophe zählt zunächst selbstbewusst all das auf, was Bobrowski zufolge für den Dichter »immer zu benennen ist«: Naturerscheinungen in Farbe und Bewegung. »Benennen« nimmt dabei jene Aufgabe auf, die laut biblischem Schöpfungsbericht Gott dem Menschen zugesprochen hat: »Wie der Mensch jedes lebendige Wesen benannte, so sollte es heißen« (Gen 2,19). »Benennen« spricht hier also beides an: einerseits die Fähigkeit zur Sprachsetzung des Dichters, andererseits aber auch die Verpflichtung auf diese Aufgabe.

Die beiden folgenden Strophen halten den zunächst so sicher fließenden Sprachstrom auf, fragen nach, überdenken das Gesagte. Ist nicht das so einfach Benannte nur »ein Spiel«, dessen unsicheres Ende und Ziel der Dichter und Wortsetzer selbst nicht durchschauen kann? Und was alles verschweigt der Dichter bei all dem »immer zu Benennenden«, was entzieht sich seinem Vorstellungs-, geschweige denn Darstellungsvermögen? Vor allem der Schlaf und die geheimnisvolle Sprache der Natur! Die oberflächliche Beschreibung des Dichters dringt bis zu den verborgenen Tiefendimensionen nicht vor. Vielleicht schwingt hier auch der Gedanke mit, »das frühere unmittelbare Verhältnis des Menschen zu den Naturdingen«[151] sei heute unwiederbringlich verloren gegangen.

So endet die dritte Strophe mit einem Fragezeichen, mündet die scheinbare Selbstsicherheit und Sprachmächtigkeit des Dichters in dem Eingeständnis, die eigentlich wichtigen Wahrnehmungen selbst zu verfehlen. Im Begriff »gerecht« klingt erneut ein biblisch inspirierter Begriff an, beschreibt »gerecht sein« doch das vor Gott angemessene Verhalten des Menschen. Doch gerade hier ist sich der Dichter unsicher, ob er den Auftrag des Benennens letztlich erfüllt. Doch wer könnte ihn all das Verfehlte lehren? Allein »ein Gott ... im Fleisch«! Hier klingt – so *Eberhard Haufe* als Herausgeber und Erläuterer der Werke Bobrowskis – deutlich ein Verweis auf Christus an[152]. Doch sichere Aussagen über *Ihn* entziehen sich dem Dichter ebenfalls, hier bleibt ihm nur der Konjunktiv des Wunsches: Ja, *wenn* es einen Gott gäbe, der ihn riefe, ihm in seinem Ruf eine Antwort gäbe, so würde er diesem Ruf folgen.

Freilich: Der gläubige Christ Bobrowski lässt sein lyrisches Ich einschränken: er würde »umhergehen« und warten, »ein wenig«. Keine Sicherheit über die letzten Fragen und die ihm verschlossenen tieferen Dimensionen der Wirklichkeit bietet sich dem Dichter, allein der Wunsch, der Konjunktiv und die nicht ausgeschlossene Möglichkeit bleiben. »Immer zu benennen« – das Gedicht dieses optimistisch klingenden Titels endet mit der offenen Andeutung all dessen, das gerade nicht benannt werden kann. Von Gott reden kann der Sprecher diesem Gedicht zufolge nur in dreifacher Zurücknahme und mehrfach indirekter Brechung. Es bleibt die Hoffnungsaussage: Wenn es diesen Gott gäbe, dann würde er ihn über die richtige Form des Benennens, des »gerecht« vor Gott Seins belehren.

Marie Luise Kaschnitz: Nicht gesagt

Ganz anders als der Text von Bobrowski nähert sich das nächste Gedicht dem gleichen Thema: Es stammt von *Marie Luise Kaschnitz* (1901–1974) und wurde erstmals in ihrer 1965 erschienenen Sammlung »Ein Wort weiter« veröffentlicht.[153] Wie nur wenige andere Schriftsteller neben ihr hat sie in ihren Gedichten und zumeist kurzen Prosatexten immer wieder über Grenzen und Möglichkeiten des Be-Schreibbaren und über ihre Rolle als Schriftstellerin nachgedacht. In ihren 1973 erschienenen Aufzeichnungen »Orte« greift sie das Problem des Schreibens für Schriftsteller nach der Schoah direkt auf: »Herausgefallen aus der Unschuld«, heißt es dort über die Dichter unserer Zeit, um nachzufragen: »Wann eigentlich, wo eigentlich, und wie war das, als wir noch Verse machen konnten ... und können es vielleicht noch immer, aber glauben nicht mehr an die Heilung durch das Wort, die Heilung durch den Geist«[154].

Wann dieser Glaube an die Heilung durch das Wort verloren ging, lässt sich zumindest in ihrem Werk durchaus nachzeichnen.[155] Erst als knapp 50-Jährige beginnt sie in den späten Vierzigerjahren die Erfahrung von Krieg, Zerstörung, Völkervernichtung und Chaos ernst zu nehmen. Auf einer Lesung in der Evangelischen Akademie Tutzing stellt sie 1951 erstmals Verse vor, die weitergeschrieben und endgültig zusammengestellt 1957 als »Tutzinger Gedichtkreis«[156] veröffentlicht werden. Der Zyklus beginnt mit den programmatischen Versen: »Zu reden begann ich mit dem Unsichtbaren. / Anschlug meine Zunge das ungeheuere Du, / Vorspiegelnd altgewesene Vertrautheit. / Aber wen sprach ich an? Wessen Ohr / Versuchte ich zu erreichen? Wessen Brust / Zu rühren?« Das vertraute Gespräch mit Gott gerät in eine Krise. Das bislang als sicher geglaubte Gegenüber wird zur Frage. Angesichts der Erfahrungen, Erlebnisse und Bezeugungen ist das alte Gottesbild zerstört, ein neues aber noch nicht in Sicht. Was heißt dies aber für eine Dichterin, die über Gott, über Heil, über Trost reden und schreiben will? »Die Sprache, die einmal ausschwang, dich zu loben / Zieht sich zusammen, singt nicht mehr, / In unserem Essigmund.«

Gotteslob ist unmöglich geworden angesichts der bitteren Erfahrungen, der Mund selbst ist buchstäblich zusammengezogen im Prozess des Verschweigens. Dem »Immer zu benennen« von Bobrowski steht deshalb hier ein »Nicht gesagt« gegenüber.

Nicht gesagt

Nicht gesagt
Was von der Sonne zu sagen gewesen wäre
Und vom Blitz nicht das einzig richtige
Geschweige denn von der Liebe.

Versuche. Gesuche. Misslungen
Ungenaue Beschreibung

Weggelassen das Morgenrot
Nicht gesprochen vom Sämann
Und nur am Rande vermerkt
Den Hahnenfuß und das Veilchen.

Euch nicht den Rücken gestärkt
Mit ewiger Seligkeit
Den Verfall nicht geleugnet
Und nicht die Verzweiflung

Den Teufel nicht an die Wand
Weil ich nicht an ihn glaube
Gott nicht gelobt
Aber wer bin ich daß

Anders als Bobrowski lässt Kaschnitz von vornherein erst gar nicht den
Eindruck entstehen, alles immer benennen zu können, im Gegenteil: Sie
reflektiert hier darüber, was sie – immerhin eine der größten deutschsprachigen Lyrikerinnen des 20. Jahrhunderts – alles in ihren Dichtungen gerade nicht gesagt, oder zumindest nicht gelungen in Sprache gekleidet
habe. Naturerscheinungen – bei Bobrowski noch selbstbewusst aufge-
zählt – habe sie gerade nicht benannt: weder Sonne noch Blitz, weder
Morgenrot noch Blumen. Und nicht einmal mit der literarischen Behandlung der Liebe – einem ihrer zentralen Themen – kann sie sich zufrieden
geben. All das sind, so die zweite Strophe, lediglich im Grunde misslun-
gene, ungenau bleibende »Versuche«; all das ist »Gesuche« im Sinne von
»Herumgesuche«. Oder ist in dem Begriff »Gesuche« doch ein implizites

Gegenüber, an den sich Gesuche – verstanden als Bitten – richten könn-
ten, miteingeschlossen? Deutlich wird in jedem Fall: All diese klassischen
Themen der Lyrik – durch repräsentative Topoi wie »Veilchen« oder
»Morgenrot« aufgerufen – weist die Gedichtsprecherin hier zurück.

Die beiden letzten Strophen des Gedichts weiten den Horizont auf einen dritten Bereich klassischer Literatur: die religiöse Dimension. Was
freilich von der schriftstellerischen Versprachlichung von Naturphäno-
menen und der Liebe galt, gilt auch hier, beschrieben in immer neuen Anläufen, Gegenläufen und Zurücknahmen. Nein, auch den Trost der »ewigen Seligkeit« konnte sie, die wie Bobrowski sehr wohl religiös bekennende evangelische Christin, mit ihren Werken nicht geben. Sie schrieb eben
keine religiöse »Heftpflasterlyrik« wie etwa – selbsteingestanden – ein
Reinhold Schneider in einer kurzen Phase seines reichen schriftstellerischen
Schaffens. Nein, »Verfall« und »Verzweiflung« waren für sie zu augenfällig, um übersehen zu werden. Gerade dies waren die Themen, zu denen
sie eben nicht schweigen konnte, über die sie schreiben musste, die zu benennen waren.

Und dennoch: Keine Hinwendung zu Resignation, kein Verfall in Zynismus, sie hat auch den »Teufel nicht an die Wand« gemalt, einerseits
weil sie schlicht nicht an ihn glaubt, sicherlich aber auch, um nicht – wie es
das als Prätext aufgerufene Sprichwort »den Teufel nicht an die Wand
malen« nahe legt – unangemessen und übertrieben eine falsche Drohbot-
schaft zu verkünden, die in ihrer Pauschalität von den tatsächlichen Ursachen ablenkt. »Weil ich nicht an ihn glaube« – diese Zeile lässt sich prinzi-
piell auf die vorangehende oder auf die folgende Zeile beziehen, der Text
selbst löst dies in seiner Binnenperspektive bewusst nicht auf. Aus der
Biografie der Dichterin – sowie aus erhaltenen Hörfunkaufnahmen, in denen sie das Gedicht liest – heraus legt sich aber zwingend die von mir hier
ausgeführte Zuordnung nahe. Dann also liest sich die letzte Strophe wie
folgt: Nicht den Teufel beschworen, aber eben auch nicht »Gott gelobt«.
All das Aufgezählte, vor allem aber das mit Grund zum Schluss Genannte
steht ihr nicht zu, bleibt »nicht gesagt«. Konsequenterweise endet denn
auch die Schlusszeile mitten im Sprachversuch: »aber wer bin ich daß« ...

Unmittelbarer Prätext dieses Gedichtschlusses ist eine Ode von *Friedrich Gottlieb Klopstock* (1724–1803). In der ersten Strophe von »Dem Erlö-
ser« (1771) stellt der Gedichtsprecher die Scheinfrage: »*wer* bin ich *dass* ich
mich auch in die Jubel (der Seraphen) dränge?«[157] – um im Folgetext seine

Rolle als Gottesdichter doch nur umso ausführlicher zu veranschaulichen. Das in dieser Ode noch selbstbewusst formulierte Gotteslob steht
ihr, der Dichterin des 20. Jahrhunderts, nicht mehr zu, nicht einmal das
Aussprechen der Frage ist ihr mehr möglich. Im Abbruch des Verses wird
zudem die Zielrichtung der Klopstock'schen Ode, die Bestätigung des
Auftrags als christlicher Lobdichter, zurückgewiesen. Marie Luise Kaschnitz kann, nein, ihrem Selbstverständnis nach: muss sich zurücknehmen, kann die weitergehende Erwartung zurückweisen und lässt folge-
richtig ihr poetologisches Reflexionsgedicht im offenen Schluss enden.
Das Gotteslob verstummt, bleibt ungesagt.

Didaktisch-methodische Überlegungen

In den vier sehr unterschiedlichen Texten dieser Abteilung geht es um ein
allgemeines Nachdenken über die Möglichkeit der Gottesrede »zwischen
Stammeln und Verstummen«. Hier, in einer grundsätzlichen Reflexion
über die Möglichkeiten, Gott zu denken und dieses Denken in angemessene Sprache zu kleiden, haben diese Texte ihren angemessenen didaktischen Ort, allesamt wohl erst in der schulischen Oberstufe. Darüber hinaus verweisen sie stets auch auf den Kontext der Schoah.

■ Im Blick auf *Nelly Sachs'* Gedicht lohnt es sich, die Autorin genauer vor-
zustellen. Als einziger deutschsprachiger Nobelpreisträgerin gebührt ihr
entsprechende Aufmerksamkeit. Anhand ihres Werkes kann man nachzeichnen, wie jüdische Schriftsteller unmittelbar auf die Schoah reagiert
haben im Kampf zwischen Verzweiflung, Wahnsinn und Überlebenswil-
len. Das Gedicht »Chor der Toten« sollte man dabei sorgsam Schritt für
Schritt, Bild für Bild gemeinsam erschließen. Wichtige Punkte könnten
dabei einmal die Rollenverteilung von »wir« und »ihr« sein, zum anderen
die Schlussbotschaft.

■ Für *Paul Celans* Gedicht »Zürich, Zum Storchen« legt sich eine Hinführung über die Umstände der Entstehung des Gedichtes nahe. Dazu könnte man Celan und Sachs durch – über die rororo-Biographien leicht zu-
gängliche – Porträtfotos vorstellen und über ihr Leben und die sich aus
der Ferne anbahnende Beziehung berichten (beziehungsweise Porträts er-

arbeiten lassen über biografische Zugangstexte, über die zwei Gruppen sich den jeweils anderen Autor vorstellen). Dann erzählt man von diesem einzigartig dichten Gespräch über Gott, das im Leben beider tiefe Spuren hinterlassen wird, auf das sie später immer wieder in Briefen verweisen. Von diesen Vorinformationen aus wird der Text – erneut sorgsam und Zeile um Zeile – erschlossen. Wer hatte welche Position? Wie ist der Verweis auf das »höchste, umröchelte Wort« zu verstehen? Was steht am Ende? Was kann man von diesem Gedicht aus erschließen über die heute mögliche Rede von Gott?

■ Bei den Gedichten von *Johannes Bobrowski* und *Marie Luise Kaschnitz* legt sich – wie in meiner oben vorgelegten Deutung – der gleichzeitige und vergleichende Blick auf beide Texte nahe. Folgendes Verfahren ist möglich: Die Schülerinnen und Schüler werden gebeten, auf zwei getrennten Plakaten festzuhalten, einmal: »Was man genau beschreiben kann«, dann: »Was man nicht genau beschreiben kann«. Nach Sammlung, Vergleich und einem problematisierenden, möglicherweise kontroversen Gespräch über Reichweite und Grenzen von Sprache wird dann zunächst Bobrowskis Gedicht genauer betrachtet: Wo greift er Elemente auf, die zuvor auf den Plakaten benannt wurden? Wo fügt er neue, unerwartete ein? Möglich ist zudem, den Text zunächst ohne seine zwei Schlussverse zu präsentieren: Die Schülerinnen und Schüler werden gebeten, das Gedicht nach »Ich würd ...« so zu Ende zu führen, dass es ihrer Meinung nach stimmig ist. Nach einem Vergleich erfolgt der Blick auf Bobrowskis Version. Von hier aus stellt sich die Schlussfrage: Warum die konjunktivistische Distanzierung am Ende? Warum eine so vage formulierte Reaktion?

Bei Kaschnitz' Gedicht legt sich (in einer Folgestunde) der scheinbar gleiche methodische Zugang nahe: Wieder werden die Schülerinnen und Schüler gebeten, einen Schluss zu schreiben. Dieses Mal wird ihnen jedoch das ganze Gedicht vorgelegt, das ja mitten im Zeilenfluss abbricht. Einerseits können die Lernenden so in der Logik des Textes überlegen, warum das Gotteslob nicht mehr möglich scheint. Andererseits werden sie verblüfft sein, dass der Text hier tatsächlich abbricht. Von hier aus lassen sich Text und Aussage gut erschließen. Im Abschlussblick auf beide Texte kann dann die Frage stehen: Überzeugt uns die dort vorgeführte implizite Poetologie des zurückgenommenen Redens von Gott?

6. GOTT IST TOT! – ZWISCHEN VERABSCHIEDUNG UND ABSAGE

In den beiden vorherigen Abteilungen dieses Buches sind Gedichte aufgeführt worden, in denen Schriftstellerinnen und Schriftsteller mit der
Gottesfrage ringen, in denen also der Prozess der zerbrechenden Gottesgewissheit deutlich wird. Die nun folgenden Gedichte gehen inhaltlich einen Schritt weiter. In ihnen ziehen Dichter im Gefolge Nietzsches die
Konsequenz: Gott ist tot! Oder besser: Sie erkennen, dass sich die Gottesidee überlebt hat – es hat Gott nie gegeben. Literarische Konsequenz: Die
Rede von Gott ist zu verabschieden. Bemerkenswert an den Texten dieser
Tradition bleibt, dass diese Absage in Form einer expliziten Aussage erfolgt. Für viele andere Schriftsteller der Gegenwart hat sich die Gottesfrage erledigt, wird deshalb auch gar nicht mehr erwähnt. Nicht einmal der
Abschied ist noch notwendig. Anders hier: Die Frage nach Gott ist zumindest zu stellen, wenn auch als Antwort die Absage an Gott steht.

Spricht allein aus dieser Sprachfigur eine letzte Sehnsucht gegen alle
Überzeugung? Sind diese Texte eben doch getragen von dem als leere Illusion durchschauten Wunsch, es möge Gott – allen Verabschiedungen
zum Trotz – doch geben? Ist die Rede vom Tod Gottes also letzte Provokation ihrer Widerlegung? Auf der (produktionsästhetischen) Ebene der
Autoren und ihrer Texte wird man sich vor einer solchen Deutung zu hü-
ten haben, wenn man sich nicht dem Vorwurf der unsachgemäßen Vereinnahmung aussetzen will. Auf der (rezeptionsästhetischen) Ebene der
Leserinnen und Leser mag es möglich sein, in den Texten solche Spuren
zu entdecken. Die Diskussion darüber wird in jedem Fall die Positionen
schärfen können. Ihren didaktischen Ort haben die Texte dieser Abteilung deshalb in der Auseinandersetzung mit dem Atheismus. Welche
Motive für die Absage an Gott lassen sich aus den Texten erschließen?
Und warum muss die Absage an Gott eigens formuliert werden?

Bertolt Brecht: Hymne an Gott

Mit *Bertolt Brecht* (1898–1956) soll ganz bewusst der äußerst wirkmächtige Meister der atheistischen Gottesrede im 20. Jahrhundert an den Anfang dieses Kapitels gestellt werden. Wie kein anderer hat er die Absage an Gott in seinem Schaffen immer wieder thematisiert. Dabei steht der in Augsburg geborene und evangelisch getaufte Brecht[158] ja ganz in der Tradition religiöser Sprache: immer wieder nutzt er die Bibel als Anregung, motivische Fundgrube, Gegenfolie, Anreiz zu Provokation und Satire. Da finden sich Psalmen, Choräle und Exerzitien, aber auch Auseinandersetzungen mit biblischen Figuren, kirchengeschichtlichen Gestalten oder mit Jenseitsbildern. Vor allem in der Lyrik – deren Bedeutung in den letzten Jahren mehr und mehr erkannt und als zentrale literarische Hinterlassenschaft Brechts gewürdigt wird – finden sich solche Spuren der Auseinandersetzung mit Religion.

So auch in dem folgenden ganz frühen Text, der im Jahr 1917 entstanden ist und schon im Titel den Bezug auf die klassische Gottesrede aufnimmt: »Hymne an Gott«[159]. Welche Art von »Hymne« darf man von dem gerade 18-jährigen Brecht erwarten, der sich als Bürgerschreck, Lebensgenießer, Provokateur bürgerlicher Moral mit ersten Veröffentlichungen bereits einen Namen gemacht hatte?

Eine Hymne – ein feierlicher Lobgesang oder ein Preisgedicht also – an Gott ist dieser Text nur insofern, als Brecht tatsächlich die lyrische Figur des »Du« (im Text niemals als »Gott« aufgelöst) als Anrede einsetzt. Typisch für Brecht jedoch: Die Erwartung an eine kirchlich-traditionelle Hymne im eigentlichen Sinne wird im Titel aufgebaut, um sie sofort zu unterlaufen und in ihr Gegenteil zu verkehren. Das satirische Spiel mit der Tradition ist dabei bitterer Ernst: Gerade weil man in Hymnen hohe Erwartungen an Gott preisend und lobend besingt, ist die Enttäuschung über das Ausbleiben der Erfüllung dieser Erwartungen umso bitterer. Anders gesagt: Brecht unterläuft durch den Gedichttitel mögliche Erwartungen der LeserInnen, weil das Gedicht davon handelt, dass die in Gott gesetzten Erwartungen enttäuscht werden.

Dieser Gegensatz von Erwartung und Enttäuschung wird in den drei ersten Strophen vor allem durch die Konfrontation gegensätzlicher Wortfelder hervorgehoben. Da ist zum einen das Wortfeld »Klassische Hymnensprache«, repräsentiert durch Begriffe wie »thronst ewig und unsicht-

Hymne an Gott

1
Tief in den dunkeln Tälern sterben die Hungernden.
Du aber zeigst ihnen Brot und lässest sie sterben.
Du aber thronst ewig und unsichtbar
Strahlend und grausam über dem ewigen Plan.

2
Ließest die Jungen sterben und die Genießenden
Aber die sterben wollten, ließest du nicht ...
Viele von denen, die jetzt vermodert sind
Glaubten an dich und starben mit Zuversicht.

3
Ließest die Armen arm sein manches Jahr
Weil ihre Sehnsucht schöner als dein Himmel war
Starben sie leider, bevor mit dem Lichte du kamst
Starben sie selig doch – und verfaulten sofort.

4
Viele sagen, du bist nicht und das sei besser so.
Aber wie kann *das* nicht sein, das so betrügen kann?
Wo so viel leben von dir und anders nicht sterben konnten –
Sag mir, was heißt das dagegen – daß du nicht bist?

bar«, »strahlend«, »ewiger Plan«, »starben in Zuversicht«, »Himmel«, »Licht«, »starben selig« – diese Begriffe könnten tatsächlich einer klassisch-christlichen Hymne entnommen sein. Das Kontrastwortfeld wird gespeist aus Begriffen der unerträglich harten Lebenserfahrungen: »sterben die Hungernden«, »grausam«, »Junge sterben«, »vermodert«, »die Armen arm«, »verfault«. Der Kontrast zwischen den beiden Ebenen wird dadurch noch verstärkt, dass die Armen und Sterbenden die Sehnsucht und Hoffnung auf Zuwendung durch Gott hatten.

Ein grausamer Gott, der Hungernden Brot zeigt, es ihnen aber nicht zu essen gibt; ein grundlos ungerechter Gott, der Lebenswillige sterben lässt, Lebenssatte aber am Leben erhält; ein heimtückischer Gott, der den sehnsuchtsvoll Sterbenden das Licht der Erlösung verweigert – das so skizzierte Bild der drei ersten Strophen wird in der vierten Strophe gebündelt und kommentiert. Diese Strophe verabschiedet die Schilderung und beschließt das Gedicht mit einer zusammenfassenden Reflexion. Schon in den drei ersten Strophen war die Empörung über Gott allein die Reaktion des Gedichtsprechers, die Sterbenden selbst starben ja tatsächlich in Zuversicht und Seligkeit – auch wenn das als Täuschung enttarnt wird. Nun bricht sich die Empörung endgültig Bahn: Zitiert werden »viele«, die sagen es gäbe Gott nicht, und das sei auch gut so. Anders aber die Protesthaltung des Gedichtsprechers: Das wäre zu leicht, dass es Gott nicht gäbe. Angesichts des gigantischen zuvor geschilderten »Betrugs«, der Bedeutung dieser Gottesidee in Leben und Sterben für so viele, wäre es nicht erträglich, wenn es den Betrüger nicht gäbe. Entgegen dem »Protestatheismus« der »vielen« steigert sich der Gedichtsprecher hier in einen »Protestdämonismus« – Atheismus erklärt die Situation nicht, allein die Dämonisierung Gottes hilft als Deutemodell. Die Absage an Gott wird hier aufgenommen aber noch gesteigert durch die Charakterisierung Gottes als – so *Christoph Gellner* – »Deus malignus absconditus«[160].

Möglich, dass Brecht in dieser Position eines »unmoralischen Gottesbeweises« noch in letzter Verrenkung an dem alten Gottesglauben seiner Kindheit festhält. Eher wird diese Vorstellung aber auch schon hier als rhetorische Überspitzung eingesetzt. Das wird aus dem Gedicht allein freilich nicht deutlich. Im Blick auf anderer Texte aus der Folgezeit und aus dem Gesamtwerk bleibt jedoch kein Zweifel, dass Brecht selbst die Gottesidee letztlich religionskritisch geschult verabschiedet: Es gibt keinen Gott, weil alle Hoffnungen auf ihn enttäuscht werden; alle menschlichen Erwartungen sind hohle Illusionen oder bewusst eingesetzte Vertröstungen, denen nichts entspricht.

Günter Kunert: Götterdämmerung

Letzte Sehnsüchte und tiefste Hoffnungen, denen nichts entspricht – davon ist auch im Werk des nächsten hier aufgerufenen Autoren immer wieder die Rede. *Günter Kunert* (*1929) kann zurecht als einer der wachsamsten literarischen Beobachter der kulturellen Strömungen in Deutschland über die zurückliegenden vier Jahrzehnte hinweg gelten. In seinen regelmäßig erscheinenden Prosa- und Lyrikbänden spiegeln sich die individuellen und gesellschaftlichen Zeiterfahrungen. Dieser stille aber beständig nachbohrende »Kritiker des technisch-monströsen Fortschritts- und Machbarkeitswahns« formuliert seine »hellsichtig-pessimistische Gegenwartsdiagnose«[161] als prophetische Warnstimme. Im Osten Berlins als Sohn eines aus der Kirche ausgetretenen Katholiken und einer jüdischen Mutter geboren, wächst Günter Kunert weitgehend religionslos, ja religionsskeptisch auf. Wie für Brecht dient ihm die Bibel jedoch als immer wieder neu ausgeschöpfter Fundus für Bildvorgaben und Sprachformen, um seine ganz eigenen Aussagen zu verdeutlichen. Vor allem die Urbilder der Genesis – Vertreibung aus dem Paradies, Sündenfall, Sintflut – werden ihm zu Chiffren der Gegenwartsdeutung. Daneben finden sich jedoch auch bemerkenswerte weitergehende Reflexionen über den Zustand des Menschen in seiner Gottessehnsucht und Gottlosigkeit. So auch in dem Gedicht »Götterdämmmerung«[162] aus dem zentralen Gedichtband »Stilleben« von 1983.

Götterdämmerung

Nicht festzuhalten: Dieser Tag. Das Leben.
Gewebe löst sich auf und schwindet hin.
Was auch geschieht, du suchst den Sinn.
Zumindest wirst du danach streben.

Du kannst die Einsicht nicht ertragen:
Aus Dreck und Feuer eine Spottgeburt,
die haltlos durch das Universum tourt,
stets auf der Flucht vor solchen Fragen.

Erkenntnis die: Wir können uns nicht fassen.
Und finden keinen, der uns Göttern gleicht.
Und keinen, der uns Hilfe reicht.
Wir sind uns ohne Gnade überlassen.

Unbarmherzig gegen sich selbst blickt Kunert hier auf den Menschen und seine Suche nach Sinn und Halt. Doch nichts bleibt ihm, nichts ist »festzuhalten«, zu be-greifen: Weder Zeit, noch Leben oder Materie. Alles »löst sich auf« – so die erste Strophe. Das unaufgebbare Streben des Menschen nach Sinn ist und bleibt umsonst. Angesichts dieser »Auflösung« überrascht die Formwahl Kunerts: Drei Vierzeiler im sauber umgesetzten umschließenden Reim – fast eine singbare Liedform. Ist dieser Gegensatz zwischen Form und Aussage Ironie, bewusst gesetzter Widerspruch? Oder der Versuch, der haltlosen Aussage durch haltgebende Form Struktur zu geben?

Die zweite Strophe trägt die Grundfrage weiter: Warum ist der Mensch überhaupt immer auf der Sinnsuche? Kunerts Antwort: Weil er eine eigentlich unumgängliche Einsicht nicht ertragen kann: »eine Spottgeburt« zu sein, »haltlos« unterwegs im fühllosen Universum, ein Getriebener auf der Flucht vor eben diesen Fragen. Umso überraschender der Beginn der letzten Strophe – es gibt sie also doch, die eine offensichtlich unumstößliche Erkenntnis: Wir können uns selbst nicht »fassen«, begreifen, verstehen. Doch schlimmer: Es gibt auch niemanden außer uns, der uns »fasst«, »begreift«, hält. Wir sind in all unserer Unzulänglichkeit selbst die höchsten Wesen, die »Götter«, niemand uns gleich, niemand über uns. Das aber heißt: keine Hilfe, kein Erbarmen, keine Gnade! Wir Spottgeburten sind uns hoffnungslos selbst überlassen.

»Götterdämmerung« – in diesem Gedicht klingen Reminiszenzen an Nietzsche an, an Wagner, an Goethes Mephistopheles. Wer jedoch ein Triumphgedicht erwartet hat, in dem sich der Mensch selbst als aufdämmernde Gottheit feiert, sieht sich getäuscht. Tieftraurig, resigniert und mit verzweifelter Gewissheit stellt Kunert fest, was er viel lieber anders schildern würde. Die im Gedicht selbst aufgerufene Fassungslosigkeit bestimmt den Grundton dieses Textes. Uns menschlichen »Göttern« – ein höhnischer Spottbegriff – ist der Boden entzogen, der Halt genommen, die Richtung geraubt. Bei »aller radikalen Absage an jeden metaphysischen Trost« mutet Kunert sich selbst und uns »immer wieder den Schritt von der Sicherheit in die Verunsicherung, vom System ins Bodenlose«[163] zu, so *Christoph Gellner*. Wo bleiben Sinnstiftung, Lebensorientierung und Antwort? Kunert selbst wiegelt ab: »da muss die Literatur kapitulieren. Ihre Antwort ist: Keine Antwort.«[164]

Ernst Meister: Was Götter waren einst

Abschied von Gott, Verabschiedung von Göttern, die unserem Leben Sinn gäben – dieses Motiv verbindet das Werk Günter Kunerts mit dem eines anderen großen deutschsprachigen Lyrikers des 20. Jahrhunderts, mit dem zu Unrecht nur wenig bekannten Georg-Büchner-Preisträger des Jahres 1979 *Ernst Meister* (1911–1979). Ernst Meisters Gedichte[165] haben immer schon die Prägestempel »hermetische Lyrik« oder »weltferne Elitärpoesie« getragen. In der Tat: Wer sich auf die Verse des im westfälischen Hagen gebürtigen Dichters einlässt, findet alles andere als leicht zugänglichen Texte, findet keine aktuellen Zeitbezüge, keine eingängig rhythmisch fließenden Zeilen, keine eindeutig bestimmbare »Botschaften« oder »Aussagen«. Im Gegenteil: Vor allem die späteren Texte sind karg, konstruiert, gewunden, berufen sich eher auf klassische Bilder denn auf sinnreich neu erdachte Metaphern. Oft genug bleibt Staunen oder Ratlosigkeit.

Trotzdem: Ein besonderer Reiz in der Beschäftigung mit Ernst Meister ergibt sich für den religiös interessierten Leser. Im Jahr 1930 nahm der neunzehnjährige Fabrikantensohn in Marburg das Studium der Evangelischen Theologie und der Philosophie auf. Er hörte Bultmann und begann sich intensiv mit Nietzsche, Heidegger und Kierkegaard zu beschäftigen. Diese Doppelprägung – theologisches Grundinteresse, existenzialphilosophische Faszination – wird sein ganzes Werk prägen. Im Nachhinein schreibt Meister offen, dass die Entscheidung zum Theologiestudium weniger einem festen Glauben, als bereits einer inneren Abwendung und künftigen Suche entsprang: »Die Schöpfung meiner Hand musste dem Schöpfer aller Dinge anstößig sein«, schreibt er 1971. »Ich, der ich mit Theologie begonnen hatte, bezweifelte längst, dass es ihn gab. Sein Schatten war freilich noch gegenwärtig bei dem Versuch, ein reines, deutliches Bild des Wirklichen zu gewinnen.«[166] Zweifel; Schatten des früheren Gottesglaubens; Versuch, ein reines Bild der Wirklichkeit zu fassen – diese drei Schlagworte kennzeichnen das lyrische Werk Ernst Meisters. 1958 erscheint der schmale Gedichtband »Zahlen und Figuren« und als Abschluss eines kleines Zyklus unter dem Titel »Gran« findet sich dort das folgende, selbst titellose Gedicht[167], das die Spannung von menschlicher Heilserwartung und aufgeklärt-nüchterner Wirklichkeitserkenntnis thematisiert.

Was Götter waren einst,
sind Schauens
hell lebendige Augen jetzt,
blaue Iris, blauende Pupille,
Blicken, das der Himmel blüht,
ein Beet aus Blick.

Nein, nicht leer
der Himmel. Nick nicht,
Staubgefäß, dem
schweren Blute, denn
von Wächtern oben, Betrachtern
deiner Wachheit, wimmelts.

Nein, nicht
leer der Himmel,
doch geklärt.

Wie stets bei Meisters Texten: Festzulegen auf einlinige »Bedeutung« sind sie nicht. Gerade so verdichten sie Wirklichkeit. Nur um mögliche An-Deutungen also handeln es sich bei den folgenden Gedanken. Meister verdichtet hier offenbar einen Wandel: Der Blick nach oben zum Himmel war traditionell mit der Erwartung verbunden, dass wir Menschen von dort aus von Gott oder von »Göttern« gesehen werden. Diese Götter gibt es nicht mehr. An ihre Stelle ist der suchende Blick des Menschen getreten – »hell«, »lebendig« – in dessen Augen sich das Himmelsblau klar spiegelt. Und aus diesen Suchblicken des Menschen kann der Himmel »blühen«, die Blicke werden zum Wachstumsbeet späterer Blüten. Darf man folgern: Nicht Götter schauen nach uns, wir Menschen schauen nach den Göttern? Heißt das »gut atheistisch« und religionskritisch geschult wie bei Brecht und Kunert, dass die Rede von Gott und Göttern sich selbst als Menschenwunsch und – trug entlarvt? Meister ist hier vorsichtiger, ver-rätselt bewusst, ja: weist solche Schlussfolgerungen in der zweiten Vers-gruppe zurück: Mit dem Wechsel der Blickrichtung ist eben keineswegs gesagt, dass der Himmel »leer« sei. Wer derartig schwerblütigen Parolen der Religionskritik vorschnell nickend zustimmt, wird hier ermahnt: als vergängliches »Staubgefäß« (Assoziation: »Aus Staub bist du und zu

Staub wirst du zurückkehren«) steht ihm ein Urteil in seiner beschränkten Wachheit schlicht nicht zu. Denn Betrachter, Wächter, Götter gibt es genug »im Himmel«.

Was also? Die drei knappen Schlussverse fassen zusammen: Nicht die atheistische Absage an die Existenz von »Himmelswesen« kommt den Menschen zu, denn der Himmel »ist nicht leer«. »Doch geklärt«? Wer oder was hat sich geklärt? Geklärt hat sich der menschliche Blick auf die Götter und damit auf den Himmel als ihren »Lebensraum«. Im Sinne der Aufklärung hat sich der Versuch, quasi aus göttlicher Perspektive herabzuschauen auf die Welt und so seine Philosophie oder Theologie zu begründen, als Fehlversuch erwiesen. Dafür steht dem Menschen jedoch der Suchblick von unten nach oben auf den Himmel zu, ja aus diesem Blick erblüht der Himmel zum Leben. Verabschiedet wird hier nicht die Gottesidee als solche, sondern die zugreifend-definierende Rede von Gott.

Adolf Endler: Elegie

Am Ende dieser Abteilung soll ein kleiner unprätentiöser Text stehen, der auf die Gottesidee schlicht als Relikt der Vergangenheit zurückblickt. Der Verfasser, *Adolf Endler*, wurde 1930 in Düsseldorf geboren, siedelte jedoch als überzeugter Antifaschist 1955 in die DDR über, wo er fortan als Lyriker und Prosaautor vom Westen weitgehend unbeachtet in Berlin lebte. 1979 wurde er aus dem DDR-Schriftstellerverband ausgeschlossen, sodass er auch dort bis zur Wende in den Untergrund vertrieben wurde. Erst nach 1989 wurde er als führender literarischer Kopf der literarischen Szene am Prenzlauer Berg wieder entdeckt. Die religiöse Dimension spielt im Werk dieses Sprachspielers und Sinnjongleurs keine nennenswerte Rolle. Vor allem der 1999 im Suhrkamp-Verlag veröffentlichte und weithin rezipierte Gedichtband »Der Pudding der Apokalypse« machte ihn einer breiten Leseöffentlichkeit bekannt. Hier stellt Endler selbst Gedichte aus seiner gesamten Schaffensepisode zusammen, denen seiner Meinung nach bleibende Gültigkeit zukommt. Unter diesen Texten findet sich in der Rubrik »Splitter« der kleine Vierzeiler »Elegie« [168], nach eigenen Angaben entstanden zwischen 1975 und 1979.

Elegie

Das alles gab es einmal:
Das Süßholz; die Riesenbockwurst;
Die Waldmeisterlimonade; verbilligte Knickeier;
Gott!

Was für ein lapidarer Abgesang: In dieser Elegie schaut der Dichter bedauernd auf das zurück, was es »einmal gab«, und dessen Verschwinden nun offenbar beklagt wird. »Süßholz« – einen Strauch aus der Familie der Schmetterlingsblütler, aus dessen süßen Wurzeln man den Grundstoff für Lakritze gewann; uns bestenfalls noch durch das sprichwörtliche »Süßholz raspeln« vertraut; »Riesenbockwurst«, »Waldmeisterlimonade«, »Knickeier«, deren schadhafte Schale zur Möglichkeit eines verbilligten Erwerbs führte. Bis hierher liest sich die elegische Verlustlitanei wie eine halb ernste, halb ironische Erinnerung an die Verlockungen der Kindheit. Die aufgezählten kulinarischen Genüsse waren die typischen Höhepunkte einer kargen Vorkriegs- und Kriegskindheit. Dass dieser Litanei »Gott« als überraschender abschließender Verlustpunkt hinzugefügt wird, bestätigt den – so zumindest meine Deutung – halb ernsten, halb ironischen Ton: Zu den Höhepunkten der Kindheit mögen auch Erfahrungen mit »Gott« gehört haben – aber auch sie gehören der Vergangenheit an. Einerseits blickt Endler hier so auf die eigene Lebensgeschichte von Kindheit zu Erwachsenenalter zurück, andererseits spiegelt sich in dieser individuellen Erfahrung gesellschaftliche Entwicklung. »Gott« ist in dieser Gesellschaft wie Waldmeisterlimonade – süße Erinnerung, aber unwiederbringlich verloren.

Didaktisch-methodische Überlegungen

Die in dieser Abteilung präsentierten Gedichte oszillieren zwischen Absage an Gott, Verabschiedung der Gottesidee und Rückschau auf eine als überholt erkannte Gottesvorstellung. Gerade heranwachsenden, nachfragenden, zweifelnden Jugendlichen können sie so zu Prüfsteinen eigener Überzeugungen werden. Mit den in diesem Buch bereits genannten entwicklungspsychologischen Kategorien des Amerikaners *James Fowler* gesagt: Im Übergang der Phase des »mythischen-wörtlichen Glaubens« der Kindheit im Grundschulalter hin zum möglichen »synthetisch-konventionellen Glauben« der Pubertät und frühen Erwachsenenzeit brechen Zweifel an der wortwörtliche Stimmigkeit bisheriger Überzeugungen auf. Gerade die Rede von Gott wird auf ihre Passgenauigkeit befragt. In dieser Phase – die sich in vielen Lebenläufen auch an anderen biografischen Wendepunkten findet – können Texte, die solche Brüche beinhalten, Denkhilfen geben. Ob sie als Provokation dienen, als wahre Erkenntnis gelten oder als Überführung zu anderen, eigenständigen Positionen genutzt werden, bleibt dabei den Einzelnen überlassen. Didaktisch wohlreflektierte Lernprozesse können und müssen solche Suchwege jedoch begleiten.

■ *Brechts* »Hymne an Gott« – selbst verfasst in einer solchen jugendlichen Umbruchsphase und so gesehen authentisch – zeigt den Bruch in Form und Inhalt. Um diesen doppelten und miteinander verzahnten Bruch sollte es deshalb auch in der didaktisch-methodischen Herangehensweise gehen. Zunächst sollten die Schülerinnen und Schüler assoziativ Begriffe zusammentragen, die ihnen zum Begriff »Hymne« einfallen und welche Worte sie in einer Hymne erwarten. Von der Folie der so gesammelten Vorerwartungen aus wird ihnen dann der Brecht'sche Text vorgelegt mit der Frage, was Brecht von der klassischen Hymne übernimmt, was er ändert. Die oben aufgeführten Kontrastwortfelder helfen bei diesem Arbeitsschritt. Von diesem Kontrast aus lässt sich die Schlussalternative Brechts kritisch befragen: Kann es Gott also schlicht nicht geben? Muss er existieren, damit es wenigstens einen Schuldigen gibt? Oder lässt sich das aufgezeigte Dilemma zwischen Hoffnungen und ausbleibender Erfüllung anders lösen?

■ Auch bei *Kunerts* Gedicht »Götterdämmerung« sollte der Präsentation des Textes eine thematische Einbettung vorausgehen. Möglich wäre folgendes Verfahren: Auf zwei großen Plakaten werden Stichworte gesammelt: »Wenn es Gott gibt ...«, so das eine; »Wenn es Gott nicht gibt ...« das andere. Schon aus der Präsentation der beiden Positionen werden sich interessante Diskussionen entwickeln können. In diese Situation gibt man der Lerngruppe den Titel eines folgenden Textes »Götterdämmerung« – welche Art von Text erwarten die Schülerinnen und Schüler? Wie könnte er angesichts der beiden auf den Plakaten gesammelten Schülerpositionen gestaltet sein? Kunerts Text wird dann in seiner Drastik, Unbarmherzigkeit und in seinem Ton in zweifacher Hinsicht überraschen können – kein Triumph des Gottesglaubens, aber auch kein Triumph des Atheismus. Am Abschluss kann die grundsätzliche Frage stehen: Was könnte man der geschilderten Position entgegensetzen?

■ *Ernst Meisters* Gedicht ist sicherlich in Form und Inhalt der schwierigste der hier aufgerufenen Texte. Als Hinführung wäre eine doppelte Vorfrage möglich: Was erwarten Menschen im »Blick nach oben«, im Blick zum Himmel? Wie verhalten sich »heaven« und »sky« zueinander? Hierzu kann man eine Collage erstellen, in denen Werbetexte, Liedtexte und andere aktuelle Medien das Wort »Himmel« gebrauchen – was ist jeweils gemeint? Und umgekehrt kann man fragen: Wie haben Menschen den Blick Gottes oder der Götter auf die Menschen dargestellt? Mit dem Symbol des Auges lässt sich diese bipolare Frage erarbeiten: Das suchende Auge des Menschen auf der einen, das alles sehende Auge Gottes im kunstgeschichtlich geronnenen Symbol des trinitarischen Dreiecks auf der anderen Seite. In dieses Bild hinein versucht das Gedicht seine »klärenden« Verse einzuspielen. Vielleicht gelingt es künstlerisch begabten Schülerinnen oder Schülern die Gedanken in ein Bild umzusetzen?

■ Zu *Adolf Endlers* »Elegie« legt sich schließlich eine vorherige Schüleraktivität nahe, um den Text in einen Fragehorizont einordnen zu können. Die Schülerinnen und Schüler werden dazu aufgefordert, einige Begriffe auf einen losen Zettel zu schreiben unter der Vorgabe: »Überlegt, was es einmal gab, jetzt aber nicht mehr gibt. Schreibt auf, welche der so verschwundenen Dinge ihr vermisst«. Die Zettel werden eingesammelt und einige davon verlesen. Variante: Wenn man mag und die Lerngruppe geeignet ist, dürfen die MitschülerInnen tippen, wer den jeweiligen Zettel beschriftet hat. Die Nennungen werden gruppiert – technische Gegenstände, Tiere, Menschen, Nahrungsmittel, etc. (bei lernschwächeren Gruppen kann man diese Kategorien auch als Anregung vorgeben). So ergibt sich ein subjektives Spektrum von »Nostalgie« wörtlich verstanden als »Schmerz nach Rückkehr«. Als weiteres Beispiel solcher Rückerinnerungen kann etwa auch *Reinhard Meys* bekanntes Chanson »Es gibt keine Maikäfer mehr« vorgespielt und in den Kontext eingereiht werden. Erst dann wird Endlers Kurztext ausgeteilt. Die Nennung »Gott« wird sicherlich überraschen. Genau so aber kann man überlegen, warum sie hier auftaucht und mehr ist als bloßer Nonsens. In einer freiwilligen Hausaufgabe können die Schülerinnen und Schüler schließlich versuchen, im Stil Endlers ihre eigene »Elegie« des Verlorenen zu verfassen.

III. Zwischen Gebet und Gegengebet

Wir sind in diesem Buch schon mehrfach Texten begegnet, in denen sich die Formen von Gedicht und Gebet berühren. Gedichte können einmal als literarisches Gebet verfasst sein, können also tatsächlich aus der alltäglichen Gebetspraxis stammen oder in sie aufgenommen werden. Zum anderen können Gedichte zur Gottesfrage jedoch auch als Gegentexte zu Gebeten verfasst sein. Sie können dann entweder Teilelemente aus Gebeten übernehmen, sie verfremden oder parodieren, schließlich sogar ganze Gebetformulare Element um Element als Spiegel eigener Gegengebete verwenden. Diese Form der Gegengebete scheint deshalb literarisch besonders fruchtbar zu sein, weil so Urtext und Neutext, Vorlage und moderne Umsetzung, Tradition und Aktualisierung einander herausfordern und einen Sinnraum zwischen den beiden aufgerufenen Polen eröffnen. Von solchen Texten soll in diesem dritten großen Kapitel die Rede sein. Wodurch zeichnen sich Gegengebete allgemein aus? Welche Entwicklungslinien schließen sich an die großen Formen des Dank-, des Bitt-, des Lobgebetes an? Wo finden sich herausfordernde neuere Texte zwischen den Traditionseckpunkten Gebet und Gegengebet?

7. GEGENGEBETE: WORTSPIELE MIT CHRISTLICHEN TRADITIONEN

Die reichhaltige Tradition von Gegengebeten schließt zum einen Gedichte christlicher Autoren wie *Kurt Marti* oder *Eva Zeller* ein, die in ihren Texten eine binnenchristliche Aktualisierung traditioneller Gebetsformulare versuchen. Solche Texte sollen in dieser Abteilung zunächst ebenso wenig aufgenommen werden wie andere Gedichte, die durchaus beachtliche Zeugnisse sind, weil sie bewusst gegen den Textsinn christlicher Gebete verstoßen: Weitere Texte von Bertolt Brecht etwa wie sein »Großer Dankchoral« von 1920, die Antigebets-Litanei »lieber gott herr jesus christ« der Österreicherin *Marie-Thérèse Kerschbaumer*[169] (*1936) aus dem Jahr 1965, oder eines der bekanntesten und meistgedeuteten Gedichte *Paul Celans* »Tenebrae«[170] aus dem Gedichtband »Sprachgitter« von 1959, das oben bereits erwähnte »Meißner Tedeum«[171] von *Günter Grass* von 1971, oder das von *Erich Fried* in seinem Todesjahr 1988 veröffentlichte Spätgedicht mit dem Titel »Gebet«[172] – all diese Texte wären hier auch mit Gewinn näher zu betrachten.

Im Sinne der Konzentration beschränke ich mich auf solche Texte, die sich durch klare Distanz zur Tradition auszeichnen, die tatsächlich Gegen-Texte, Anti-Texte sind, und in denen die Produktivitätskraft intertextueller Bezüge deutlich wird. Die Auswahl der folgenden Texte steht dabei unter dem Dreifachkriterium der Originalität, Exemplarizität und der didaktischen Umsetzbarkeit.

Didaktisch betrachtet besteht die besondere Chance dieser Texte sicherlich darin, die Gebetstraditionen der Kirche noch einmal aufzurufen, zu befragen und kritisch zu durchleuchten. Zu dieser Tradition gehören dabei einerseits die großen tradierten Bekenntnisformulare und liturgischen Kerngebete, genauso aber auch die in diesem Buch exemplarisch aufgenommenen literarischen Gebete von *Spee* über *Mörike* bis *Jochen Klepper* oder *Reinhold Schneider*. Zwischen den literarischen Texten kann hier also selbst noch einmal eine neue erkenntnisfördernde intertextuelle Spannung entstehen. Kann man heute noch in derselben Sprachform und Sprachgewissheit zu Gott beten? Deuten Gegengebete darauf hin, dass sich das »Gebet nach Auschwitz«[173] in Form und Aussage geändert hat? Heben Gegengebete die Logik der ursprünglichen Gebete auf, oder stellen sie diese lediglich in einen neuen, offenen Spannungsraum?

Robert Gernhardt: Gebet

Gegengebete zeichnen sich zwar fast immer durch den Grundzug der Satire aus, müssen ihn aber nicht stets in die Gestalt ernsthafter Anfrage kleiden. Häufig wird der Ton spöttisch, witzig, ironisch. Ein gutes Beispiel dafür ist der folgende Text. Er stammt von einem der bekanntesten literarischen Satiriker der gegenwärtigen deutschsprachigen Kulturszene, von *Robert Gernhardt* (*1937). Gernhardt – Zeichner, Karikaturist und Schriftsteller, Mitbegründer des Satiremagazins »Titanic« – hat immer wieder mit spitzer Feder und spitzer Zunge die letzten Jahrzehnte bundesdeutscher Wirklichkeit kommentiert. Da zu dieser Wirklichkeit die Dimension »Religion« hinzuzählt, finden sich auch immer wieder satirische Auseinandersetzungen mit religiösen Themen: mit der Bibel, mit den christlichen Festen, mit der Institution Kirche. Im Jahr 1972 entstand so der kleine Sechszeiler »Gebet«[174].

Gebet

> Lieber Gott, nimm es hin,
> dass ich was Besond'res bin
> Und gib ruhig einmal zu,
> dass ich klüger bin als du.
> Preise künftig meinen Namen,
> denn sonst setzt es etwas. Amen

Der parodistische Grundzug dieses Textes – vielfach aufgenommen in satirische Zeitschriften, selbst in das Show-Programme etwa des Blödelbarden »Otto« – liegt auf der Hand. Einerseits wird hier auf literarische Vorbilder Bezug genommen, etwa auf *Luise Hensels* (1798–1876) Abendgebet »Müde bin ich, geh zur Ruh, schließe beide Äuglein zu«. Mehr noch werden aber von diesem Gedicht mitbeeinflusste Kindergebete parodiert, etwa »Ich bin klein, mein Herz ist rein«, oder »Lieber Gott, mach mich fromm, dass ich in den Himmel komm«. Diese Kindertexte werden in Metrum und Melodie kopiert – inhaltlich jedoch ad absurdum geführt. Hier erfleht nicht der Beter von Gott Hilfe, Führung und Schutz, vielmehr stellt er sich über den angebeteten Gott. Er selbst ist »was Besond'res«, klüger als »Gott«. Folglich sollen die Rollen umgedreht werden: Gott soll ihn, den Dichter, preisen. Wie zur Bekräftigung wird noch drohend hinzugefügt: Bei Weigerung folgt Strafe! Und um das Vorbildformular korrekt zu Ende zu führen, schließt der Text mit »Amen«.

Ist das »Blasphemie« – wie eine Reihe von Leserbriefen an den Autor empört und anklagend meinte? Oder hat der Satiriker Recht, wenn er derartige Schreiben mit der Rückfrage kontert: »Lästert das Gebet wirklich Gott, reagiert es nicht vielmehr auf eine bestimmte Gottesvorstellung?«[175] Diese Lesart des Schriftstellers überzeugt mich: Hier wird man zu schmunzelnder Distanz aufgefordert, Distanz nicht Gott gegenüber, sondern allzu kindlich-naiven Gottesvorstellungen. Gleichzeitig wird die Tendenz zur Selbstvergötterung der Gegenwartsmenschen deutlich. Proteste gegen solche – doppelpoligen! – Provokationen übersehen den satirischen Zweck: hier soll zur Deutlichkeit entlarvt werden, dass man sich der Reifung des eigenen Gottesbildes verweigert, wenn man als Erwachsener im – in sich stimmigen – Kinderglauben verharrt. Ob es »Gott gibt«, kann dabei jedem Leser und jeder Leserin selbst überlassen bleiben.

Ernst Jandl: ich klebe

In den folgenden drei Gegengedichten werden wir Texten begegnen, die sich mit großen Grundgebeten des Christentums auseinander setzen. Der erste dieser Texte bezieht sich auf das »Apostolische Glaubensbekenntnis«, *das* zentrale »Credo« des Christentums: »Ich glaube an Gott, den Vater des Himmels, Schöpfer des Himmels und der Erde, …«. Anders als im leichttonigen satirischen Gegengebet Robert Gernhardts treffen wir hier jedoch auf eine bissige, verbitterte, todernste Auseinandersetzung mit dem christlichen Grundgebet und dem in ihm in symbolischer Form aufgezeichneten Glauben. Es stammt von dem Wiener Lyriker *Ernst Jandl* (1925–2000), dessen ebenfalls an die Tradition des Gegengebets angelehntes Protestgedicht »rot sei gott« wir bereits in der Abteilung »De Profundis« kennen gelernt haben (S. 103). Neben diesem Text finden sich bei

Jandl immer wieder sprachlich spielerische, inhaltlich aber existenzielle Auseinandersetzungen mit religiösen Fragen, die einer eigenen ausführlichen Untersuchung noch entgegensehen[176]. Das Gedicht »ich klebe« stammt aus dem 1980 erschienenen Gedichtband »der gelbe hund«[177], ist dort mit dem 20. Juli 1979 datiert, wurde danach jedoch mehrfach in andere Sammlungen übernommen und leicht überarbeitet. Ich folge hier der Ausgabe letzter Hand.

ich klebe

ich klebe an gott dem allmächtigen vater
schöpfer himmels und aller verderbnis
und an seinem in diese scheiße hineingeborenen sohn
der zu sein ich selber mich wähne, um mich schlagend
um mein maul aus diesem meer von kot in die luft zu halten
und immer noch atem zu kriegen, warum nur?
weil ich ein von maßloser feigheit gesteuertes schwein bin
unfähig willentlich unterzutauchen ins unausweichliche

Der Titel »ich klebe« markiert den Ausgangspunkt dieses Textes. Wo der Gebetstext ein überzeugt-bekennendes »ich glaube« setzt, wird dieser Glaube hier zu einem gegen-seinen-Willen-Festkleben. Der Sprecher dieses Gedichtes kommt nicht frei von jenem Glauben, der im Gebetstext aufgerufen wird. Biografisch verbürgt: Die vor allem angstbesetzte katholisch-christliche Kindheitsprägung ließ Ernst Jandl zeitlebens nicht los. Noch in den letzten Lebensjahren findet sich der überraschende Text »katholisches gedicht«, der mit dem Doppelvers beginnt: »fürwahr ich bin katholisch / und rüttele nicht daran«[178]. Obwohl mindestens zehn Jahre später entstanden, stellt der Herausgeber *Klaus Siblewski* dieses Gedicht in den »Letzten Gedichten« unmittelbar vor »ich klebe«. So wird deutlich: Der »Klebstoff« Kindheitsreligion ließ sich nicht abwaschen. Und Konsequenz für die Deutung: Lyrisches Ich und Dichter – grundsätzlich immer getrennt zu sehen – verschwimmen hier ineinander. Von hier her erklären sich die harten Auseinandersetzungen des – wie stets bei Jandl in durchgängiger Kleinschreibung gehaltenen – Gedichtes.

Zunächst scheint der Text dem Formular des »Credo« eng zu folgen, um es dann umzuwerten, schließlich einen ganz eigenen Duktus einzunehmen. Der Umschwung erfolgt an jener Stelle, an der das Apostolikum den »Schöpfer des Himmels und der *Erde*« bekennt. Aus Erde wird bei Jandl »verderbnis«, denn das prägt seine in den anderen Werken deutlich werdende Weltsicht durch und durch. Die Schöpfung ist eine »Miss-Schöpfung«, das Leben eine Qual. In der provokativen Sprache des Dichters: diese Welt ist »diese scheiße«, dieses »meer von kot«. An diesem Schöpfer und seinem Sohn »klebt« er. Doch der »Sohn« ist er selbst, zumindest gibt er vor, dieser Sohn zu sein – und der zweite Teil des Gedichtes versucht die Lebensbedingungen dieses »Sohnes« zu beschreiben. Weil er selbst der Sohn ist, braucht es all der Ausführungen zum himmlischen Sohn Jesus und zum »Heiligen Geist« nicht mehr – die im »Credo« folgen.

Wie beschreibt sich der Sprecher: »um sich schlagend« und mit letzter Mühe um die Atemluft kämpfend. Aber warum dieser Kampf? Unbarmherzige Selbstentlarvung: Weil er maßlos zu feige ist, zu feige »unterzutauchen ins unausweichliche«, ein zu feiges »schwein« um willentlich den Überlebenskampf einzustellen. Hier spricht ein an der Welt als Dunggrube Verzweifelter, der sich selbst als würdeloser Überlebenskämpfer wahrnimmt, den Selbstmord als möglichen Ausweg sieht, ihn aber letztlich aus Feigheit nicht vollzieht. Auch hier die untrennbare Verschränkung von lyrischem Ich und dem Dichter: Aus Ernst Jandls Leben weiß man um seinen »Selbsthass« und seine »Selbstauslöschungsfantasien«[179] – sie schlagen sich in diesem Text literarisch nieder. Sein Gegengebet wird so zur Doppelabrechnung: mit Gott als Schöpfer dieser lebensunwerten Welt genauso wie mit sich selbst als unwürdigem Geschöpf, das von Schöpfer und Schöpfung doch nicht lassen kann.

Rose Ausländer: Vater unser

Das zweite christliche Hauptgebet neben dem »Credo« ist das neutestamentlich verwurzelte »Vater unser« (vgl. Lk 11,2–4/Mt 6,9–13). Kaum überraschend deshalb, dass sich gerade zu diesem Text zahlreiche literarische Variationen[180] finden. Zwei solche nur wenig bekannte Gegengebete zum »Vater unser« möchte ich hier aufnehmen. Das erste stammt von einer der großen deutsch-jüdischen Lyrikerinnen des 20. Jahrhunderts, von *Rose Ausländer* (1901–1988). Als Rosalie Beatrice Scherzer in Czernowitz in der Bukowina geboren, wurde ihr Leben von Exil, Vertreibung, Auswanderung und rastlosem Weiterzug bestimmt. So emigrierte sie 1921 bis 1931 in die USA, dann noch ein zweites Mal von 1946 bis 1964. Ihre letzte Wohnstätte wurde das Nelly-Sachs-Heim in Düsseldorf, wo sie die letzten Jahre bettlägerig verbrachte. Die öffentliche Rezeption ihres Werkes fand erst mit Verzögerung statt, vor allem seit den späten 1970er-Jahren wurde und wird man jedoch verstärkt auf die lyrische Kraft dieser Einzelgängerin aufmerksam.

Vater unser

Vater unser
nimm zurück deinen Namen
wir wagen nicht
Kinder zu sein

Wie
mit erstickter Stimme
Vater unser sagen

Zitronenstern
an die Stirn genagelt

Lachte irr der Mond
Trabant unserer Träume
lachte der tote Clown
der uns einen Salto versprach

Vater unser
wir geben dir zurück
deinen Namen
Spiel weiter den Vater
im kinderlosen
luftleeren Himmel

Geprägt ist Ausländers – inzwischen in sechzehn Bänden komplett vor-
liegendes – lyrisches Werk vor allem von ihren Lebenserfahrungen: Verwurzelung im Judentum, Vertreibung, Rückkehr, bleibende Heimatlo-
sigkeit und Unbehaustheit in dieser Welt, schließlich Krankheit und To-
desverfallenheit des Menschen. Formal zeichnen sich ihre Texte durch
knappe, freirhythmische, bildstarke Verse aus, in deren Zentrum die
»Verschmelzung« ihres »biblisch-chassidischen Erbes mit dem aufkläre-
risch-religionskritischen Geist der Moderne«[181] steht. Tatsächlich: Immer wieder greift sie biblische Motive auf, daneben Bildelemente aus
der untergegangenen Welt des ihr noch vertrauten Ostjudentums. Diese
Glaubensmotive und Sprachbilder werden jedoch überprüft anhand der
zentralen Erschütterung der Schoah und der modernen Religionskritik.
Gerade diese Mischung gibt dem Werk von Rose Ausländer die ureigene Gestalt. Das folgende Gedicht »Vater unser«[182] zählt zu ihrem Spätwerk, es entstand um 1981 und wurde in den Gedichtband »Die Sonne
fällt« aufgenommen.

In diesem Gegengebet weist die Dichterin im Namen der als »wir« be-
zeichneten Gruppe den Gottesnamen »Vater« zurück. Zwei Klärungen
sind hier zunächst hilfreich: Wenn Gott im Neuen Testament als »abba«
bezeichnet wird, so meint dieser Begriff keineswegs nur zärtlich-spiele-
risch »Papa«, wie populärwissenschaftlich verbreitet, er kann vielmehr
auch schlicht funktional »Vater« meinen. Zweiter Irrtum, ebenso verbreitet: Die Gottesanrede »abba« ist keineswegs ausschließlich christlich ex-
klusiv, kennzeichnet eben *gerade* nicht die Gottesanrede Jesu *im Gegensatz*
zum Judentum. Vielmehr finden sich zahlreiche zeitgleiche jüdische Gebetstexte, in denen die Gottesanrede »abba« gebräuchlich ist. Im »abba«
können also Juden wie Christen Gott als Vater anreden. Die Gruppe der
hier sprechenden »wir« ist freilich eindeutig identifiziert als die der Juden
angesichts der Schoah: »Zitronenstern / an die Stirn genagelt«. Im Bild des
»Zitronensterns« wird auf den gelben Davidsstern während der NS-Dik-
tatur verwiesen, im »angenagelt« gleichzeitig auf das Bild der Passion
Jesu, das bei Rose Ausländer mehrfach als Symbol für das Martyrium der
Juden aufgerufen wird.

Die Rückweisung der Vaterschaft Gottes – dessen Existenz hier wie
auch anderswo im Werk Rose Ausländers nie bezweifelt wird – verläuft
über mehrere Stufen. In der ersten Versgruppe wird Gott selbst beschworen von sich aus den Vaternamen zurückzunehmen. Denn seine Kinder

wagen es oder vermögen es schlicht nicht mehr, ihn mit nun »erstickter« Stimme bei diesem Namen zu nennen. Denn inzwischen hat sich Wider-natürliches, Unmögliches ereignet – so die Bilder der vierten Versgruppe: Einem irr lachender Mond als »Trabant unserer Träume« tritt ein lachen-der toter Clown zur Seite, unfähig den versprochenen Salto auszuführen – Bilder für den tödlichen Wahnwitz des Bezeugten. So kann die letzte Versgruppe einen neuen Vorstoß wagen: Nicht mehr die Bitte an Gott, er selbst möge den Vaternamen zurücknehmen, sondern die aktive mensch-liche Handlung: »wir« geben ihm seinen Vaternamen zurück. Aufkläre-risch-rebellisch formulieren die Schlussverse: Soll Gott doch weiterhin den »Vater spielen« – Kinder hat er nicht mehr, die ihn noch so anreden. Paradox: Nicht die Kinder spielen, sondern der Vater! Und der Himmel als angenommene Wohnstätte Gottes ist fortan so leer wie der künftige Gebrauch des Vatertitels. Im Gegengebet Rose Ausländers wird aus dem göttlichen Vater eine beziehungslos existierende Gottheit. Anders gesagt: In der Schoah hat Gott das Recht, als »Vater« der Menschen zu gelten und angesprochen zu werden, verwirkt.

Robert Schneider: Gegengebet

Die letzte Station der »Gegengebete« führt uns zu einem Text, der genau diesen Titel trägt. Der Verfasser, der 1961 in Bregenz geborene *Robert Schneider*, gilt seit seinem 1992 veröffentlichten Welterfolg – dem Roman »Schlafes Bruder« – als Autor internationalen Ranges. Schneider ist al-lerdings vor allem als Romancier, aber auch als Dramatiker (»Dreck« 1993) gleichermaßen bekannt wie umstritten. Dass er auch als Lyriker arbeitet, ist nur wenig bekannt. Tatsächlich liegt auch nur ein schmales Gedichtbändchen von 1995 vor – eben unter dem Titel »Gegengebet«, in dem sich Robert Schneider mit allgemein religiösen, vor allem mit bibli-schen Themen auseinander setzt. Das Titelgedicht[183] dieser Sammlung lautet wie folgt:

Gegengebet

Mein Bruder
Der du bist im Himmel der Erde
Leiser gehe dein Name
Dein Reich sterbe
Dein Wille vergehe
In Kalkutta und auf den griechischen Stränden
Unsern täglichen Schmerz lass uns heute
Vergib deinem Herzen
Dass auch wir dir vergeben
Und führe uns nach den Wegen der Irre
Dass wir erlöst werden von deiner Straße
Mein Bruder

(denn alle unworte doch bist du)

Auch Robert Schneider wählt als Prätext für sein »Gegengebet« das Vater-
unser, nimmt es jedoch – anders als Rose Ausländer – als strukturelle Vorgabe, die Element um Element umgestaltet wird. Auffällig zunächst: Aus
dem »Vater« wird der »Bruder«, aus dem hierarchisch Höhergestellten
also ein auf der gleichen Ebene Stehender. Assoziativ – nicht explizit –
wird so eher Jesus angesprochen als »Gottvater«, wird so die Nähe stärker
betont als die Enthobenheit, wird so die zugesprochene Machtfülle schon
in der Anrede eingeschränkt. Zweite Beobachtung: Aus dem kollektiven
»unser« wird »mein«. Hier handelt es sich nicht um ein Gemeinschaftsge-
bet, sondern um einen individualisierten und personalisierten Text, den
nur ein einzelner Sprecher im Blick auf seine Erfahrungen spricht. Dritter
Schlüssel zum Gedicht: »Leiser gehe dein Name« – das Gegengebet richtet sich gegen die vollmundige Verzweckung des göttlichen Namens. Es
ist kein Gegengebet gegen Gott, sondern gegen den allzu sicheren, allzu
missbräuchlichen Gebrauch des Namen Gottes.[184]

Anstatt – wie im biblischen Gebet – um Bestätigung und Erflehung
von göttlicher Machtfülle und Wirkkraft geht es so um das Gegenteil: Der
göttliche Name möge leiser klingen, sein Reich sterben, sein Wille vergehen. Das ist keine Absage an Gott, sondern an die Art und Weise, wie sich
Menschen – sei es in »Kalkutta« oder an den exemplarisch aufgerufenen

»griechischen Ständen« – »Gottes Reich« und »Gottes Wille« verfügbar gemacht haben. Auf die Vorstellung solcher Verfügbarmachung müssen wir verzichten. Das aber impliziert eine Umkehrung traditioneller Gebetslogik: Gott möge uns unseren »täglichen Schmerz« über die Erfahrungen von Scheitern, Not und Elend lassen, das heißt aus menschlicher Perspektive: wir müssen solche Erfahrungen ohne vorgeblichen erbetenen Trost ertragen. Gott selbst muss sich vergeben, wie wir ihm vergeben müssen. Das, was wir als »Gottes Wege« identifizieren, sind durch diese Festlegung zwangsläufig Irrwege, die allein ein Gutes haben können: »dass wir erlöst werden von deiner Straße«, dass wir den missbräuchlichen Einsatz der Gottesanrede einsehen und uns davon lösen.

Gegen das Gebetsformular der Vorgabe fehlt das bestätigende »amen«, stattdessen fügt Schneider dem Text jedoch noch einmal die Anfangsanrede hinzu, um diese so als rundendes Motto um den Text zu stellen: »Mein Bruder«. Am Ende steht also erneut die Nähe und Beziehung stiftende Anrede. So wird in diesem Gegengebet ein anderer Umgang mit dem Gottesnamen eingeklagt – der Verzicht auf die Vorstellung des im Gebet verfügbaren all-mächtigen, all-leitenden Vaters. Die in Klammern angefügte Aussage, durch Kursiv- und durchgängige Kleinschreibung zusätzlich vom Textcorpus abgesetzt – »denn alle unworte doch bist du« ist nicht leicht deutbar. »Unworte« greift noch einmal die Unnennbarkeit des stets missbräuchlichen Gottesnamens auf. Das ist ja das große Dilemma, gegen das viele Texte in diesem Buch anschreiben ohne es zu lösen: Gott ist ein Unwort, eben nicht im Begriff fassbar. Und trotzdem paradox genug: In all diesen »Unworten« »bist du«. Am Ende steht das Vertrauen, das jenseits der Benennbarkeit Gott, der »Bruder«, ungreifbar existiert ... Hier treffen sich Thema und Form: Fern einer einlinigen Deutbarkeit fordert das Gedicht zum einfühlenden Verständnis auf. Gerade darin mag sein besonderer Reiz liegen.

Didaktisch-methodische Überlegungen

Gegengebete fordern die christliche Tradition heraus. Nicht im Sinne platter Zurückweisung, sondern im Sinne »produktiver Kollisionen« zwischen historisch verorteten Texten – die sehr wohl deshalb nicht einfach überholt sind – und deren Infragestellung durch Gegenlesarten aus unserer Zeit. Methodisch gesehen sind so stets Vergleiche von Urtext und Verfremdung fruchtbar. Welches Verständnis von Gebet herrscht vor, wird hinterfragt? Welches Gottesbild wird vorausgesetzt, abgelehnt, angefragt?

■ *Gernhardts* frech-parodistisches »Gebet« ruft so die breite Tradition der Kindergebete in Erinnerung. Schülerinnen und Schüler sollten zunächst genau diese Erinnerungsarbeit leisten: An welche Kindergebete – eigene oder von anderen überlieferte – erinnern sie sich? Was denken sie heute darüber? Ist die Theo-Logik dieser Gebete von heutigem Entwicklungsstand aus völlig falsch? Gibt es Situationen – Leiderfahrungen etwa, verzweifelte letzte Bitten – in denen das Kindergebet seine Stimmigkeit gegen alle rationale Weiterentwicklung behält? Nach einer Sammlung und Diskussion dieser Fragen wird das Gedicht von Gernhardt ausgeteilt mit dem Impuls: »Es wäre schön, wenn sich drei Freiwillige fänden, die den kleinen Text – nach kurzer Vorbereitung – vorlesen könnten!« Das Ziel dieser drei Leseversionen wäre es, auf den Ton zu achten, den jede und jeder Lesende dem Text gibt: Wer liest ironisch? Wer sarkastisch? Wer sachlich-neutral? Wer schmunzelnd? Anschließend kann man diskutieren, welche Fassung am besten passt. Abschließend kann ein Gespräch darüber erfolgen, wie jede und jeder für sich »Blasphemie« definiert und ob die Kriterien auf dieses Gedicht zutreffen.

■ *Jandls* hartes Gedicht wird nicht in jeder Gruppe sinnvoll einzusetzen sein. Es kann einerseits als Provokationsversuch dienen, um gelangweilt-distanzierten Oberstufenklassen eine Reaktion abzulocken. Andererseits lädt es dazu ein, das »Credo« aus dem Bereich liturgischer Selbstverständlichkeit herauszulösen und auf seine Tragfähigkeit im eigenen Leben zu befragen. Methodisch legt es sich nahe, Gebet und Gedicht zeilengenau nebeneinander auf ein Blatt zu kopieren, um anfängliche Strukturnähe und zunehmende Eigenständigkeit der Jandl'schen Version genau beobachten zu können. Aufgabe: »Welche Erfahrungen stecken wohl hinter den beiden Texten?« Wo beim »Credo« auf den Taufritus und die ihm zu Grunde liegende trinitarische Bekenntnisstruktur verwiesen werden kann, weist Jandls Text einmal auf seine biografischen Verhaftungen in einer angstbesetzten religiösen Sozialisation, zum anderen auf die quälerisch-zwanghafte Zurückweisung von Lebenssinn. Beide Erfahrungsgrundlagen werde als solche für die meisten Schülerinnen und Schüler nicht nachzuvollziehen sein. Wie sähe demnach ihr eigenes »Credo« oder »Non-Credo« aus? Hier legt sich ein Anschluss an das »Credo«-Projekt der Zeitschrift »Publik-Forum«[185] nahe.

■ Die beiden Gedichte von *Rose Ausländer* und *Robert Schneider* verfremden das »Vater unser«-Gebet. In jedem Fall legt sich deshalb vorher ein genauer Blick auf dieses biblische Gebet in seinem exegetischen Kontext nahe. Außerdem kann gerade hier ein Gedichtvergleich die Möglichkeiten literarischer Aktualisierung und Ausdeutung ideal veranschaulichen. Dazu werden die Schülerinnen und Schüler zunächst aufgefordert selbst darüber nachzudenken, wie sie das »Vater unser« umschreiben würden. Bei aller Berechtigung, den Text in seiner Zeit zu sehen, darf man ihn doch auch auf seine heutige Plausibilität hinterfragen. Wo wären Ansatzpunkte, Veränderungswünsche, Vorschläge zum Umformulieren und Neubedenken? Vor dem Spektrum dieser eigenen Ideen setzen dann die beiden Gedichte ihre je eigenen Schwerpunkte, die sich möglicherweise mit den bereits genannten überschneiden. In der methodischen Präsentation kann man – wenn man derartige Verfahren schätzt – hier ein textrestauratives Verfahren einsetzen. Dazu schiebt man die beiden Gedichte zunächst ineinander – in der Originalreihenfolge und jeweils in zwei-bis-drei-Zeilen-Blocks – sodass sie einen scheinbar stimmigen Zeilenfluss ergeben. Die Aufgabe der Entzerrung in die zwei Originalgedichte fordert nicht nur ein sehr genaues Lesen, sondern auch größtmögliche Einfühlung in den Textduktus.

8. DANKBARKEIT OHNE ADRESSAT: LYRISCHE DANKGEBETE ALS SELBSTGESPRÄCHE

Die Gegengebete, welche in der vorherigen Abteilung vorgestellt wurden, waren jeweils als Gegentexte zu konkreten Vorlagen verfasst worden. In dieser Abteilung soll es nun um Texte gehen, die im weitesten Sinne auch Gegengebete genannt werden können, ohne allerdings auf eindeutig benennbare Prätexte zurückzugreifen. Ihnen geht es vielmehr darum, eine bestimmte Gebetshaltung auch dann noch zu verbalisieren, wenn die eigentlich grundlegenden Voraussetzungen dafür nicht mehr vorhanden sind. Konkret: Es geht um Fortschreibungen der Tradition des Dankgebets unter der Vorgabe, dass es den Adressaten solcher Dankgebete – Gott – entweder schlicht nicht mehr gibt, oder zumindest doch *so* nicht mehr gibt, wie es für die Sprecher klassischer Dankgebete selbstverständliche Voraussetzung war. Offensichtlich gibt es nach wie vor Erfahrungen von Dankbarkeit – dem Leben, dem Schicksal, dem Zufall gegenüber – die genau so nach Ausdruck und sprachlicher Formgebung verlangen, wie die in den ersten beiden Abteilungen dieses Buches aufgeführten Erfahrungen, die ganz und gar auf Gott zurückgeführt wurden.

Wir werden Texte aus unserer Zeit kennen lernen, die den Sprachgestus klassischer Gottesrede weiterführen und neu formulieren, ohne damit inhaltlich den alten Gottesglauben zu bestätigen. Die somit aufgerufenen Erfahrungen werden viele Zeitgenossen – auch Schülerinnen und Schüler – teilen. Gerade hier haben sie die Möglichkeit über ihre eigene »Spiritualität« nachzudenken: Wo finden sich Erbspuren christlicher Tradition, wo Einflüsse neuer »esoterischer« Strömungen, wo Gedankenfiguren anderer Religionen, wo schlicht Leerstellen und Absagen? Nicht nur um einen solchen Prozess der Selbsterkenntnis kann es dabei freilich gehen, sondern darin und darüber hinaus um die Frage nach Sehnsüchten, Wünschen, Beheimatungen, Suchbewegungen.

Marie Luise Kaschnitz: Das alte Thema

Mit dem ersten Gedicht nehmen wir einen Faden in diesem Buch auf, der in der fünften Abteilung bereits angesponnen wurde: Wie kann man nach Auschwitz noch von Gott reden, ihn preisen, loben, ihm danken? *Marie Luise Kaschnitz'* Gedicht »Nicht gesagt« (vgl. S. 120) stand für den Abbruch der traditionellen Gottesrede. Zu Beginn dieser Abteilung kommen wir zu Kaschnitz als Zentralgestalt deutscher Lyrik nach 1945 noch einmal zurück. In ihrem Werk findet sich – vielleicht letztmalig – eine intensive Auseinandersetzung um das *traditionelle* Gottesbild, eine in all ihren Brechungen doch noch *direkte* Beerbung klassischer Gottesrede. Kein Wunder deshalb, dass zwei Jahre vor ihrem Tod in dem Gedichtband »Kein Zauberspruch« von 1972 »das alte Thema«[186] noch einmal auftaucht – in einem Gedichtzyklus, der genau diesen Titel trägt. Die beiden ersten der insgesamt acht längeren Versgruppen sollen im Folgenden näher betrachtet werden.

Die zweite Versgruppe endet mit der Infragestellung des Danks an Gott. In nur angetupften, kurzen, immer wieder gleich abgebrochenen Zeilen werden Assoziationen angestoßen, die auch bei den Lesern bekannte Bilder zu diesem »alten Thema« entstehen lassen sollen. Die Lyrikerin rechnet mit breitem Vorwissen in diesem Bereich, das sie durch Antippen nur aufrufen muss. Gott ist dabei, so in der dritten Zeile der »noch immer Unbekannte«, die Distanz und Unsagbarkeit bliebt bestehen. Trotzdem ist er »ab und zu« eben doch noch das anredbare »du« aus der altvertrauten Gebetssprache. Gerade hieran zeigen sich die bewusst formulierten »widersprüchlichen und spannungshaften«[187] Züge sowohl im Gottesbild von Marie Luise Kaschnitz als auch in ihrer literarischen Rede von Gott – nur so kann man sich ihm ihrer Meinung nach annähern.

Als erstes Bild des »Unbekannten« wird die weltberühmte Schöpfungsdarstellung *Michelangelos* aus der Sixtinischen Kapelle aufgerufen: Gott der Schöpfer, der »den Menschen Adam« mit seiner Fingerkuppe berührt. Mit diesem Bild verbindet die Lyrikerin für einen Moment eine kühne Vision: In Adam werden – für diesen Augenblick – wir selbst von Kuppe zu Kuppe berührt, nähern wir uns schwebend Gott und kommt er auf uns zu. Im »Mut des Anfangs« blitzt die Erinnerung daran auf, dass wir Menschen aus »demselben Stoff gemacht« sind »wie du«, geschaffen in seinem Ebenbild. Die Kühnheit der Bildvision steigert sich

Das alte Thema

1   Ab und zu
    Du
    Gott noch immer Unbekannter
    Berührst uns
    Wie der an der Decke
    Der Sistina gemalte
    Den eben erst
    Erschaffenen Adam
    Nur mit einem Finger
    Da fliegen wir
    Für diesen Augenblick
    Dir im Konvoi
    Da nährst Du uns
    Von Kuppe zu Kuppe
    Mit dem Mut Deines Anfangs
    Wir aus demselben Stoff gemacht
    Wie Du
    Noch ohne Blutgeruch
    Und Brandgeruch
    Schöpfer Geschöpf
    Wir flogen
    Liebten uns
    Uneingeschränkt
    Zum ersten letzten Mal

2   Der alte Brunnen
    Noch lange nicht ausgeschöpft
    Nicht oft genug
    Angegangen
    Auf Tagwegen Nachtwegen
    Der Schindanger Golgatha
    Nicht genug
    Masken angerissen und altem Flitter
    Nicht genug
    Gedankt

    Gedankt wofür
    Für Biafra und Indochina
    Für die Gaskammern Folterkammern Todeszellen
    Für den schäbigen Trost
    Die winzige Verheißung
    Dafür gedankt?

bis zum ekstatischen Höhepunkt: In diesem einen kurzen Moment vor allem Gewaltausbruch, vor allem Brandopfer kommt es fliegend zur liebenden Vereinigung von Schöpfer zu Geschöpf »zum ersten letzten Mal«.

Gegen die Kühnheit dieser Vision setzt die zweite Versgruppe das Gegengewicht realistischer Nachfrage. Zunächst wird erneut ein biblisches Bild in Erinnerung gerufenen: »Der alte Brunnen« als Bild für die lebensspendende Kraft der Erinnerung an die in Erzählung aufbewahrter Heilsgeschichte. Und deutlich: Nein, »ausgeschöpft« ist diese Lebensquelle »noch lange nicht«. Diese mangelnde Nutzung ist verursacht durch eigenes Versagen – ob hier ein »Ich« angesprochen wird oder ein kollektives »Wir« bleibt offen. Versäumt wurde, sowohl diesen Brunnen als auch den »Schindanger Gogatha« immer wieder »anzugehen«, anzuzapfen auf den mühseligen »Tagwegen« und »Nachtwegen« des Lebens. Brunnen (Lebensspendung) und Golgatha (Todesstätte) prägen als die beiden Pole den Spannungsbogen, der sich gleichzeitig mit der biblischen und damit heilsgeschichtlich-göttlichen Erinnerung verbindet. Und zwei weitere Versäumnisse werden aufgerufen: zu wenig »Masken angerissen«, zu wenig »altem Flitter gedankt«.

Doch genau hier bricht die Selbstbezichtigung, der Blick auf vermeintliche Versäumnisse in der Pflege der Gottesbeziehung ab. Schon zuvor war der Ton der Aufzählungen mehr und mehr unsicher geworden: »Brunnen«, »Golgatha« »Masken«, »Flitter« – ist das eine ironisch wegbrechende Assoziationskette? Am Ende jedenfalls steht die lakonische Feststellung: »Nicht genug gedankt«. Und nun bricht sich die Gegenwartserfahrung mit Gewalt Bahn, die bislang ja noch gar nicht zu Wort gekommen war vor lauter ekstatischer Schöpfungsvision und heilsgeschichtlicher Erinnerung: Kriegsschauplätze und Massenmordszenarien der 1960er-Jahre (»Biafra, Indochina«) werden aufgerufen, frei ersetzbar durch entsprechende Orte heutiger Perversionen von »Gaskammern Folterkammern Todeszellen«. Was bleibt von den eben noch ausgemalten Heilsvisionen? – Nur »schäbiger Trost«, »winzige Verheißung«.

Trost und Verheißung werden also nicht pauschal geleugnet, die alten Gottesprädikationen behalten ihre Bedeutung – aber was zählen sie gegen die bezeugten Monstrositäten? »Dafür gedankt?« – die offene Frage kann die Versgruppe beschließen. Mit diesem Gedicht bleibt Marie Luise Kaschnitz in der Welt der alten Gottesvorstellungen, um sie innerhalb dieses Kosmos zu hinterfragen. Gebet zu Gott ist »ab und zu« noch möglich, Vi-

sionen von enger Berührung von Mensch und Gott »für einen Augenblick« denkbar, Verweise auf die Heilsgeschichte treffen noch auf bekannte Vorstellungen. In Frage gestellt sind sie durch die Theodizeeproblema-
tik – hieran scheitert letztlich Benennung, hieran scheitert Gebet, hieran
wird »Dank« fraglich, hier bricht die Problematik auf, die wir im Ka-
schnitz-Gedicht »Nicht gesagt« bereits näher beleuchtet haben. Alle folgenden Texte dieser Abteilung des Buches – später entstanden – verlassen
das bei Kaschnitz in allen Distanzierungen noch mögliche Sprachspiel der
direkten Beerbung traditioneller Gottesrede. Dank wird nicht nur fraglich, sondern muss in ganz anderen Formen und Brechungen Sprache finden.

Ulla Hahn: Danklied

Das zweite »Dank-Gedicht« stammt von der 1946 im sauerländischen
Brachthausen geborenen Lyrikerin *Ulla Hahn*. Aufgewachsen im rheinischen Monheim in kleinbürgerlich-katholischem Milieu, schreibt sie sich
in den seit Beginn der 80er-Jahre erscheinenden und vielfach preisgekrön-
ten Gedichtbänden frei von dieser Prägung. Sie »verdanke zweifellos der
katholischen Kirche sehr viel«[188] – so Ulla Hahn in einem Interview – und
diese Verdankung lässt sich in ihrem Werk belegen: Biblische Sprachspuren, theologische Anspielungen oder die Grundfigur einer über das rein
Irdische hinaus reichenden Sehnsucht verweisen auf bleibende Erbmus-
ter, die in ihrem vor allem durch die Liebesgedichte bekannt gewordenen
Werk immer wieder zur sprachschöpferischen Kraft werden. Auch der
sprachmächtige autobiografisch inspirierte Roman »Das verborgene
Wort« von 2001 lebt von dieser Inspiration. Das hier aufgenommene Gedicht »Danklied«[189] aus dem Band »Spielende« entstand zwischen 1981
und 1983 und eröffnet nicht nur dieses Bändchen, sondern darin auch einen Zyklus, der den Titel »Ich danke dir« trägt und im Zeichen der Beschreibung von Liebe steht.

Danklied

Ich danke dir dass du mich nicht beschützt
dass du nicht bei mir bist wenn ich dich brauche
kein Firmament bist für den kleinen Bärn
und nicht mein Stab und Stecken der mich stützt.

Ich danke dir für jeden Fußtritt der
mich vorwärts bringt zu mir
auf meinem Weg. Ich muss alleine gehn.
Ich danke dir. Du machst es mir nicht schwer.

Ich dank dir für dein schönes Angesicht
das für mich alles ist und weiter nichts.
Und auch dass ich dir nichts zu danken hab
als dies und manches andere Gedicht.

Das Gedicht ist bewusst in einfacher Form gehalten: drei Vierzeiler, deren erster und letzter Vers je im umfassenden Reim verbunden sind. Jede Strophe beginnt mit den Worten »Ich dank(e) dir«, die den Titel »Danklied« bestätigen. Aber Grundfrage: Wem gilt denn dieses Danklied? Ist es tatsächlich – wie im Rahmen dieses Buches zu erwarten – an Gott gerichtet? Die formalen Anspielungen auf die Gebetssprache, aber auch die Aufnahme von Bildern aus den Psalmen (»Stab und Stecken«, vgl. etwa Psalm 23,4) weisen in eine solche Richtung. Andererseits kann hier auch sehr irdisch-realistisch von einem menschlichen Weggefährten die Rede sein: »dein schönes Angesicht« verweist möglicherweise auf den Partner. Derartig offene Zweiebenenspiele finden sich bei Ulla Hahn immer wieder, etwa im Gedicht »Der Himmel«[190], der tatsächlich hier nicht im Jenseits zu suchen ist, sondern im geliebten Menschen. Bewusst handelt es sich somit wohl um ein Gedicht, das gleichzeitig als »Danklied« an einen Menschen wie auch an Gott zu lesen ist, und aus dieser doppelten Bezüglichkeit seine Spannung zieht.

Doch was sind die Aussagen des so adressierten »Danklieds«? Hier spielt Ulla Hahn mit der Strategie der Erwartungsdurchbrechung: All das, was man als Dankensgrund erwartet, wird gerade zurückgewiesen. Zu erwarten wäre, dass Dank ausgesprochen wird für Erfahrungen von

Schutz, helfendem Dasein in Not, Wegbegleitung. Stattdessen: Dank dafür, »*nicht* beschützt« zu werden, *nicht* auf den anderen zählen zu können, wenn man ihn braucht. Nicht stützender »Stab und Stecken« ist der Angesprochene, nicht »Firmament« für den »kleinen Bärn«, also Raum für Geborgenheit im Ganzen. In der zweiten Strophe werden diese Absagen radikalisiert: Dank für den »Fußtritt«, denn nur der bringt weiter auf dem Lebensweg. Danke für das »alleine gehen«!

All das ist wohl nicht ironisch gemeint als eigentliche Einforderung der – nur scheinbar – bedankten Erfahrungen, obwohl auch eine solche Lesart nicht auszuschließen ist. Die Schlussverse der zweiten Strophe deuten in eine andere Richtung: Der Dank ist ernst gemeint, weil die Sprecherin nur so – allein, ohne vorschnellen Schutz – ihren eigenen Weg finden und gehen kann. Selbststand erfordert Unabhängigkeit. Deshalb der Ausspruch »du machst es mir nicht schwer.« Nur so wird jene Beziehung möglich, die von der Sprecherin offenbar geschätzt und in der Schlussstrophe umschrieben wird: In der so skizzierten Beziehung wird ihr das »Angesicht« des Gegenübers tatsächlich zu »allem« – ohne sich darin zu verlieren und davon abhängig zu sein, wie die bewusst eingespielte Floskel »weiter nichts« andeutet. Tatsächlich endet das Gedicht so damit, dass die Sprecherin dem Angeredeten letztlich dafür dankt, ihm eben »nichts zu danken« zu haben, ihm also frei und ungebunden gegenüber zu stehen. Poetologischer Schlussreflex: Eines – gibt sie zu – hat sie ihm denn doch zu verdanken: dieses »und manches andere« Gedicht.

Nach inhaltlicher Durchsicht wird nun deutlich, dass dieser Text wohl tatsächlich zunächst an den Lebenspartner gerichtet ist. Im wohl kalkulierten Assoziationsraum schwingen jedoch Bezüge zu Gott mit. Das Gedicht ist also *auch* so zu lesen: Die Gottesbeziehung zeichnet sich dadurch aus, dass die alten Dankgründe weggefallen sind: Schutz, Geborgenheit, Hilfe. Erst so wird jedoch jene ungeschuldete, freie Gottesbeziehung möglich, die sich durch Danklosigkeit auszeichnet. Allein dafür gebührt Gott, dem, der »für mich alles ist und weiter nichts«, Dank. Diese Deutespur ist aber nicht die vorherrschende im Gedicht, darf also auch nicht isoliert oder überbetont betont werden.

Hans Magnus Enzensberger:
Empfänger unbekannt

Von der Schwierigkeit, Gott kein Danklied mehr singen zu können, weil seine Existenz nicht mehr sicher vorausgesetzt werde kann, handelt das folgende Gedicht. Es führt uns zu *Hans Magnus Enzensberger* (*1929), der als Lyriker, Essayist, Satiriker, politischer Schriftsteller, Übersetzer und Herausgeber seit 40 Jahren zu den prägenden Figuren des deutschen Kulturbetriebs gehört. Das folgende Gedicht erschien 1995 in der Gedichtsammlung »Kiosk«[191]:

> ### Empfänger unbekannt –
> ### Retour à l'expéditeur
>
> Vielen Dank für die Wolken.
> Vielen Dank für das Wohltemperierte Klavier
> und, warum nicht, für die warmen Winterstiefel.
> Vielen Dank für mein sonderbares Gehirn
> und für allerhand andre verborgne Organe,
> für die Luft, und natürlich für den Bordeaux.
> Herzlichen Dank dafür, dass mir das Feuerzeug nicht ausgeht,
> und die Begierde, und das Bedauern, das inständige Bedauern.
> Vielen Dank für die vier Jahreszeiten,
> für die Zahl e und für das Koffein,
> und natürlich für die Erdbeeren auf dem Teller,
> gemalt von Chardin, sowie für den Schlaf,
> für den Schlaf ganz besonders,
> und, damit ich es nicht vergesse,
> für den Anfang und das Ende
> und die paar Minuten dazwischen
> inständigen Dank,
> meinetwegen für die Wühlmäuse draußen im Garten auch.

Auseinandersetzungen mit biblischen Motiven (vor allem: Sintflut und Apokalypse), mit biblischer Sprache und den Prägemalen christlicher Tradition gehören dabei immer schon zu Enzensbergers literarischen Repertoire, doch ändert sich der Grundton: Dieser ist zunächst von satirischer, manchmal zynischer Bloßlegung bürgerlicher Saturiertheit geprägt, weitet sich aber in den letzten Jahren hin zu einer ruhigeren Gelassenheit und offenen Suche. Enzensbergers Biograf *Jörg Lau* erkennt ein »zögerndes Geöffnetsein« für »letzte Dinge und letzte Fragen«. Enzensberger sei zwar »ungläubig geblieben«, aber »fromm ist er gleichwohl geworden, weltfromm, schöpfungsfromm«[192].

Was ist das nur für ein Gedichttext – doch die zynisch-ironische Zurückweisung des christlichen Dankgebets, ein Sich-Lustig-Machen über naive Gläubige, die in der längst durchschauten und überholten Illusion verharren, zu Gott zu beten? Eine solche Lesart des Gedichts scheint mir weder dem Text noch seinem Verfasser gerecht zu werden. Tatsächlich handelt es sich auch bei diesem Gedicht um ein ironisches literarisches Spiel mit der Tradition des – fast schon kindlich strukturierten – Dankgebetes, doch handelt es sich um eine Ironie, die das Gesagte einerseits hinterfragt, andererseits aber bestehen lässt. Von dieser Doppelbödigkeit lebt der Text. Indem Enzensberger einerseits all das aufzählt, was sein einfaches Alltagsleben lebenswert macht – Musik, Wein, Kaffee, Tabak, Kunst, den Körper, das Leben, den Schlaf; andererseits aber auch das anführt, was eher zufällig zu diesem Alltag gehört – Wolken, Luft, die Wühlmäuse – schließt er sich scheinbar der klassischen Gebetstradition des Schöpfungs- und darin des Schöpferlobs an. Über den quasi mündlichen Duktus durch die Einfügung von Sprachfüllseln wie »warum nicht«, »und natürlich«, »damit ich es nicht vergesse«, »meinetwegen« wird der Eindruck von Spontaneität und Authentizität erweckt. Tatsächlich ist das Gedicht jedoch ganz bewusst komponiert, orientiert an der Steigerung vom »vielen Dank« über den »herzlichen Dank« zum abschließenden »inständigen Dank«.

Die doppelbödige Überschrift sowie einzelne Textverweise im Gedicht sorgen dafür, dass die Tradition des Gebets gleichzeitig bestätigt wie zurückgewiesen wird. Zwei Begriffe werden aus dem wie zufälligen Duktus der aufgerufenen Topoi durch unterstreichende Wiederholung herausgehoben: das »Bedauern« sowie der »Schlaf«. Die nicht näher erläuterte Kategorie des »inständigen Bedauerns« sprengt die betrachteten Gegenstände der Dingwelt oder der sinnlichen Wahrnehmung. Und der Schlaf – traditionell ein Motiv, das immer auch die Assoziation von »Tod« aufrufen kann – macht die Wahrnehmung der aufgerufenen Topoi gerade unmöglich. Die Zeit zwischen »Anfang und Ende« – erneut ein Verweis auf christliche Sprachtradition – ist also keineswegs nur von leichthin sinnlich genossener Lebensfreude geprägt, sondern von Reflexion auf ihre Bedingungen und Grenzen. Der Dank für Bedauern und Schlaf nimmt dem Gedicht den scheinbar leichten oder gar oberflächlichen Ton, bestätigt so eher die Tradition des christlichen Gebets.

Zurückgewiesen oder zumindest in Frage gestellt wird diese Tradition jedoch durch den zweiteiligen Titel des Gedichts. Der Empfänger – im klassischen Dankgebet Gott – ist unbekannt. Merke wohl: Unbekannt steht hier, nicht etwa: nicht existent. Schon in der Gedichtsammlung »Landessprache«, die Enzensberger 1960 veröffentlicht hatte, finden sich in der Struktur vergleichbare Texte. Der Gedichtzyklus, in dem sich diese Texte befinden, trägt aber den eindeutigen Titel »Oden an niemand«[193]. Das Gedicht von 1995 ist viel offener: »Empfänger *unbekannt*«. Der Dichter greift dabei die Sprachfloskeln des Postwesens auf. Denn was passiert mit Briefsendungen, deren Empfänger unbekannt ist? – Sie werden zurückgeschickt an den Absender, genau das unterstreicht der auf Französisch angefügte Untertitel. Warum auf Französisch? – Ist das eine Anspielung auf die im Gedichttext geschilderten Bedingungen eines »Lebens wie Gott in Frankreich«, auf das mit dem Bordeaux und dem Bild des französischen Stilllebenmalers *Jean-Baptist Siméon Chardin* (1699–1779) zusätzlich angespielt wird? Die Frage bleibt ungeklärt.

Das Gesprochene wird damit vom vermeintlichen Dialog zum Monolog, bleibt aber auch so sagbar. Der aus dem Religiösen entlehnte Gestus der Dankbarkeit kann ausgesagt werden aus der Annahme, es gäbe den Empfänger, selbst wenn diese Annahme durch die Rückweisung nicht bestätigt wird. Möglicherweise verbirgt sich hinter dieser Doppelbödigkeit sogar die Sehnsucht, es gäbe den Adressaten doch und er ließe sich erreichen. Ist es erlaubt, Ausführungen von Enzensberger aus dem Jahre 2001, die einem Nachruf auf den Freund und Wegbegleiter *Karl Markus Michel* entnommen sind, auch implizit als eine Selbstaussage zu deuten? Er schreibt hier: »Nur ein Aufklärer kann vielleicht ermessen, wie unwiderstehlich die Religion im Zeitalter ihrer Säkularisierung geblieben ist, und nur ein Ungläubiger weiß zu würdigen, wie tief das Bedürfnis, zu glauben, in der Moderne wurzelt.«[194] Unwiderstehlichkeit der Religion; Bedürfnis zu glauben, gerade auch für »Aufklärer und Ungläubige« – sind das mögliche Deuteschlüssel auch für das Gedicht? Diese Dimensionen bleiben im Text selbst offen, können also nur von den Leserinnen und Lesern selbst so oder so empfunden werden.

Rainer Malkowski: Das Licht

Er gehört zu den stillen Lyrikern in Deutschland, zu den unprätentiösen Beobachtern, die im Abstand mehrerer Jahre überschaubare Gedichtbände herausbringen, um das Zeitgefühl einzufangen: *Rainer Malkowski*, 1939 in Berlin geboren und dort auch aufgewachsen, seit 1972 jedoch im bayerischen Brannenburg am Inn zu Hause. Ausgespannt zwischen exakter Wirklichkeitsbeobachtung und deutender Reflexion steht sein Werk im Zeichen der Vergegenwärtigung und lyrischen Fixierung von Erfahrungen. Sein bislang letzter Gedichtband »Ein Tag für Impressionisten« erschien 1994. Der programmatisch als Schlussgedicht abgedruckte Text trägt den Titel »Das Licht«[195]:

Das Licht

Es hat mich begleitet,
beinahe jeden Tag.
Es zeigte mir das Meer und die Tiere,
den Schnee auf den Bergen
und im Waldschatten den Farn.
Ich habe mich für das Licht
nicht bedankt.
Es wies auf die Gegenstände
und lehrte mich sprechen.
Es lehrte mich lesen und schreiben
nach der Natur.
Ich habe mich für das Licht
nicht bedankt.
Einmal zog es sich zurück,
und ich konnte im Spiegel
meine Augen nicht finden.
Aber dann kehrte es wieder
und ich habe mich
flüsternd bedankt.

Auch in diesem Gedicht geht es um die Frage nach Dankbarkeit. Adressat dieser Dankbarkeit ist jedoch »das Licht«. Das kann man zum einen ganz unmittelbar wörtlich verstehen: ohne Licht gäbe es kein Leben, ohne Licht keine Wahrnehmung. Gleichzeitig ist »Licht« jedoch eine der ältesten und weitestverbreiteten Metaphern für das Göttliche schlechthin: in jüdisch-christlicher Tradition, in Naturreligionen unterschiedlichster Couleur, in ägyptischen oder in fernöstlichen Religionen. Das Licht, oft gebündelt im Symbol der Sonne als zentraler Lichtquelle, steht für die Sphäre des Göttlichen, ja: ist selbst das Göttliche. Malkowski setzt so ganz bewusst ein Symbol ein, das nicht eindeutig aufgelöst werden kann. Dadurch wird es ihm in diesem Gedicht möglich, den Sprachgestus des Dankgedichtes zu beerben, ohne sich auf eine klare Benennung des Adressaten dieses Dankes festlegen zu müssen.

Das in drei Sinnabschnitte untergliederte Gedicht stellt die Selbstverständlichkeit der Existenz des »Lichts« in den Mittelpunkt. Es war selbstverständlicher Begleiter des Lebens, selbstverständlicher Grund für die Wahrnehmung der Welt der Natur. Eben weil es so selbstverständlich schien, gab es keinen Anlass sich dafür zu bedanken. Doch es war mehr als nur Grund aller Wahrnehmungen, so im zweiten Sinnabschnitt: es war Lehrmeister aller Wahrnehmung und kreativen Vergegenwärtigung. »Das Licht« lehrte den Gedichtsprecher »sprechen, lesen und schreiben« »nach der Natur«. Doch auch hier galt der Befund: kein Anlass für Dank. Nur einmal, so der letzte Sinnabschnitt, wurde die scheinbare Selbstverständlichkeit durchbrochen: Die Augen fanden ihr Spiegelbild nicht – Hinweis auf eine tatsächliche vorübergehende Sehstörung oder auf eine psychische Verwirrung? Erst durch diese Durchbrechung des als selbstverständlich Vorausgesetzten wurde dem Gedichtsprecher die Notwendigkeit bewusst Dank zu sagen. »Flüsternd«, das verweist zugleich auf Scham wie Demut. Auch bei Malkowski wird so ein Dankgestus deutlich, der aus der christlichen Tradition ererbt ist, ohne sich doch inhaltlich auf die christliche Gottesvorstellung festzulegen.

Didaktisch-methodische Überlegungen

Das Gedicht von *Marie Luise Kaschnitz* ist deutlich einer anderen Fragestellung verhaftet als die drei anderen hier aufgerufenen Texte. Bei ihr
geht es um die Infragestellung des klassischen Dankgebets, bei den anderen um die Möglichkeit von Dank jenseits der Vorstellung eines Gegenübers, dem man danken könnte. Insofern kann es eine gute Brücke bilden
zwischen den klassischen Dankgebeten der ersten oder zweiten Abteilung und den hier aufgenommenen neuen lyrischen Dank-Texten. Didaktisch-methodisch lässt sich hier ein interessanter Dreischritt aufzeigen:
Tradition – Infragestellung – Neuerung.

■ Für Kaschnitz' Gedicht legt sich dabei zunächst ein Bild-Text-Ver-
gleich nahe. Das Schöpfungsszenario aus der Sixtinischen Kapelle ist in
zahlreichen Bildversionen, auch in Karikaturen oder Verfremdungen in
der Werbung leicht beschaffbar. Am Anfang sollte so eine langsame und
genaue Bildbetrachtung stehen: Wie hat der Künstler »Schöpfung« gestaltet? Was hat er darin über die mögliche Beziehung von Gott und
Mensch angedeutet? Nach der Bildbetrachtung setzt der erste Teil von
»Das alte Thema« die ganz eigene kühne Vision, wir selbst wären – immer noch – im Bilde Adams Partner Gottes. Überzeugt das die Schülerinnen und Schüler? Können sie sich in diese Vision einklinken? Zur Verdeutlichung, dass dieses Vision auch bei der Lyrikerin selbst bereits gebrochen und kaum noch möglich ist, wird dann die zweite Versgruppe
aus dem Zyklus ausgeteilt (eventuell durch – kenntlich gemachte – Er-
setzung der tagespolitischen Begriffe »Biafra, Indochina«) . Von hier aus
wird die Frage nach den Möglichkeiten des Dankgebets heute proble-
matisiert.

Schülerinnen und Schüler werden überrascht sein, dass mit dieser
Problematisierung nicht schon der letzte Schritt erfolgt ist. Die drei neueren Texte greifen ja in geradezu verblüffender Gemeinsamkeit die Tradition des Dankgebetes auf. Sie sind verbunden durch das Gefühl der Dankbarkeit für ein gelingendes Leben, für die Möglichkeit von Leben überhaupt. Wem aber diese Dankbarkeit bezeugen, wenn der Glaube an einen
personalen Gott, an ein ansprechbares Du als Urheber und Erhalter der
Schöpfung erschüttert oder verloren ist? Von dieser Frage aus sind die
Texte verfasst. Und hier liegt ihr möglicher und im Blick auf die Gegen-

wart zentraler didaktischer Ort: Wem verdanken wir unser Leben? Vor wem machen wir uns bewusst, dass Leben eben nicht selbstverständlich ist, schon gar nicht gelingendes, versorgtes, umsorgtes Leben?

■ Das Danklied von *Ulla Hahn* durchbricht die normalen Erwartungen an einen Danktext. Deshalb wäre es sinnvoll, zunächst die üblichen Erwartungen an den Satz »Ich danke dir für/dass/weil ...« abzuklären. Dazu wird die Lerngruppe in zwei Teile untergliedert. Die eine erhält Plakate mit der Aufschrift: »Dank an Gott«, die andere Plakate mit der Aufschrift »Dank an den liebsten Menschen«. Der Arbeitsauftrag besteht darin, die oben anformulierten, auf dem Plakat schon vorgeschriebenen Sätze sinnvoll und subjektiv stimmig zu Ende zu schreiben. Zunächst werden die Plakate dann verglichen. Wo gibt es Gemeinsamkeiten und Trennendes? Dann wird das Gedicht ausgeteilt und im Hinblick auf die Plakate gedeutet. Sowohl als Liebesgedicht als auch als Gottesgebet verstößt das Gedicht gegen die Erwartungen. Warum? Was ist Kern des so formulierten Dankes?

■ Im Blick auf *Robert Gernhardts* satirisches »Gebet« wurde schon in der vorherigen Abteilung darauf verwiesen, dass es methodisch fruchtbar sein kann, Erinnerungen an eigene oder von anderen her bekannte Kindheitsgebete zu aktivieren. So auch bei *Hans Magnus Enzensbergers* Gedicht, das ja im Stil bewusst das Kindheitsgebet aufnimmt. Hier jedoch liegt der Schwerpunkt auf dem Dankgebet. Aufrufen kann man die Frage: Wofür bedanken sich Kinder in ihren Gebeten? Mit einer so erstellten Begriffssammlung wird der Enzensberger-Text verglichen – ersetzt hier jemand die Begriffe seiner Kindheitswelt schlicht durch die Begriffe seines saturierten Erwachsenenalltags? Was soll das? Methodisch sinnvoll ist es dabei, das Gedicht zunächst ohne Titel auszuteilen und die Schülerinnnen und Schüler zu bitten, selbst einen ihrer Meinung nach passenden zu finden. Welcher überzeugt die Gruppe am meisten? Erst dann wird Enzensbergers Titel genannt, der noch einmal eine neue Frage und Ernsthaftigkeit an den Text heranträgt.

■ Auch *Malkowskis* Gedicht sollte man nicht als »Ganztext« austeilen, vielmehr die Hauptfrage in der Textpräsentation kreativ und induktiv erfassen. Dazu wird der Text so verändert, dass alle Begriffe, die auf »das

Licht« anspielen, als Lücke ausgespart werden. »Es«, »das Licht«. Wie kann man die Lücken sinnvoll füllen? »Funktioniert« der Text, wenn man ihn mit »Er« und »Gott« oder »Jesus« ausfüllt – denn auf die Idee werden Schülerinnen und Schüler im Religionsunterricht leicht kommen? Ist er stimmig, wenn man einen Namen oder eine Person einsetzt? Gibt es weitere Möglichkeiten? Kommt jemand auf die Möglichkeit mit »Licht«? Welchen Effekt hat die Variante, die der Dichter selbst vorschlägt?

9. BITTE UND LOB ALLEN ZWEIFELN ZUM TROTZ: GEBETE GEGEN DAS VERSTUMMEN

Dank, Lobpreis und Bitte – diese drei Elemente prägen die klassische Gebetssprache, prägten damit auch jene Gedichte aus der christlichen Tradition, die am Beginn dieses Buches vorgestellt wurden. Über die Möglichkeit, die Tradition des *Dank*gebets lyrisch zu beerben, auch wenn Gott als Adressat des Dankes aus der Sprachstruktur fortgefallen ist, wurde in der zurückliegenden Abteilung nachgedacht. Hier nun geht es um die beiden anderen Elemente, um Bitte und Lob: Können auch sie literarisch in die heutige Zeit übertragen werden? Finden sich Spuren von Bittrede und Lobrede in der Lyrik der Gegenwart?

Es geht dabei um zwei sehr unterschiedliche Sprechgesten, die dennoch durch eine gemeinsame Grundüberzeugung verbunden sind. In der Bitte erfleht der Sprecher von dem Um-Hilfe-Angeredeten ein wirkmächtiges Eingreifen zu seinen Gunsten. Wer bittet, traut dem Angeredeten Kraft und Macht dort zu, wo eigene Kraft und Macht versagen. Zumindest erhofft er dies. Gerade so war ja die klassische Rollenverteilung von Gott und Mensch definiert: In Grenzerfahrungen von Not und Leid wendet sich der ohnmächtige Mensch an den Gott, dem er Allmacht zuspricht. Genau diese Rollenverteilung verbindet nun Bitte und Lob: Auch im – klassisch verstandenen – Lobpreis spricht der Sprecher sich die Rolle des Unterlegenen, Schwächeren oder Abhängigen zu. Gerade weil er die größere Macht, Stärke und Wirksamkeit des Gelobten erfahren hat, lobt er ihn. Lobpreis ist bewundernde Anerkennung für die Überlegenheit und größere Kompetenz. Und so schließt sich der Kreis: Aus Lobpreis folgt Bitte, aus erhörter Bitte folgt Lobpreis.

In den Rollenstrukturen, die in diesen Sprachmustern verborgen sind, liegt der besondere didaktische Ort der folgenden Texte: Von wem oder was erwarten wir Hilfe in Not? Gibt es noch einen Sprachgestus der Bitte (der sich nicht an andere Menschen richtet), wenn die Vorstellung eines Gottes oder mehrerer Gottheiten wegfällt? Oder verstummt dann die Bitte selbst in extremer Not? Umgekehrt: Fällt uns das Lobpreisen deshalb so schwer, weil wir uns keinem System, keiner Instanz oder Autorität mehr unterordnen wollen, politisch, religiös, in unseren Beziehungen? Was heißt das über die wohl oft unbewusste Rollendefinition, die wir uns im Blick auf unsere Lebenswelt selber zuschreiben? Über diese Texte und ihre Thematik rückt so vor allem die Frage nach dem menschlichen Selbstverständnis in den Mittelpunkt.

Hilde Domin: Salva nos

Was es heißt, in tiefster Not zu sein, verzweifelt auf Überleben zu hoffen, letzte Bitten zu stammeln, das ist der Verfasserin des ersten hier aufgerufenen Gedichtes leidvoll nur zu gut vertraut: *Hilde Domin* (*1912). Als Jüdin in Köln aufgewachsen wurde die intellektuell hoch begabte, 1935 in Staatsgeschichte promovierte junge Frau von den Nazis ins Exil vertrieben. Den letzten Ort ihres Exil, Santo Domingo, hat sie in der Übernahme des Nachnamens zum festen Bestandteil ihrer Identität gemacht. Im Gedicht »Landen dürfen« heißt es dazu: »ich selbst rief mich / mit dem Namen einer Insel«[196]. Von Mittelamerika aus wurde sie zur Zeugin der Nazibarbarei, jenem Prägestempel, der ihr Leben und Werk bis heute bestimmt. Nach 22 Jahren im Exil kehrte sie nach Deutschland zurück, wo sie seit 1961 in Heidelberg lebt. In wenigen Gedichtbänden hat sie seitdem die deutschsprachige Lyrik nachhaltig beeinflusst. Immer wieder werden in ihren Gedichten menschliche Grunderfahrungen thematisiert: Vertreibung, Flucht, Heimatsuche, der unbarmherzige Umgang von Menschen miteinander, die Sehnsucht nach Glück. Eine wichtige Quelle der lyrisch aufgerufenen Bilder ist die Bibel, die nicht nur Bildmaterial liefert, sondern auch Stoff: Was ist das Ziel menschlicher Sehnsüchte und Hoffnungen, wo erwartet uns Hilfe?

Das Doppelgedicht »Salva nos«[197] aus dem Zyklus »Was für ein Zeichen mache ich über die Tür« entstand nach der Rückkehr Hilde Domins in Heidelberg zwischen 1962 und 1964.

Salva nos

1
Heute rufen wir
heute nennen wir.
Eine Stimme
die ein Wort sagt
das Widerfahrene

mit etwas Luft die in uns aufsteigt
mit nichts als unserm Atem
Vokale und Konsonanten
zu einem Worte fügend
einem Namen

es zähmt
das Unzähmbare
es zwingt
einen Herzschlag lang
unser Ding zu sein.

2
Dies ist unsere Freiheit
die richtigen Namen nennend
furchtlos
mit der kleinen Stimme

einander rufend
mit der kleinen Stimme
das Verschlingende beim Namen nennen
mit nichts als unserm Atem

salva nos ex ore leonis
den Rachen offen halten
in dem zu wohnen
nicht unsere Wahl ist.

Das zweiteilige, bewusst in kargen Gedankenfetzen immer nur andeutend benennende Gedicht fixiert die Frage, die im Titelgedicht des Zyklus anklingt: »Was für ein Zeichen / mache ich über die Tür / um bleiben zu dürfen?«[198] Wie wird es möglich nach 22 Jahren Exil zurückzukehren, anzukommen, dableiben zu dürfen, sich selbst heimisch fühlen zu können? Antwort dieses Gedichtes: Es wird möglich, indem Sprache Überleben ermöglicht. Leben wird möglich durch »rufen« und »nennen«, durch Benennen des Erfahrenen – und damit ist vor allem die Schoah gemeint. In Sprache muss Erinnerung greifbar, hörbar, wirkbar werden – so die Überzeugung von Hilde Domin. Aber wie schwer ist es, diese erinnernden und Zukunft ermöglichenden Worte zu finden und auszusprechen! Die zweite Versgruppe versucht diese mühsame Sprachsuche zu beschreiben: Das ist kein lautes Verkünden oder Deklamieren, sondern mit schwacher Luft geflüstert, mit »nichts als unserm Atem«. In »Luft« und »Atem« mögen hier Assoziationen von »ruach«, dem Hebräischen Wort für »Geist« anklingen. Die so beschriebene Sprachsuche ist jedoch kein rhetorisch-gefeilter Guss, sondern mühsamst zusammengestottertes, an- und angefügtes Wort. Doch mehr als »Wort«: Ein Name. Aber dieses Wort, dieser Name, ist mächtig – so die Schlussverse des ersten Teilgedichtes – denn es »zähmt das Unzähmbare«. Die Schreckenskraft des »Unzähmbaren« wird durch den Namen gebannt, zumindest »einen Herzschlag lang«. Was im ersten Teilgedicht noch rätselhaft bleiben mag, wird im zweiten Teil deutlicher. Auch der Sprachgestus wird nun bestimmter: »Das ist«. Hilde Domin umschreibt nun genauer, worin die dreifache Überlebensaufgabe besteht: In Furchtlosigkeit und Freiheit diese(n) Namen zu nennen, mit leiser ermunternder Stimme einander zu rufen, schließlich das »Verschlingende«, das »Unzähmbare« klar zu benennen. Aber was ist »der Name«, auf den schon im ersten Teilgedicht verwiesen wurde? Das lateinische Zitat gibt Auskunft: »Rette uns aus dem Löwenmund«. Diese Bitte spielt an auf das biblische Prophetenbuch Daniel, in dessen sechstem Kapitel erzählt wird, wie der Prophet durch göttliche Hilfe eine Nacht in der eigentlich sicheren Todesfalle einer Löwengrube völlig unversehrt übersteht (Dan 6,2–29).

In dieser knapp aufgerissenen biblischen Szenerie wird deutlich: Das »Unzähmbare«, das »Verschlingende«, die Löwengrube sind Bilder für die Welterfahrung der Naziopfer. Die Täter sind dabei einerseits klar beim Namen zu nennen. Der Text ist jedoch aus der Opferperspektive, aus der Sicht der von Vernichtung Bedrohten, verfasst. Die Welt ist ein

»Rachen, in dem zu wohnen nicht unsere Wahl ist«. Was bleibt ihnen? Das verzweifelte Bittgebet um Rettung. An wen? Mit welchem Wortlaut? Welcher Name ist zu nennen? All diese nahe liegenden Fragen werden auffälligerweise und programmatisch nicht beantwortet. Stattdessen ein lateinisches Zitat, das abgekürzt den Titel des Gedichtes bestimmt: »Salva nos«! Rette uns – das ist nun tatsächlich der klassische Bittruf an den jüdisch-christlichen Gott. Aber auszusprechen nur in zweifacher Verfremdung: in der Anspielung auf die biblische Szene einerseits, nur in der zitierten, eben nicht mehr selbst gesprochenen Sprache Latein andererseits.

Darf man schlussfolgern, was im Gedichttext selbst so nicht ausgesagt wird: Das Wort, welches das »Unzähmbare zähmt« und für einen »Herzschlag« unterwirft – es ist das Wort der bittenden Anrufung Gottes? Aus ihm wächst die Kraft der Benennung der Täter, gegenseitigen Ermutigung, Hoffnung auf Rettung? Ohne Fragezeichen darf man diese Sätze nicht lesen. Das Gedicht lebt aus der Spannung, diese Bitt- und Hoffnungsdimension ja gerade zu verschleiern, zu verfremden, zu umkreisen. Jeder eindeutig bestimmende, dogmatisierend festlegende Zugriff auf diesen Text würde sich an ihm vergreifen. »Salva nos« – die Bitte ist unverzichtbar. Das unbedarfte Aussprechen angesichts des Bezeugten aber unmöglich.

Kurt Marti: stammelpsalm

Mit der Lyrik des Schweizer Dichterpfarrers *Kurt Marti* (*1921) betreten wir eine andere geistig-geistlich-poetische Welt. Wie kein anderer hat sich der Berner reformierte Pfarrer seit rund vierzig Jahren um eine Erneuerung christlicher Lyrik verdient gemacht. In Kenntnis der Erbspuren christlicher Tradition, aber auch in ebenso guter Kenntnis der Entwicklungen und Neuerungen moderner Lyrik versucht er seine christliche Existenz in zeitgenössischer Form poetisch zu reflektieren. Und als einer der ganz wenigen gelingt es ihm, diese Lyrik nicht nur in binnenchristliche Kreise hinein zu vermitteln, sondern auch im vielfältigen Chor der kulturellen Stimmen »nach außen« hörbar werden zu lassen. In zahlreichen guten – auch in der religionspädagogischen Praxis bestens einsetzbaren – Texten variiert und transformiert Marti biblische Motive und Figuren, liturgische Traditionen, aber auch immer wieder die zentrale Frage nach der (Un-)Möglichkeit Gott sprachlich zu fassen.

stammelpsalm

I

fragte ein frosch
        wir verstünden ihn nicht
sänge der fels
        wir hörten ihn nicht
weissagte der farn
        wir achtetens nicht

du aber
        den fröschen die fee
        in felsen ein fürst
        im farnfeld der wind
du vernimmst

II

        wie rabengekrächze
        irrt und ratlos
        mein lob:
heb ich ein blatt auf
        – erzählts von dir?
wägt die hand einen kiesel
        – ists dein gewicht?
gehe ich in der sonne
        – bist dus der berührt?
lauf ich durch regen
        – strömt so die antwort?
stehe ich stutzig
        – hast du mich verstört?
stürz ich zu boden
        – zwang deine schwerkraft?

III

heilig
heilig
wird der
erdenfleck

wo ich
stammle
ohne sinn
und zweck

fort
geschüh
und
in die knie!

sonne
heiß im
nacken
glüht

wasser–
wildnis
rollt
ihr lied

leicht
im blut jetzt kreist
lob durch
leib und geist

Viele von Martis Texte böten sich zur Aufnahme in diesem Buch an. Die Auswahl fällt schwer. Ich habe mich zunächst für einen eher unbekannten Text entschieden, den »stammelpsalm«[199] aus dem Band »Mein barfüßig Lob« von 1987. In diesem Band finden sich die wohl dichtesten lyrischen Reaktionen auf die ökologische Katastrophe von Tschernobyl. Wie kann man noch von einer guten Schöpfung, von einem guten Schöpfer sprechen, nachdem der Mensch sich als potenzieller Selbstzerstörer dieser Schöpfung erwiesen hat? Ja mehr noch: Kann man nach Tschernobyl noch ein Schöpfungslob sprechen oder sogar beten, ein Lobgedicht auf das Leben, auf seinen Erschaffer und Erhalter? Diese Fragen treiben Kurt Marti um. In der Aufnahme und literarischen Gestaltung dieser Fragen steht ihm wohl einzig der nicaraguanische Dichter *Ernesto Cardenal* (*1925) mit seinen gigantischen Schöpfungspsalmen aus den 60er und den Schöpfungsversepen aus den 90er-Jahren zur Seite – auf dessen Texte hier durch die konzeptionelle Konzentration auf deutschsprachige Literatur leider nicht näher eingegangen werden kann[200]. Wie also kann es gelingen, das »Abenteuer des Lobens«[201] jenseits von Naivität und Zynismus, jenseits von Schicksalsglaube und Absage an Gott?

Der »Stammelpsalm« besteht aus drei jeweils eigen gestalteten Teilen, die sich jedoch aufeinander beziehen und so eine Gesamtheit bilden. Schon im Titel ist dabei der Bezug zu den biblischen Psalmen deutlich, der sich auch in der Textgestalt formal niederschlägt. Zum einen in einer zum Teil antiquiert ungewöhnlichen Begrifflichkeit, zum anderen durch den Parallelismus Membrorum, den wir schon in anderen biblisch inspirierten Gedichten kennen gelernt haben als rhythmisch wiederholend umschreibende Textstruktur.

Im ersten Gedicht werden drei Elemente der Natur aufgerufen »Frosch«, »Fels« und »Farn« – poetisch-alliterativ verbunden als Elemente aus Fauna, Mineral, Flora. Könnten diese sich äußern – so die dreimal wiederholte Vision – so würden wir sie nicht verstehen. Im Gegensatz dazu könnte der ungebrochen als »du« angeredete Gott (ungenannt, aber eindeutig angesprochen) die Sprache dieser Elemente verstehen. Warum? Weil er rätselhaft mit allen Sphären seiner Schöpfung verbunden ist, so die erneut alliterativ gesetzten und so die Verbundenheit betonenden Bilder der zweiten Versgruppe. Was aber würde Gott vernehmen? Welche Konsequenzen ergeben sich daraus für die menschliche Sprache und ihren Versuch der Annäherung an Gott? Diese Fragedimensionen bleiben zunächst offen.

Das zweite Teilgedicht konzentriert sich nun auf »*mein* lob«, auf den Versuch des Dichters, in *seiner* Sprache Gott in dessen erschöpfter Schöpfung zu loben. Aber was für eine Sprache bleibt ihm: »wie rabengekrächze« klingt sie, verirrt und ratlos. Warum ratlos? In sechs einander gegenspiegelnden Fragen wird die Ratlosigkeit illustriert. Was immer der Gedichtsprecher unternimmt – vom Aufheben eines Blattes bis zum Laufen durch den Regen – er kann sich doch nie sicher sein, ob dies irgendetwas mit Gott zu tun hat. Dass sein Leben tatsächlich mit Gott in Zusammenhang steht, ist eben aus menschlicher Sicht immer nur Möglichkeit, Fraglichkeit, Unsicherheit. Wie aber aus einer solchen Situation heraus Lob sprechen?

Im dritten Teilgedicht wird diese herumirrende Ratlosigkeit überwunden. Wenn das »Du« des ersten Teils schon die Naturelemente versteht, wie denn dann nicht auch das menschliche »rabengekrächze«? Schon in der Form deutet sich der Umschwung an: konstatierende Aussagen anstelle von Fragen; Knittelverse, die eben doch – gebrochene aber möglich stimmige – Gerundetheit andeuten. Das Lob kann nur ein Stammellob sein, es gibt kein Zurück zum harmonischen Gesamtkosmos eines *Friedrich Spee*. Doch »stammeln ohne sinn und zweck« ist nicht nur möglich, sondern geboten: so wird der Ort »heilig«. An heiligem Ort aber geziemt es sich, die Schuhe auszuziehen, demütig in die Knie zu gehen und den Kopf zu beugen – und selbst diese Geste nimmt Marti auf, wenn auch erneut gebrochen in der parodistisch-humorvollen Form. Und nicht die Laute des Stammelns allein prägen das Gebet, sondern das lauschende Hören auf die Natur, auf das »Lied der Wasserwildnis«. So kann Marti das Gedicht enden lassen mit der Bestätigung: So, nur so wird Lob möglich, pulsierend durch »Leib und Geist«. Schöpfungslob angesichts der »erschöpften Schöpfung«? In der Brechung der Form, im demütigen Stammeln, im Vertrauen auf das »Du«, das alles »rabengekrächze« und alle verunsicherten Fragen vernimmt und aufnimmt ist es nach Marti weiterhin möglich.

Hans Ulrich Treichel: Sommertag in Friedenau

Und wieder ein Sprung in eine andere Lebenswelt: *Hans Ulrich Treichel* wurde 1952 im westfälischen Versmold geboren. Nach längeren Jahren in Berlin lehrt er seit 1995 Deutsche Literatur an der Universität Leipzig, ist also als Germanist mit den Theorien, Strukturen und Entwicklungstendenzen deutscher Literatur bestens vertraut. Bekannt ist er freilich vor allem als Schriftsteller. Mit dem autobiografisch inspirierten Roman »Der Verlorene« fand er 1998 ein breites Lesepublikum, das nun auch verstärkt auf Treichels verstreute Gedichtbände aufmerksam wurde, die bereits seit Ende der 70er-Jahre erschienen waren. In ihnen finden sich immer wieder literarisch-kreative Versuche, auf wissenschaftlich erforschte Vorbildautoren wie *Heine, Benn, Brecht* oder andere kreativ zu reagieren. So war 1990 bei Suhrkamp der Gedichtband »Seit Tagen kein Wunder« erschienen. In dem Zyklus »Auf die großen Städte« findet sich dort ein Gedicht mit dem malerischen Titel »Sommertag in Friedenau«[202].

Sommertag in Friedenau

Diesen Tag will ich loben,
obwohl ich des Lobens unkundig
bin, aber ich habe dem Glück
ein Aspirin geopfert und meinem
Leben eine Stunde im Straßencafé,
alle schoben ihre Räder heran,
niemand nahm mir die Zeitung weg,
alle blätterten in sich selbst,
die stillen, die träumenden Frauen,
ich sah ihre Schultern, ich trank
meinen Tee, diesen Tag will ich
loben, obwohl ich des Lobens,
des Lebens unkundig bin.

In einem inneren Monolog fließen die Gedanken dieses Gedichtes dahin, eingerahmt von dem programmatisch benannten Vorhaben: Diesen Tag will der Gedichtsprecher loben, obwohl er »des Lobens unkundig«, am Ende präzisiert »des Lobens«, ja des »des Lebens unkundig« ist. Nicht um ein Dankgedicht geht es hier also, sondern um ein – damit in Tradition und hier in der Aktualisierung eng verwandtes – Lobgedicht. Was wird gelobt? Ein Sommertag im Berliner Stadtteil Friedenau. Warum wird gelobt? Weil dieser Tag eine glückliche Stunde enthielt, die im Zentrum des Gedichtes näher geschildert wird. Dass solche Glücksstunden ungewöhnlich sind, wird dabei nicht nur durch die Lobensunfähigkeit unterstrichen, sie werden vielmehr nur möglich durch ein zuvor vorsorglich eingenommenes Aspirin. So wird das Geschilderte von vornherein ironisch gebrochen, gerade dadurch aber gegen sonstige Gewohnheit aussagbar. Die Szenerie wird plastisch: Sommertag, ein Straßencafé, eine Tasse Tee und eine in Ruhe gelesene Zeitung, unhektisch geschobene Fahrräder, Menschen, die wie der Sprecher diese Stunde genießen, weil sie »in sich blättern«, der Blick auf »stille, träumende Frauen«. Ein kleines Idyll blitzt auf, eine Stunde, wie sie sein soll, aber selten sein kann.

»Lob«, »Loben« als Ausdrucksform des »Lebens«, ausgesprochen gegen eigene Überzeugung und Fähigkeit – wem gegenüber? Im sommerlichen Berliner Straßencafé der 80er-Jahre wäre ein Gotteslob – selbst im Sinne Kurt Martis – offensichtlich unpassend. Der Gestus des Lobes, des Dankes über die erlebte Stunde, überlebt trotzdem. Lob des Schicksales, des Lebens als solches? Treichel spielt in ironischer Brechung mit religiöser Sprachtradition, beerbt sie als weiterhin unaufgebbare Form, ohne sie inhaltlich noch füllen zu wollen oder zu können.

Ralf Rothmann: Psalm Meier

Wie bei *Kurt Marti* so trägt auch der letzte in dieser Abteilung aufgerufene Text im Titel einen Verweis auf die Tradition der Psalmen, der biblischen Schatzkammer poetischer Gottesrede. Dass sich der Verfasser dieses Gedichtes freilich auf die Psalmen bezieht, überhaupt Gedichte mit religiöser Thematik vorlegt, ist auf den ersten Blick höchst ungewöhnlich. Der 1953 in Schleswig geborene, jedoch im rheinischen Oberhausen aufgewachsene, nun seit Jahren in Berlin lebende *Ralf Rothmann* hat sich vor al-

lem als Verfasser von Romanen wie »Stier« (1991) oder »Wäldernacht«
(1994) einen Namen gemacht, in denen das Aufwachsen in den
60er-/70er-Jahren des 20. Jahrhunderts im Rhein-Ruhrgebiet sozialkri-
tisch und mit real-drastischer Deutlichkeit geschildert wird. Dass er von
Anfang seines Schreibens an immer auch Lyriker war, trat in der Öffentlichkeit weitgehend in den Hintergrund.

Umso überraschender, dass er im Jahr 2000 bei seinem Heimatverlag
Suhrkamp einen Gedichtband vorlegte, fast sensationell in Titel und Prägung: »Gebet in Ruinen«: 40 Gedichte die zentral um – im weitesten Sinne
– religiöse Themen kreisen. Dass ein Autor vom Profil Rothmanns jetzt
solche Texte vorlegen kann, ohne seinen Ruf als ernsthafter Schriftsteller
zu gefährden, zeigt deutlich einen kulturellen Wandel in der deutschen
Öffentlichkeit an. Vor 30 Jahren hätte man ihn überrascht-entsetzt in eine
religiöse Schublade gesteckt und vergessen – heute ist Religion wieder ein
offenes mögliches Thema.[203] Warum? Womöglich, weil die Kirchen sich
aus dem Kulturleben fast völlig zurückgezogen haben, dort zumindest
kaum noch als ernsthafte Kulturpartner präsent sind. Sie werden nicht
mehr als mögliche Machtinstitutionen wahrgenommen, welche diese
Texte vereinnahmen könnten, gegen deren Zugriff man sich als Autor
schützen müsste. Dieses Vakuum aber ermöglicht neue offene kulturelle
Auseinandersetzungen mit dem Thema Religion, die nun freilich nicht
mehr kirchlich und nur zum Teil noch christlich sind. In diesem neuen
kulturellen Klima ist ein Gedichtband wie »Gebet in Ruinen« möglich.
Kaum noch erstaunlich, dass Rothmann in seinen im Jahr 2001 erschienenen Erzählungsband »Ein Winter unter Hirschen« so auch eine – erneut
mit großem Erstaunen aufgenommene – biblische Erzählung aus der Zeit
Jesu aufnehmen kann.[204]

Die genaue Beschäftigung mit den Texten des Gedichtbandes führt jedoch zu einer gewissen Ernüchterung: Lyrisch nur selten durchkompo-
nierte Texte, sprachlich nur bedingt überzeugend, gedanklich selten ori-
ginell. Das Beispielgedicht »Psalm Meier«[205] ist hingegen einer der gelun-
genen Texte:

Psalm Meier

Lobe ihn, meine Seele, preise ihn mit aller Kraft,
mit der Faust in der Tasche und dem
Totenschein in der Faust. In deinem kranken Schmuck,
dem Kleid aus Grind und Karzinomen,
lobe den Herrn, bis du am Boden liegst
und nichts mehr tragen kannst. Bis du erfährst,
was uns trägt.
　　　Bedenke, dass du nicht stirbst, meine Seele,
dass alle Winter der Welt in diesem Frühjahr blühen,
versuche nicht, klüger als das Gras zu sein.
Überhöre das Schweigen der Spötter,
lass dich verlachen und lache mit: Die ihren Bauch blähen
mit fetten Reden, deinen Jubel buchstabieren und
den Geist verkünden aus dem Feuilleton der Toten,
sie sind bestenfalls bei Verstand.
Ihr Gott ist ein Gefrierfach.
　　　Vergib dir deine früheren Wege,
dein billiges, dreckiges Schaumstoff-Leben,
verzeih dir schnell, meine Seele, denn niemand wird klagen
am Ende deiner Zeit, kein Engel wird sagen: Karl Meier,
warum bist du nicht Jesus gewesen. Oder wenigstens
ein Märtyrer. Aber jeder Halm, jeder Stein, jeder
berstende Stern fragt dich schon jetzt: Warum bist du nicht
Karl Meier gewesen?
　　　Lobe den Herrn. Lies die verblichene Schrift.
Sieh, wie schön du wirst über den Zeilen, ein Freund
der Lieder. Rufe ihn, meine Seele, ruf ihn jetzt.
In jedem »Wo bist du?« sind hundert
　　　　　　　　　　　　　　　»Hier«.

Der zeitgenössische Psalm nimmt in der Anrede eine biblische Form auf.
Psalm 103 oder 104 etwa beginnen ebenfalls mit den Worten »Lobe Gott,
meine Seele«. Doch im Gegensatz zu den anonym verfassten biblischen
Vorbildern ist dieser Text – wie schon im Titel erkennbar – in Figurenrede
verfasst. »Karl Meier« betet denn auch den Psalm nicht an Gott als perso-

nales Gegenüber, sondern als inneres Zwiegespräch mit seiner Seele. In den freirhythmischen reimlosen Versen, die hier – anders als etwa bei Marti – nicht an biblische Versformen anknüpfen, wird die Situation des Gedichtsprechers deutlich: Hier besinnt sich ein todkranker Mann auf sein zurückliegendes Leben und auf das bevorstehende Sterben. Mit dem »Totenschein in der Faust« und einem Körper voller »Grind und Karzinomen« hofft er darauf, dass »du«, »meine Seele«, »nicht stirbst«.

Ist das Ironie? Sarkasmus »mit der Faust in der Tasche«? Ist das »Lobe ihn, meine Seele« Protestrede gegen »den Herrn«, der ein Leben sinnlos zugrunde quält bis es am Boden liegt? Anders gefragt: In welchem Ton will dieses Gedicht gelesen sein? Gegen die freilich nicht unmögliche Antwort, hier gehe es tatsächlich um eine sarkastische Abrechnung mit »dem Herrn«, hier werde die Rede von der Unsterblichkeit der Seele ad absurdum geführt, sprechen zahlreiche Hinweis im Text. Ich lese das Gedicht so als ernsthaftes Ermutigungsgedicht angesichts des Sterbens, das nicht klaglos hingenommen wird, sondern buchstäblich »mit der Faust in der Tasche«. Aber der darin angedeutete Protest richtet sich gegen die Krankheit als solche, nicht gegen »den Herrn«. Hier geht es tatsächlich darum im tiefsten Elend zu erfahren, »was uns trägt«.

Die zweite Versgruppe nimmt erneut ein Motiv aus Psalm 103 auf: »Des Menschen Tage sind wie Gras, er blüht wie die Blume des Feldes. Fährt der Wind darüber, ist sie dahin; der Ort wo sie stand, weiß von ihr nichts mehr.« (Ps 103,14f.). Das Ziel dieses Bildes verschiebt sich jedoch. In der Bibel leitet es über zu einem Ausblick auf die ewig währende Kraft und Gnade Gottes, hier ist es als vorausblickender Zuspruch konzipiert: »Bedenke, dass du nicht stirbst«. Natürlich »schweigen die Spötter« angesichts solchen Zuspruchs, wird man »verlacht«, wenn man solche Hoffnung äußert. Aber wer sind denn diese Spötter: Bauchbläher, Fettredner, sekundär gebildete Totengeistverkünder: »Ihr Gott ist ein Gefrierfach«. Hiermit wird wohl auf die Leichenhalle angespielt: Für die Spötter ist mit dem Tod alles aus. Sie, die »Aufgeklärten«, klar »bei Verstand«, vergöttern den Tod.

Gegen solche Positionen wird hier eine Hoffnung auf Unsterblichkeit deutlich, deren Voraussetzung der Glaube an einen lebendigen Gott ist. Auf diesen vorausblickenden Zuspruch folgt in der dritten Versgruppe der rückblickende Bilanzblick: Das Leben, die früheren Wege, muss man sich selbst vergeben. Ein »billiges, dreckiges Schaumstoff-Leben« kann nur an einem Kriterium gemessen werden: Nicht an der Frage, ob es mit den großartigen Lebensentwürfen eines »Jesus«, eines »Märtyrers« verglichen werden kann. Vielmehr allein an der Frage, ob es die eigenen Potenziale ausgeschöpft hat, ob es die ureigene Identität erfüllt hat. Scheitern an *diesem* Anspruch kann und muss sich die Seele selbst verzeihen. Die Grundidee dieser Rückfrage entleiht sich Rothmann dabei aus den »Chassidischen Geschichten« des jüdischen Religionsphilosophen *Martin Buber.*

Die Schlussverse greifen den anfänglichen Aufruf zum Gotteslob wieder auf. »Lies die verblichene Schrift« mag eine Aufforderung zur Bibellektüre sein. In »die Schrift« können aber durchaus auch andere nun letztlich relevante Schriften, »Lieder«, eingeschlossen sein. So endet das Gedicht mit verblüffend optimistischem Zuspruch: Wenn die Seele den Herrn jetzt ruft, wird ihr hundertfach geantwortet werden!

Ein ungewöhnlicher, unerwarteter Lob-Text, der wie alle diese »Gebete aus Ruinen« von der »Spannung oppositioneller Bilder des Dunklen, Ekelhaften, Obszönen, Banalen auf der einen und des Lichten, Angenehmen, Reinen, Sinnvollen auf der anderen Seite«[206] lebt, so *Magda Motté* in einer Besprechung in der Zeitschrift »Christ in der Gegenwart«. Die Haltung des Protest-Atheismus ist hier genauso überwunden wie die Haltung der Gottesanklage angesichts von Leid. Hier wird nicht der – dann eben auch für die Krankheit mitverantwortliche – Schöpfer allen Seins angerufen, sondern allein ein Gott der Erlösung, der letztlich trägt, in dessen Angesicht Unsterblichkeit der Seele erhofft wird. Diese Glaubensvoraussetzung des Gedichtsprechers gilt es nicht theologisch zu sezieren, sondern als mögliche – vielleicht heute durchaus repräsentative – Position ernst zu nehmen. Diese Hoffnung gegen alle Spötter zu benennen, dieser Hoffnung gegen alle Skepsis Sprache zu geben, darin liegt das Besondere dieses Gedichtes. Es mit dem unverblümten Aufruf zum »Gotteslob« zu verbinden, darin liegt seine provokative Spitze.

Didaktisch-methodische Überlegungen

Auch die vier aufgerufenen Texte dieser Abteilung sind in Form und Aussage sehr unterschiedlich. Verbunden durch die Anknüpfung an die traditionellen Gebetsformen von Bitte und Lob setzen sie ganz unterschiedliche Akzente: Hilde Domin benennt behutsam die Verwiesenheit auf die an Gott gerichtete Bitte durch alle Brechungen und Enttäuschungen hindurch; Kurt Marti findet im gekrächzten Stammellob die Möglichkeit, erneut gegen alle Hemmnisse letztlich eben doch ein Schöpfungs- und Schöpferlob auszusprechen; Hans Ulrich Treichel spricht ein Lob des Lebens aus, ohne ein Gegenüber als Empfänger des Lobs voraussetzen zu müssen; Ralf Rothmanns Gedichtsprecher verbindet seine Hoffnung auf ein Weiterleben der Seele nach dem Tod mit der Aufforderung, »den Herrn« dieses Weiterlebens zu loben. In diesem Kosmos der poetischen Möglichkeiten werden ganz unterschiedliche Überzeugungen und Haltungen deutlich – wobei man die Schriftsteller nicht einfach auf die Positionen dieser perspektivisch gebrochenen Einzeltexte festlegen darf. In der Pluralität liegt eine didaktische Chance. Hier geht es nicht um postmoderne Beliebigkeit und Unverbindlichkeit, sondern um das Angebot, eigene Plausibilitäten zu überprüfen. Wie erklären wir uns eigenes Glück und eigene Not? In welchen Formen versuchen wir diesen Erfahrungen sprachliche Gestalt zu geben?

■ Das Gedicht von *Hilde Domin* nimmt seine zentrale Bildwelt aus dem alttestamentlichen Prophetenbuch Daniel. Diese Verbindung kann methodisch aufgegriffen werden. Das Bild der »Löwengrube« weckt überzeitliche Assoziationen: Mit ihm kann man auf die Thematik hinführen. Sei es durch ein Bild aus der Kunstgeschichte, sei es durch eine kurze Hinleitung zur auf die Zentralszene reduzierten biblischen Geschichte: Wofür steht »Daniel«, wofür die »Löwengrube«? Hier tritt uns der Glaube an Gott als Erhalter in tiefster persönlicher Not entgegen. Dies schlägt den Bogen hin zum Gedicht: »Wofür werden hier die biblischen Bilder herangezogen? Warum verwendet die Lyrikerin hier überhaupt biblisches Bildmaterial?« Unter diesen Leitfragen kann der Text – in systematischer Vers-für-Vers-Analyse – erschlossen werden.

■ Die beiden Gedichte von Marti und Treichel sind durch das Motiv des »Lobens« eng verknüpft. Es liegt nahe sich ihnen über die Sprachhandlung »Loben« anzunähern: Wo taucht Lob in unserer Lebenswelt auf. Wer lobt wen? Wodurch zeichnen sich die Rollen Lobender – Gelobter aus? Von hier aus ein kurzer Rückblick: Gab es früher noch andere Formen des Loben oder Preisens, die sich durch andere Rollendefinitionen auszeichneten? Als Verdeutlichung kann etwa das oben vorgestellte Gedicht von *Friedrich Spee* herangezogen werden (vgl. S. 37 ff.). Von hier aus stellt sich die Frage: Kann man heute Gott, das Leben, die Schöpfung loben? Im Blick auf *Kurt Martis* dreiteiliges Gedicht – auch einsetzbar in einer Unterrichtseinheit zum Thema »Psalmen damals und heute« – lohnt sich dabei die Vorarbeit, die menschgemachte Schöpfungsbedrohung ins Bewusstsein zu rufen. Weniger durch den Verweis auf das für Schülerinnen und Schüler längst historisch-ferne Tschernobyl kann man dazu aktuelle Ökokatastrophen heranziehen, von denen es ja leider mehr als genug geben wird. Wie angesichts dieser Sachlage die Schöpfung loben? Das Gedicht wird dabei so auf ein Blatt kopiert, dass die drei Teile im 120°-Winkel zueinander abgedruckt sind. Dieses Muster gibt einerseits das Zeichen für Radioaktivität wieder, verdeutlicht andererseits den Bezug der drei Teile aufeinander. So versucht man gemeinsam, den Text und seine Aussage – gegebenenfalls unter Zuziehung biblischer Psalmen – zu erschließen.

■ *Hans Ulrich Treichels* Gedicht eignet sich ideal als Kontrasttext zu Friedrich Spees »Lobgesang« oder Kurt Martis »Stammellob«. Wo in der Tradition das Lob zu den Grundhaltungen und Grundäußerungen des gläubigen Christen gehörte, das selbst Marti noch gebrochen nachsprechen kann, sind wir heute vielfach in der Tat »des Lobens« unkundig geworden. Methodisch ist es dabei besonders reizvoll, die besondere Form des in Versform gebrochenen Gedankenstroms zu thematisieren. Dazu legt man den Schülerinnen und Schülern den Text in Form von Prosa vor, etwa so:

Sommertag in Friedenau

Diesen Tag will ich loben, obwohl ich des Lobens unkundig bin, aber ich habe dem Glück ein Aspirin geopfert und meinem Leben eine Stunde im Straßencafé, alle schoben ihre Räder heran, niemand nahm mir die Zeitung weg, alle blätterten in sich selbst, die stillen, die träumenden Frauen, ich sah ihre Schultern, ich trank meinen Tee, diesen Tag will ich loben, obwohl ich des Lobens, des Lebens unkundig bin.

Aufgabe: »Dieser Text ist eigentlich in Versform verfasst. Wo würdet ihr die Versgrenzen setzen?« Einerseits sorgt diese Methode für ein genaues einfühlsames Lesen, andererseits kann man so gut die Ergebnisse zunächst untereinander, dann mit Treichels Original vergleichen. Leuchtet uns die Form ein? Gewinnt der lyrische Text im Vergleich zu der Prosaform? Was unterscheidet beide? Nach dem Blick auf die Form kann dann ein Blick auf den Inhalt die Problematik des Lobens thematisieren. Ist das Lob à la Spee, selbst à la Marti tatsächlich unmöglich geworden? Ist Lob nur noch in ironischer Brechung möglich? Setzt Lob einen genau bekannten Adressaten voraus? Was geht verloren, wenn man nicht mehr loben kann?

■ *Rothmanns* Lobgedicht schließlich hat einen anderen didaktischen Ort. Hier geht es mehr um eine letzte Hoffnung als um ein allgemeines oder aus momentaner Glückserfahrung erwachsenes Schöpfungslob. Grund zum Lob ist eben jene dem Sterben abgetrotzte Hoffnung, dass Gott ein Überleben der Seele ermöglicht. Ein denkbarer didaktischer Ort ist deshalb die Auseinandersetzung mit Krankheit, Sterben, Tod und Hoffnung über den Tod hinaus. In welcher Sprache können wir über solche Extremerfahrungen reden? Helfen uns die lyrischen Texte, Sprache gegen die Sprachlosigkeiten solcher Erfahrungen zu finden? Wo haben Bitte und Lob gerade hier Platz? »Psalm Meier« regt solche Fragen an, ohne sie zu beantworten. Auch andere Schwerpunkte in der Betrachtung dieses Gedichtes sind denkbar: Zur Förderung der Empathiefähigkeit kann man hier etwa eine Aufgabe des kreativen Schreibens einsetzen: Welche Lebensgeschichten zu diesem »Karl Meier« lassen sich stimmig zum Gedichttext erfinden? Da die besondere Provokationskraft dieses Textes in der positiven Beerbung der Lobtradition liegt, sollte darüber diskutiert werden: Überzeugt dieser Text in Form und Gehalt? Und um diese Provokation herauszuarbeiten kann man die drei Stellen, an denen in diesem Text das »lobe ihn« / «lobe den Herrn« steht, als Leerstellen frei lassen. Was tragen die Schülerinnen und Schüler hier ein? Akzeptieren sie die Version des Dichters? In welchem Ton lesen sie den Text?

IV. Texte neuer Annäherung an Gott

Das abschließende vierte Großkapitel dieses Buches greift Tendenzen auf, die im vorherigen Kapitel bereits angeklungen sind. Es präsentiert Gedichte, in denen eine neue Annäherung an Gott deutlich wird, gegen alle Skepsis und die Brüche der Aufklärung, gegen alle Katastrophenerfahrungen des 20. Jahrhunderts, gegen alle Symptome von Sprachsklerose, gegen alle literarischen wie theologischen Modeströmungen und Warnstimmen hindurch. Doch nicht nur »gegen« bestimmt den Grundton dieser Gedichte, sondern vor allem »nach«. Sie weisen auf eine neue Möglichkeit, sich Gott anzunähern – nicht naiv, nicht in plumper Imitation des Vorherigen, nicht indem sie alle vorherigen Entwicklungen ignorieren würden. In den Texten zeigt sich vielmehr das ungebrochene Bedürfnis, die Suche nach letzten Wahrheiten in Worte kleiden zu dürfen und zu müssen. Sie repräsentieren dabei keineswegs Mehrheiten, breite Strömungen oder gesellschaftliche Trends – gleichzeitig sind sie aber doch mehr als bloße Ausnahmen und Paradiesvögel.

Schon hierin liegt ein entscheidender didaktischer Fingerzeig: So wichtig und unverzichtbar die kritische Analyse, die Infragestellung der Theodizee, die erkenntnistheoretische Skepsis oder das Eingeständnis letzter Antwortlosigkeit sind – ihnen in der Auseinandersetzung mit der Gottesfrage das letzte Wort zu überlassen, kann persönlich redlich, religionspädagogisch dennoch fragwürdig sein. Durch all diese Anfragen hindurch gibt es Suchspuren, Orientierungsversuche, Richtungsweisungen, die Angebote zur Identifikation und zur eigenen Positionsbestimmung sind. Sie stehen in diesem Buch am Ende, sie sollten auch religionsdidaktisch den Ausblick bilden.

10. NACH DEM TODE GOTTES: GEDICHTE JENSEITS DER RELIGIONSKRITIK

Aber wie soll das möglich sein, »nach dem Tode Gottes« Gedichte einer neuen Annäherung an Gott zu schreiben? *Günter Grass* schreibt in seinem kurzen Fünfzeiler aus der Sammlung »Fundsachen für Nichtleser« von 1997 zwar demonstrativ unter dem Titel »Kurze Sonntagspredigt«: »Gott ist – laut Nietzsche – verstorben, / doch als Mehrzweckwaffe / immer noch tauglich / und weltweit im Handel, / weil urheberrechtlich nicht geschützt.«[207] – Doch in welcher Form ist Gott »immer noch tauglich« im Blick auf Lyrik: In welchem Sprachgestus, mit welcher inhaltlichen Zuspitzung? Die Gedichte dieser zehnten Abteilung versuchen jeweils in eigener Art und Weise Antworten auf diese Fragen zu geben – in Kenntnis der Religionskritik, unter Aufnahme all der Ergebnisse der Aufklärung.

Reiner Kunze: zuflucht noch hinter der zuflucht

Das erste Gedicht führt uns mitten in eine Situation hinein, in welcher der »Tod Gottes« staatlich verordnete Grundannahme war. Der Lyriker und Erzähler *Reiner Kunze* wurde 1933 in Oelsnitz/Erzgebirge geboren, wo er auch aufwuchs. Das Studium der Philosophie und Journalistik in Leipzig musste er wegen politischer Schwierigkeiten noch vor Abschluss der Promotion aufgeben. Neben verschiedenen handwerklichen Beschäftigungen wirkte er seit 1962 als freier Schriftsteller, stets unter kritischer Beäugung des Regimes, immer wieder bedroht und belegt mit Publikationsverboten. 1977 wurde ihm – nach zermürbendem Nervenkrieg – die Ausreise in den Westen erlaubt, wo er seitdem als geschätzter, vielfach preisgekrönter Lyriker in der Nähe von Passau lebt. Im Jahr 1971 entstand das folgende Gedicht »zuflucht noch hinter der zuflucht«[208], das in den nachmals berühmten Band »zimmerlautstärke« von 1972 aufgenommen wurde.

zuflucht noch hinter der zuflucht

(für Peter Huchel)

Hier tritt ungebeten nur der wind durchs tor

Hier
ruft nur gott an

Unzählige leitungen lässt er legen
vom himmel zur erde

Vom dach des leeren kuhstalls
aufs dach des leeren schafstalls
schrillt aus hölzerner rinne
der regenstrahl

Was machst du, fragt gott

Herr, sag ich, es
regnet, was
soll man tun

Und seine antwort wächst
grün durch alle fenster

Dass hier in diesem Text überhaupt von »Herr« und »Gott« im staatsbefohlenen Atheismus die Rede sein kann, ist die erste Überraschung. Wichtiger wird jedoch im genauen Blick auf den Text die Frage, *wie* und warum hier von Gott die Rede ist. Fast notwendig zum Verständnis des Gedichts sind einige Hintergrundinformationen. Es ist *Peter Huchel* (1903–1981) gewidmet, einer der zentralen Gestalten der DDR-Literatur. Der in Berlin geborene Lyriker[209] galt in den Gründerjahren der DDR als kultureller Hoffnungsträger, war Herausgeber der einflussreichsten Kulturzeitschrift »Sinn und Form«, bevor er 1962 in Ungnade fiel. Der gläubige evangelische Christ konnte sich immer weniger mit den realpolitischen Entwicklungen anfreunden, war nicht bereit sich selbst den tagespolitischen Erfordernissen anzupassen. Neun Jahre lang lebte er weitgehend zurückgezogen und kaltgestellt, bevor er 1971 – in dem Jahr also, in dem ihm sein Freund Kunze dieses Gedicht widmet – in den Westen ausreisen durfte, wo er bis zu seinem Tod leben sollte.

Die »Zuflucht« von der unser Gedichttext auf der ersten Ebene spricht bezeichnet nun jenen Ort, wo der Dichter Huchel die neun Jahre im inneren Exil in der DDR verbringen musste: einen abgelegenen, leeren, sehr wohl aber sicherheitstechnisch perfekt überwachten Bauernhof – durch Kontaktsperren zusätzlich abgeschottet, fernab des öffentlichen Lebens in Wilhelmshorst bei Potsdam. Aber immerhin: Dieser Hof war nicht nur Gefängnis sondern zugleich Zuflucht, in der ein einigermaßen ungestörtes Leben möglich war. Eine erste Gruppe von Bildern in diesem in knapp, aber genau kalkulierten Zeilen gesetzten Gedicht ruft denn auch diese Welt auf: »tor, leerer kuhstall, leerer schafstall, hölzerne rinne«. In einer zweiten Aussagereihe wird die Isolation deutlich: Ungebeten tritt hier niemand ein, nur »der wind«, hier ruft niemand an. In der dritten Ebene wird jedoch deutlich, dass es hinter der Zuflucht dieses Hofes eine weitere entscheidende Zuflucht gibt: »Gott«. Er durchbricht die Isolation »ruft an«; er lässt »unzählige leitungen legen« – und seien das auch nur die bindfädenartigen Regengüsse, die »vom himmel zur erde« reichen. Sie stellen – im Bild gesprochen – den Kontakt her, indem die gebündelten Wasserstrahlen wie ein Telefon »schrillen« und damit den Kontakt erschließen.

Dann ändert das Gedicht seine Form. Im ersten Teil finden sich Beschreibungen in Form von Aussagesätzen. Im zweiten Teil wird nun ein imaginärer Dialog zwischen Gott (!) und dem menschlichen Partner (hinter dem wohl Huchel zu vermuten ist) eingespielt. Gott, von dem es ja schon hieß, dass er anruft, initiiert das Gespräch: »Was machst du« (deutbar als Assoziation im Blick auf das Bild: Regen als Kontakt zwischen Himmel und Erde). Der menschliche Sprecher antwortet unsicher: »was soll man tun«? Regen scheint seinen Handlungsspielraum zu beeinträchtigen. Als »Kontaktaufnahme« zwischen Himmel und Erde kann er das noch nicht deuten. Deshalb die Schlussverse: Gottes Antwort »wächst grün durch alle fenster«. *Magda Motté* kommentiert: »Das Leben geht weiter, ›grün‹, das meint: ungebrochen und kraftvoll.«[210]

In gewagter Bildsprache wird hier angedeutet, dass das Vertrauen auf Gott gerade dort fortleben kann, wo es offiziell unterdrückt wird. Gott als

»Zuflucht noch hinter aller Zuflucht« lässt sich nicht verbieten, abschaffen, fortzensieren. Und sprachlich ausdrücken lässt er sich eben nur durch Bilder: dass man im Regen Gottes Kontaktaufnahme sehen kann; dass Regentropfen wie Telefonleitungen Verbindung herstellen; dass der Regen Fragen trommeln, der Mensch in der Betrachtung des Regens Gegenfragen formulieren kann; dass schließlich das Wachsen und Blühen der Natur als endgültige Antwort Gottes gedeutet werden kann – so etwas lässt sich nicht in definitorischer Sprache sagen, kann man nicht beweisen, so etwas kann man nur als Dichter in Bildworten formulieren. Gottesgedichte jenseits der Religionskritik – sie verweisen auf die in der Hinführung zu diesem Buch charakterisierten »transzendierenden« Bildlogik der Dichtung, nicht auf die Sachlogik der reinen Vernunft

Eva Zeller: Nach dem Tod Gottes

Die beiden nächsten Gedichte entstammen aus dem Bereich der explizit christlichen Literatur. Nur sehr wenigen Vertretern dieser Tradition gelingt es, Texte zu verfassen, die gleichzeitig ästhetisch überzeugen und inhaltlich kreative Anbindungen an das Christentum knüpfen. Neben *Kurt Marti*, dessen Schöpfungslob im »stammelpsalm« wir bereits näher betrachtet haben, ist hier vor allem der Name von *Eva Zeller* (*1923) zu nennen. In der Nähe von Berlin geboren wuchs sie – wie Kunze – in der DDR auf, ging dann an der Seite ihres Mannes, eines evangelischen Pfarrers, einige Jahre nach Südafrika, bevor sie 1962 nach Westdeutschland zog, zunächst nach Düsseldorf, dann viele Jahre nach Heidelberg, in den letzten Jahren hält sie sich wieder verstärkt in Berlin auf. Zwar liegen von ihr auch zahlreiche Prosabände vor, die stärksten Texte sind jedoch wohl in den Gedichtbänden erhalten. Der wichtigste dieser Lyrikbände ist die Sammlung »Fliehkraft«, 1975 erschienen. Hier – wie auch in den anderen Bänden – finden sich zahlreiche Gedichte mit christlicher Thematik: Auseinandersetzungen mit biblischen Passagen, Meditationen zur Frage nach den Möglichkeiten und Schwierigkeiten des Glaubens in unserer Zeit, vor allem aber auch Texte direkt zur Gottesfrage. Wie bei Marti fiel die Textauswahl für dieses Buch schwer. Ich habe mich zunächst entschieden für das Gedicht »Nach dem Tod Gottes«[211].

Nach dem Tod Gottes

Danach
zerreiße ich nicht
meine Kleider

Ich rolle mich wieder zusammen
Tödliche Augenblicke
überlebt man am besten
in der Krümmung nach vorn
den Kopf auf den Knien
Mit der Grimasse des Keimlings
wehrlos
ohne Fingernägel und Zähne
Wieder angenabelt
in der zottigen Höhle

Doch auch so zusammengekrümmt
wäre der Wettlauf
mit dem Schmerz
noch nicht gewonnen
Noch nicht gefurcht genug
der ebenbildliche Leib
Noch nicht verhohlen genug
was hatte werden sollen
Ich will nicht
dass es noch zuckt
dünnwandig mit durch-
scheinendem Herzen
Ich muss weiter zurück
wo nichts mehr frohlockt
künstlich und fein bereitet
worden zu sein

Aber
Ich glaube
Noch als Stein
würfe ich mich
in den Riss
der mich selber
zerreißt

Eva Zeller spielt in diesem Gedicht die Vision durch, Gott sei tatsächlich »tot«, »gestorben« wie ein Lebewesen. Wie würde sie darauf reagieren? Nicht, so der erste Dreiervers, durch ein Kleiderzerreißen – so die traditionell jüdische Trauerreaktion. Ihr Schmerz fände andere, radikalere Formen: Ein Sich-Zusammen-Rollen, eine Rückkehr in den embryonalen Zustand »mit der Grimasse des Keimlings, wieder angenabelt«, völlig wehrlos. Doch auch damit noch nicht genug: Der Embryo hätte immer noch zu viel Verheißung in sich, zu viel Keimkraft, zu viel Lebensfahrplan: »noch weiter zurück« müsse sie; dahin, wo noch nicht der dünnwandige Herzschlag des Lebens pulsiert, dahin, wo noch nichts »künstlich und fein bereitet« ist. Rückkehr in das Stadium, bevor das Leben entsteht oder auch nur geplant ist. Nach dem Tode Gottes – so Zeller – müsste sich der ganze Schöpfungsplan des Lebens wie in einer rückwärts laufenden Filmspule verkümmernd schließen.

Die letzte Versgruppe durchbricht diese Vision individueller Lebensrückspulung ad uterum noch einmal: »Aber«. Selbst wenn sie in diesem Rücklauf das Leben hinter sich gelassen hätte, im Stadium der Mineralien angelangt wäre, würde sie sich »als Stein« in den Riss, der sie selbst zerreißt, werfen. Darf man das so deuten: Alles zuvor Beschriebene, die gesamte Vision der Lebensverkümmerung ist nur der eine Teil der Vision. Daneben steht der andere: Der Tod Gottes wäre ein Riss in sich selbst, eine Zerrissenheit, gegen die man nur mit all dem, was man hat und kann, rebellieren muss, in den man sich selbst hineinwerfen muss im Versuch, den Riss zu kitten? Der Tod Gottes: Er würde nicht nur die Grundlage und Grundannahme allen Lebens zerstören, sondern zudem denjenigen, der den Gedanken denkt, zerreißen? Dann wäre dieses Gedicht ein implizites Protestgedicht gegen den Gedanken vom Tod Gottes. Dann zeigte es auf, dass für die Gedichtsprecherin dieser Gedanke in sich selbst absurd und unmöglich ist.

Kurt Marti: theolalie

Dass der Gedanke vom »Tod Gottes« in sich undenkbar ist, davon geht auch *Kurt Marti* aus. Der Verfasser des »stammelpsalms« hat andere Texte zur Gottesfrage verfasst, die Meilensteine in der binnenchristlichen lyrischen Sprachsuche gesetzt haben. Zentrale Rolle kommt dabei der Ge-

dichtsammlung »abendland« von 1980 zu, die als Ganze einen faszinie-
renden Versuch darstellt, von Gott unter den Bedingungen der Gegenwart zu reden. Ich habe das Gedicht »theolalie«[212] ausgewählt, dessen als
Untertitel angefügte Übersetzung »reden von gott« auf die Bedeutung für
dieses Buch verweist.

theolalie/reden von gott

1
der du bist:
       ICH BIN
die du bist:
       ICH BIN DIE ICH BIN
der du bist:
       ICH WERDE SEIN
die du bist:
       ICH WERDE SEIN DIE ICH SEIN WERDE
der du bist:
       ICH WERDE DA SEIN
die du bist:
       ICH WERDE DA SEIN ALS DIE ICH DA SEIN WERDE

2
der seinen beweisern
beweist
dass der bewiesene
nie
der zu beweisende
ist

3
nicht gott wie götter sonst gott sind
       riss schon im sockel der über-ichs
nicht herr wie herren sonst herr sind
       der anfang vom ende jedweder herrschaft

4
der
ALLES IN ALLEM
sein wird

Vier Anläufe von »Theolalie«, von Reden oder auch hier besser: Stammeln von Gott. Wie kann man ihn sprachlich fassen, den Unfassbaren? Marti versucht noch einmal ganz eigene theologisch-lyrische Annäherungen, ein bewusst binnenchristliches Sprachexperiment für theologisch versierte Leser, deren Vierschritt sich nicht selten auch in religionspädagogischen »Kursen« ganz ähnlich aufzeigen lässt:

- Erste Annäherung: Ein Sprachspiel um Ex 3,14, um die Gottesoffenbarung an Mose im »brennenden Dornbusch« als »Jahwe«, in der Einheitsübersetzung wiedergegeben als »Ich-bin-da«. Dass diese Übersetzung unzureichend ist, ist theologisch unumstritten. Deshalb Martis doppelter Versuch der angemesseneren Umschreibung. Variation des Geschlechts: »der/die«; Variation der Wirkweise: »Ich bin, werde sein, werde da sein«.
- Zweite Annäherung: eine erkenntnistheoretisch-philosophische Zurückweisung. Das eben zeichnet Gott paradoxerweise aus: Er beweist seinen Beweisern einzig, dass er nicht beweisbar ist.
- Dritte Annäherung: erneut eine – gleich zweifache – Zurückweisung in Auseinandersetzung mit der Religionskritik der Neuzeit: tiefenpsychologisch nicht wie andere Götter, deshalb auch durch tiefenpsychologische Analysen nicht definierbar, geschweige denn überwindbar; soziologisch nicht wie andere Götter-Herren, denn gegen den Anspruch jedwelcher Herrschaft.
- Letzte Annäherung, nun wieder positiv formuliert: im eschatologischen Ausblick ein Gott, der »alles in allem« sein wird.

Zwei positive Annäherungen – einmal im Blick auf den Anfang der Jahwe-Überlieferung, einmal im Blick auf die Endhoffnung; zwei negative Annäherungen durch Rückweisungen möglicher Erwartungen und Verständniszugänge: gemeinsam betonen sie die Ungreifbarkeit, Undefinierbarkeit Gottes. So ungreifbar Gott ist, genauso ungreifbar oder unsinnig wird die Rede vom »Tod Gottes«. Gestorben ist für Marti nicht Gott, sondern bestenfalls ein bestimmtes Verständnis, in das man Gott einzuzwängen versucht hat. Dies sind Texte für christliche Leser, die aus ihrer Tradition heraus noch einmal darauf verwiesen werden, dass Reden über Gott eben immer nur stammelnde Annäherung an den immer größeren Gott bleiben muss.

Michael Krüger: Marx redet

Zu den – vermeintlichen – Grabesrednern Gottes gehörten nicht nur
Nietzsche oder *Freud*, die bislang im Kurztext von Grass (vgl. S. 184) oder
im gerade vorgestellten Gedicht von Marti zumindest assoziativ aufgerufen wurden, sondern zentral auch *Karl Marx*. Genau deshalb gibt der folgende Text Marx selbst spielerisch das Wort. Was würde er denn heute zu
sagen haben, der gute Karl aus Trier, wenn er buchstäblich über »Gott
und die Welt« plaudern dürfte? Seine Rede findet sich im neuesten Gedichtband von *Michael Krüger*, dessen Gedicht »Die kleinen Verse« am
Ende der Hinführung zu diesem Buch bereits programmatisch vorgestellt
wurde (vgl. S. 32). In Krügers Gedichtbänden finden sich mehrere Abteilungen, in denen »Reden« vorgestellt werden, perspektivische Gegen-
wartsspiegelungen aus Sicht etwa »des Gärtners«, des »Schauspielers«,
oder des »Traurigen«. Neben ihnen kommt im Band »Wettervorhersage«
von 1998 also auch Karl Marx zu Wort[213], und zwar so:

Marx redet

Manchmal, wenn es im Westen aufklart,
schaue ich den glitzernden Geldflüssen zu,
die schäumend über die Ufer treten
und das eben noch dürre Land überschwemmen.
Mich amüsiert die Diktatur des Geschwätzes,
die sich als Theorie der Gesellschaft
bezahlt macht, wenn ich den Nachrichten
von unten glauben darf. Mir geht es gut.
Manchmal sehe ich Gott. Gut erholt sieht er aus.
Wir sprechen, nicht ohne Witz, und dialektisch
erstaunlich versiert, über metaphysische Fragen.
Kürzlich fragte er mich nach der Ausgabe
meiner Gesammelten Werke, weil er sie
angeblich nirgendwo auftreiben konnte.
Nicht dass ich daran glauben will, sagte er,
aber es kann ja nichts schaden.
Ich gab ihm mein Handexemplar, das letzte

der blauen Ausgabe, samt Kommentaren.
Übrigens ist er gebildeter, als ich dachte,
Theologie ödet ihn an, der Dekonstruktion
streut er Sand ins Getriebe, Psychoanalyse
hält er für Unsinn und nimmt sie nicht
in den Mund. Erstaunlich sind seine Vorurteile.
Nietzsche zum Beispiel verzeiht er jede
noch so törichte Wendung, Hegel dagegen
kann er nicht leiden. Von seinem Projekt
spricht er aus Schüchternheit nie. Bitte,
sagte er kürzlich nach einem langen Blick
auf die Erde, bitte halten Sie sich bereit.

Was für eine humorvoll gezeichnete, kühne Vision: Marx im Himmel blickt auf die Erde herab und plaudert über das, was er sieht: Geldflüsse fließen und bewässern das unfruchtbare Land, und statt der Diktatur des Proletariats herrscht die »Diktatur des Geschwätzes«. Der Hauptteil seiner Rede aber gilt Gott, den er ja »manchmal« sieht. Von wegen »tot« – »gut erholt sieht er aus«, was auf eine zurückliegende Krise deutet, die nun aber überwunden ist. Liest die Werke von Marx, weil die zumindest »nichts schaden« können, weist Theologie als öde, Dekonstruktion als sinnlos und Psychoanalyse als unsinnig zurück. Schätzt Nietzsche allen Provokationen zum Trotz, mag aber Hegel nicht. Ist schüchtern. Hat aber »sein Projekt«, das unbeschrieben bleibt (die Heilsgeschichte?, das »Reich Gottes«?). Zur Umsetzung dieses Projekts scheint er jedoch – vom Treiben auf der Erde enttäuscht – die Hilfe ausgerechnet von Marx zu benötigen: »Halten Sie sich bereit«. Marx als Engel(s) im göttlichen Auftrag unterwegs, um dessen Projekt zu vollenden? – Diese Vision bleibt am Ende nur angedeutet.

Reden von Gott nach dem Tod Gottes? In diesem Gedicht wird eine weitere Variante deutlich: diese Rede kann in Form von Satire verfasst sein. Genau differenziert: Satire meint nicht Klamauk und nicht billige Lächerlichmachung, sondern Gegenrede, welche vorherige Traditionen als eben nur gleichwertige Gedanken bloßstellt. Die Rede vom »Tod Gottes« erweist sich so letztlich nur als eine Vision wie die des aus dem Himmel herabblickenden Marx. Der »tote Gott« und der »gut erholte Gott« blinzeln gut nachbarlich nebeneinander aus dem Reich menschlicher Ideen – die Grundfrage nach Gott selbst wird davon nicht berührt.

Didaktisch-methodische Überlegungen

In den hier aufgenommenen Gedichten finden sich Versuche einer neuen sprachlichen und gedanklichen Annäherung an Gott gegen alle Einwände und jenseits aller Erkenntnisse der Religionskritik. Ihr didaktischer Ort ist deshalb vor allem in der Auseinandersetzung mit der neuzeitlichen Religionskritik à la Feuerbach, Marx, Freud oder Nietzsche zu sehen. Welche Perspektiven öffnen sich nach, nicht statt einer Auseinandersetzung mit den Positionen dieser Denker?

■ Das Gedicht von *Reiner Kunze* führt uns mitten hinein in die Situation eines staatlich verordneten Atheismus. Zur Annäherung an das Gedicht sind sicherlich Hinweise auf den gesellschaftlichen und individuellen Kontext nötig. Vor diesem Hintergrund zeigt es auf, wie stark die Rede von Gott Überlebenskraft spenden und Mut zur oppositionellen Rebellion geben kann. Diese Funktion ist in unserer Gesellschaft – die sich eben zumindest noch »christlich« nennt – weitgehend verkümmert. Ebenso zeigt das Gedicht, dass sich der politisch-prophetische Zug der biblischen Gottesrede bis in unsere Zeit erhalten hat. Um die Schülerinnen und Schüler zu einer Einfühlung in die eigene Bildwelt des Gedichtes hinzuführen, kann man die letzten Worte zunächst fortlassen. Die ausgeteilte Textversion endet also bei »und seine Antwort ...«. Wie könnte man das Gedicht sinnvoll beschließen? Die Versionen werden verglichen, diskutiert und dann mit Kunzes Version konfrontiert. Seine Version bleibt in der zuvor aufgebauten Bildwelt, verzichtet auf unglaubwürdige Wunderlösungen und schafft so den Eindruck enger Authentizität und Glaubwürdigkeit.

■ *Eva Zellers* Gedicht knüpft unmittelbar an die Nietzsche-Wendung vom Tod Gottes an. In dem Aphorismus »Der tolle Mensch« aus dem Buch »Die fröhliche Wissenschaft« hatte *Friedrich Wilhelm Nietzsche* (1844–1900) ja jenen »tollen Menschen« entworfen, der mit seiner Laterne am helllichten Tag umherzieht mit dem durchdringenden Ruf auf den Lippen »Ich suche Gott! Ich suche Gott!« Am Ende nimmt er seine Zuhörer hinein in seine Vision: »Hören wir noch nichts von dem Lärm der Totengräber, welche Gott begraben? Riechen wir noch nichts von der göttlichen Verwesung? – auch Götter verwesen! Gott ist tot! Gott bleibt tot! Und wir haben ihn getötet!«[214] Hier ist es sinnvoll, zunächst auf Nietzsches Primärtext zu schauen, dann die Reaktion der Dichterin dagegenzusetzen. Denn wie wir reagiert sie mit diesem Gedicht ja auf dessen Provokation. Zunächst erhält die Lerngruppe nur den Titel: »Nach dem Tod Gottes«. Die Schülerinnen und Schüler werden aufgefordert darüber zu spekulieren, welche Gedanken im so überschriebenen Text einer christlichen Lyrikerin zu erwarten sind. Sie sollen so selbst – unabhängig von eigenen Überzeugungen – imaginär in die Rolle des christlichen Nietzsche-Rezipienten schlüpfen. Daraufhin wird Zellers Version betrachtet und auf die Frage nach ihrer Sinnspitze analysiert: Bestätigt das Gedicht Nietzsche? Oder handelt es sich um ein Protestgedicht gegen Nietzsches Vision?

■ Einen ganz anderen didaktischen Ort hat das Gedicht von *Kurt Marti*. Es führt nicht die Auseinandersetzung mit den Positionen der Religionskritik, sondern reflektiert die Konsequenzen biblischer Gottesrede für unsere Zeit. Es eignet sich als elementar verknappte und perspektivisch ganz eigen profilierte Zusammenfassung eines »Grundkurs Gottesglaube«. Auch hier ist es sinnvoll, das Gedicht als Reaktion auf eine Provokation zu verstehen. Die hier zugrunde liegende Provokation ist allerdings Ex 3,14 – die Gottesoffenbarung im brennenden Dornbusch. Im vierfachen Anlauf versucht das Gedicht, das für die jüdisch-christliche Heilsgeschichte zentrale Ereignis in seiner Bedeutung für heute auszuloten. Die Herausforderung für Schülerinnen und Schüler kann darin liegen, diese Bedeutung für sich selbst noch näher an ihre Lebens- und Sprachwirklichkeiten heranzuholen. Deshalb wird ihnen ein DIN-A4-Blatt ausgeteilt, das im Querformat in drei Spalten unterteilt ist: Links: die Exoduserzählung; in der Mitte das Gedicht; rechts freibleibende Zeilen unter der Überschrift: »Das bedeutet für mich …« In Einzelarbeit können sie so einen Dreischritt versuchen: Biblische Tradition, christliche Beerbung, persönliche Aneignung/Befragung. Alle vier Gedichtteile werden so abschließend im freien Unterrichtsgespräch noch einmal neu auf ihre heutige Plausibilität befragt.

■ Was Nietzsche für das Gedicht von Eva Zeller war, ist Karl Marx für das Gedicht von *Michael Krüger*: Provokativer Prätext, gegen den das Gedicht reagiert. Auch hier legt sich deshalb zunächst der Blick auf das Original an, in diesem Fall auf Karl Marx' (1818–1883) kleine frühe Schrift »Einleitung zur Kritik der Hegelschen Rechtsphilosophie«[215] von 1844, in der sich die berühmten Sätze von Religion als »Opium des Volkes« finden. Nach der Lektüre und Analyse dieser klassischen Schrift der Religionskritik lohnt sich eine Auflockerung des Unterrichts, die weit mehr ist als nur das. Spielerischer Perspektivenwechsel: »Ihr habt nun gelesen, was Marx über Religion schreibt. Stellt euch nun vor, heute – zu Beginn des dritten Jahrtausends – könnte Gott Stellung nehmen zu Marx. Was würde er ihm sagen?« Die Schülerinnen und Schüler können hier mehr entgegnen als nur den szenischen Kalauer: »Tritt auf Marx, hält Schild hoch: ›Gott ist tot‹. Tritt auf Gott, hält Schild hoch ›Marx ist tot‹.« Sie können vielmehr überlegen, worin Marx recht behalten hat, worin er aus heutiger Sicht falsch lag. Das Gedicht von Krüger – in dem zwar »Marx redet«, aber darüber, »wie Gott zu ihm redet« – nimmt diese Vision auf. Hier kann man imaginäre Dialoge zwischen »Gott« und »Marx« in freier Weiterführung der Vision des Gedichtes schreiben lassen. Ziel der Betrachtung ist die Frage, ob das bloßes Spiel, leichter Spaß, humorvolle Satire ist, oder eben doch ernst gemeinter Kontrapunkt. Hier liegt der didaktische Kern im Einsatz dieses Textes: Satirische Umkehr, spielerische Gegenrede – mit diesem Gedicht lernen die Schülerinnen und Schüler eine Möglichkeit kennen, sich mit Witz und darin gleichwohl mit Ernst über die Gottesfrage auseinander zu setzen.

11. NEUE NAMEN FÜR DEN NAMENLOSEN: AUF DER SUCHE NACH EINER NEUEN GOTTESREDE

Wie kreativ doch der Islam die Frage nach der sprachlichen Annäherung an Gott löst! Die neben Judentum und Christentum dritte monotheistische Religion kennt die Benennung der 99 Eigenschaften Gottes, die als »schönste Namen« Gottes verehrt werden. Fromme Muslime beten – wie fromme Katholiken – einen »Rosenkranz«. Doch der muslimische »Rosenkranz« hat eine große sowie 33 kleine Perlen. Mit ihrer Hilfe wird Gott betrachtet – in je drei Anläufen: 99 Namen hat Gott. Ganz wichtig: die große Perle gemahnt an die Unaussprechlichkeit Gottes, die in den 99 Annäherungen nie aufgehoben wird, sondern gerade gewahrt bleibt. »Der Friede«, »der Vergebende«, »der Allweise«, »der Nachsichtige«, »das Licht«, ... – was für eine gleichzeitig poetische und tief spirituelle Annäherung an Gott!

Im Christentum hat solcher poetischer Ideenreichtum wenig Raum. Festgelegt und begrenzt durch die dogmatischen Definitionen der Traditionsgeschichte hat sich keine wirklich produktive Kreativität in der Annäherung an Gott entwickelt – wenn man von den Blüten der Mystik absieht, die am Rand des nach genauem Planungsraster gepflegten Gartens Christentum relativ frei wuchernd blühen durften. Umso größer sind die Möglichkeiten für Schriftstellerinnen und Schriftsteller, in dieses Vakuum hineinzuschreiben. Sicherlich hat in unserer säkularisierten und pluralistischen Gesellschaft – so die Feststellung im Reallexikon der deutschen Literaturwissenschaft – »das Gebet, auch das poetische, an Bedeutung verloren«[216]. Dieser Bedeutungsverlust kann jedoch kreative Energien freisetzen. An einer solchen Suche nach »neuen Namen für den Namenlosen« beteiligen sich naturgemäß vor allem solche Autorinnen und Autoren, die selbst religiös aufgewachsen oder religiös interessiert sind. Die Annäherungen von außen fallen in einer solchen Abteilung somit weitgehend weg. Hier geht es um eine neue christliche Selbstbesinnung »von innen«. Genau an dieser Stelle haben die hier vorgestellten Texte denn auch ihren didaktischen Platz: Sie bieten Sprachhilfen dafür an, wie man sich heute in neuer, unverbrauchter, produktiver und womöglich provokativer Rede Gott annähern kann.

Eva Zeller: Gott

Die erste hier aufgerufene Schriftstellerin, *Eva Zeller* (*1923), ist uns in diesem Buch bereits begegnet – als Autorin des Gedichtes »Nach dem Tod Gottes« in der vorangehenden Abteilung (vgl. S. 188). Ebenfalls aus dem Band »Fliehkraft« von 1975 stammt das folgende Gedicht, das den schlichten Titel »Gott«[217] trägt.

Gott

Das macht Deine
Unsichtbarkeit
dass wir uns so ereifern
und Dein Name
dass wir damit fluchen
GOTT
exakte Verkalkung
im Prüfstein Sprache

Götze GOTT
zum Standbild gegossen
zwischen den Zähnen zermahlen
aufs Meer gestreut und
wieder getrunken und
wieder verwirkt
und verwirklicht

Mag wer da will
Totgesagtes
gesundbeten wollen
Es ist Zeit
für Deinen Auftritt
Deinen salto mortale
ins Fleisch

Anders als im ersten Gedicht handelt es sich hier um ein dialogisches Gebet an Gott, der mehrfach mit »Du« angeredet und als solcher – als Gott –
nicht nur im Titel sondern auch im Gedichttext zweimal direkt benannt
wird. In den drei freirhythmischen Versgruppen des Gedichts reflektiert
die Gedichtsprecherin die Problematik, heute von Gott zu sprechen. Die
erste Versgruppe – im unvermittelten Beginn wie ein zufälliger Aus-
schnitt aus einem längeren Gedankengang stilisiert – führt gleich mitten
hinein in die Schwierigkeiten: Gottes Unsichtbarkeit ist Grund für das
»Ereifern« der Menschen – um den Unfassbaren muss man geradezu
streiten! Und sein Name wird zum Fluchwort. Das ist die eine Seite des
Problems. Andererseits ist dieses in Großbuchstaben wiedergegebene
Wort »Gott« die »exakte Verkalkung im Prüfstein Sprache«. Im Prüfstein
der Sprache muss sich dieses Wort bewähren, an diesem Prüfstein muss
sich aber auch alles andere, die Suche nach Wahrheit bewähren. Eine doppelte Bewährungsprobe ist hier also angesprochen: Gott muss sich an der
Sprache bewähren, muss in Sprache glaubwürdig und überzeugungs-
kräftig aussagbar sein. Umgekehrt muss sich die Wirklichkeit an dieser
»exakten« Petrifizierung der Vergangenheit messen lassen.

Wie das zu verstehen ist, nehmen die beiden folgenden Versgruppen in
den Blick. Die zweite Versgruppe konzentriert sich – wie etwa *Kurt Martis*
Gedicht »die passion des wortes GOTT«[218] – auf die Missbrauchsgeschichte
des Gottesbegriffs. Gott wurde zum Götzen gegossen, verbraucht, immer
wieder zerrieben zwischen »Verwirklichung« und »Verwirkung«. Gemessen am »exakten Prüfstein« wird diese Missbrauchsgeschichte überdeut-
lich. Was tun? Zwei Möglichkeiten werden in der dritten Versgruppe genannt: Man kann das »Totgesagte« (von wem?) »gesundbeten«. Doch das
ist nicht die Vision, der sich die Gedichtsprecherin anschließt. Sie fordert
Gott selbst auf, »ins Fleisch« zurückzukehren, in einem »salto mortale«.
Heißt das: Die Menschen haben den Namen Gottes so sehr missbraucht,
dass wir selbst ihn nicht mehr »retten« können? Ausweg aus dem Streit um
den »Unsichtbaren« ist allein dessen Sichtbarwerdung? Wird hier der biblische Gedanke der Parusie, der Wiederkunft Jesu Christi »im Fleische«, aufgegriffen? Oder setzt die Verfasserin mit diesem Schluss lediglich das Bild
einer poetischen Vision, in der Name und Wirklichkeit Gottes gegen allen
Missbrauch ihre eigene Würde und Lebendigkeit behalten? Deutlich wird
in jedem Fall: Eher als konkrete »Namen für den Namenlosen« selbst poetisch auszuformulieren macht dieses Gedicht auf die Notwendigkeit einer

solchen Suche aufmerksam. Gleichzeitig richtet es ein Warnschild für diese Suche auf: Ist nicht jede neue Annäherung an Gott – gemessen an der
»exakten Verkalkung« im »Prüfstein Sprache« immer dem Problem ausgesetzt, gleichzeitig zu »verwirklichen« und darin zu »verwirken«? Das
folgende Gedicht geht andere Wege.

Richard Exner: Schwere Zunge

Richard Exner (*1929), geboren im Harz, wächst in Darmstadt auf. 1950
wandert er in die USA aus, studiert dort Germanistik, wirkt 27 Jahre lang
als Literaturprofessor an der University of California, bevor er 1991 nach
Deutschland zurückkehrt, wo er seitdem in München lebt. Als Lyriker ist
er mit wenigen Bänden hervorgetreten, ohne je im hellen Lampenlicht der
Öffentlichkeit zu stehen. Tastende vorsichtige Verse, immer wieder mit
zaghaften religiösen Gedanken versehen – das ist kein Stoff für Bestseller,
sehr wohl aber eine Fundgrube für Freunde von lebensmeditierender Lyrik.[219] Der folgende Text stammt aus seinem Gedichtband »Die Zunge als
Lohn«[220] (1996). Exner greift in diesem kleinen Gedichtzyklus die Tradition auf, Mose sei ein Stammler gewesen. In Ex 4,10 findet sich tatsächlich
der Einwand Mose gegen seine Berufung zum Propheten »Mein Mund
und meine Zunge sind schwerfällig«. Dass er ein Stotterer, ein Stammler
gewesen sei, ist dabei zwar wohl kaum gemeint – eher handelt es sich um
ein klassisches Muster der prophetischen Berufungszurückweisung –
wird aber in der Rezeptionsgeschichte immer wieder so dargestellt.[221] Exner greift diese Tradition auf, um von dort aus die Frage zu stellen, welches Reden von Gott eigentlich angemessen sei.

Zum Gedicht im Einzelnen: In der ersten Strophe weist Exner Eloquenz als »Götze« zurück, als menschgemachten Popanz, unfähig vor allem dann, wenn es um »letzte Dinge« geht. Als könne man Gott definieren, ihn genau bestimmen, das Verhältnis des Menschen zu ihm wort-
reich ausschmücken! All das ist – wie aus den Gedichten von Bobrowski
und Kaschnitz vertraut – eben »nicht zu benennen«, bleibt besser »nicht
gesagt«. Durch die Zeilenbrüche im Wort betont Exner, wie unsinnig
solch eloquente Sprache bleibt: »aus-geschüttetes Abwasser«, »aus-ge-
spieene Brocken«. Solche Sprache ist »unrein« angesichts der »Nacht«
und des »großen Schweigens«.

Schwere Zunge

> Wer hat dem Menschen
> den Mund geschaffen?
> *2. Mose 4,11*

1

Der Götze
Eloquenz:
das bloße Wort aus-
geschüttetes Ab-
wasser aus-
gespieene Brocken
unrein
bis auf die Nacht
und das Große
Schweigen

2

Vor Gott ist der Stotterer, dem es ein-
fällt, aus dem es aber nicht herauskann,
angesehener. ER hört und lässt Seinen
Hauch wehen in die atemlosen Würgepausen.
ER vollendet das hingestotterte Gebet.
Den für Seine Lettern ungeschaffenen Mund
öffnet ER sich und schlägt das Zaudern
Seiner Propheten in den Wind.

Aber uns verschlägt es die Sprache,
diese trommelnden Dentale:d–d–d–den
T–t–t–tod und d–d–d–das D–d–d–danklied,
die wie erkaltendes Pech zähfließenden
Liquida: R–r–r–reue, L–l–l–lobgesang, L–l–l–liebe
und die sich aus verklebten Lippen
hervorquälende V–v–v–vergebung und
F–f–f–freude. Ach, frage einen, wer er ist,
und warte geduldig auf sein unsägliches
I–i–i–ich, sein erdrosseltes A–a–a–ad–d–d–dam.
Frag ihn nicht, was er erträumt:
Die Antwort bestünde nur aus Wörtern
voller Fallen: zum Beispiel
P–p–p–par–r–r–rad–d–d–dies.

3

Bei Gott
vielleicht versickerten
Tränen und Samen
nicht so rasch,
wenn wir statt
der Zunge die Hände
erhöben und auf Zeichen
setzten. Vielleicht flösse
das Licht fließender,
wenn wir stockender
sprächen.

Der Beginn des zweiten Absatzes blickt auf den Stotterer als Gegenbild zum Eloquenten: Sein Sprachwürgen und Sprachzaudern ist vor Gott »angesehener«. Denn nur hier kann Gott selbst seinen Geist, seinen »Hauch« wehen lassen. Gebet vollendet sich nicht durch perfekte Rhetorik, sondern durch den Raum, den es Gott selbst lässt. Der Stammler spricht recht von Gott, gerade weil er nicht perfekt spricht, weil er Gott selbst Raum lässt. So und nur so wird aus menschlicher Rede prophetische Rede. Der zweite Gedicht-Teil wendet den Blick weg von der göttlichen Perspektive hin zu »uns«, denen es die Sprache verschlägt. Alle Konsonanten, egal ob Dentale (»d« und »t«), Liquide (»r« und »l«), Frikative »v« und »f« oder Plosive (»p« und »b«) sind in gleicher Weise unaussprechlich geworden. Vor allem wirkt diese Sprachhemmung oder Sprachverzögerung, wenn es gilt, die großen alten religiösen Urvokabeln auszusprechen: »Tod« und »Danklied«, »Reue«, »Lobgesang« und »Liebe, »Vergebung« und »Freude« – wie will man all das heute aussprechen, ohne ins Stottern zu geraten? Exner greift hier jene Tendenzen religiöser Sprachkrise auf, von denen in diesem Buch mehrfach die Rede war. Konsequenz: Die gesamte Rede vom Menschen, vom Ich ist schwierig geworden. Und was wir erträumen und ersehnen lässt sich vollends nur noch in qualvollen Stotterorgien herauswürgen: »Paradies«.

Im dritten und abschließenden Teil versucht Exner die Konsequenzen aus den beiden zuvor formulierten Gedanken zu ziehen. Wie müsste unsere Sprache aussehen, nach Auschwitz, nach dem Sprachzerfall? Welche Gottesrede könnte wirksam sein, sodass »Tränen und Samen« nicht so rasch und wirkungslos versickerten? In Gebetsanrede (»bei Gott«) weist Exner auf zwei Möglichkeiten: Die Rede der Gesten (»Hände«) und Zeichen anstelle der Wortsprache; und wenn schon Wortsprache, dann die stammelnde, stockende Sprache des Stotterers. Nur so, in demütiger Selbstzurücknahme des Menschen, bleibt Platz für den Geist. Nur so bleibt Hoffnung darauf – so Exner erneut in Bildsprache, die an das Gedicht von *Malkowski* (vgl. S. 160) erinnert –, dass »das Licht fließender flösse«.

Friederike Mayröcker:
Schirmherr makelloser Schlangenschönheit

Die mit diesem Text vorgestellte Autorin sprengt sämtliche Grenzen möglicher Kategorisierungen oder Einordnungen: *Friederike Mayröcker*, geboren 1924. Die vielfach preisgekrönte, 2001 mit dem Georg-Büchner-Preis ausgezeichnete Wienerin – Lebens- und Schreibensgefährtin *Ernst Jandls* – hat sich als Hörspielautorin, Prosaistin und vor allem als experimentelle Lyrikerin einen ganz eigenen literarischen Kosmos geschaffen: experimentelle Literatur, beeinflusst von Dadaismus und Surrealismus, sprachspielerisch und sprachschöpferisch, nie festzulegen auf »Bedeutung«. Ihre Texte bestehen häufig aus ungewöhnlichen Assoziationsketten, in denen Bewusstseinssprengsel aufleuchten, verglimmen, vergehen. Nicht fassbar, nie definierbar – diese Vorgaben zeichnen auch das hier aufgenommene Gedicht aus. Es entstand nach Angaben der Dichterin schon in einer frühen Phase ihres Schaffens zwischen 1955 und 1966 und ist titellos verzeichnet unter dem Wortlaut der ersten Zeile »Schirmherr makelloser Schlangenschönheit«[222].

Schirmherr makelloser Schlangenschönheit
hoher Beschlieszer der unbändigen Meere
Bereiter stetiger Felder

dem grünen Hochwald kämmst du durchs feuchte Fell
Gras-Strähnen tauen um deine Stirn

winters die langen Täuflinge: kristallene Eiszapfen
sammelt deine Faust im Becken der Dorfteiche
und die silberäugigen warmen Schwärme der Vögel
nisten in deinem blassen Geäder

grosz bist du und ich fürchte dich sehr
hin sprengst du auf meinen gesattelten Wünschen

Jegliche eindeutig zuordnende Analyse wird sich an diesem Text vergreifen. In vorsichtiger Annäherung kann man jedoch Sprachspuren aufweisen, die folgende Deutung anbieten. In ungewohnten Bildern wird ein »du« dialogisch angeredet, dem die Sprecherin des Gedichtes ehrfürchtig gegenübersteht. Vor allem in den Schlussversen wird diese Ehrfurcht direkt ausgesagt: »grosz bist du und ich fürchte dich sehr«. In diese Anrede werden Elemente des klassischen Gebets aufgenommen (»Gottesfurcht«, »grosz bist du« – bewusst in anachronistischer Schreibweise), sodass das angeredete Gegenüber auf der Textebene mit Gott (der so nicht genannt wird!) assoziiert wird, zumindest den Platz einnimmt, der traditionell mit Gott besetzt wird. Wie in einem Gebet bestaunt die Gedichtsprecherin die Größe und Unfassbarkeit »Gottes« und seiner Schöpfung. Der Text nähert sich fast dem klassischen Schöpfungslob an, der Sprachgestus des Lobs unterbleibt jedoch augenfällig. Das Gedicht drückt eher Staunen und Ehrfurcht aus.

Was nun dieses ehrfürchtige Staunen hervorruft, wird in den drei Anläufen der ersten Versgruppen in eigener und unverbrauchter – dadurch aber schwer verstehbarer – Bildsprache ausgesagt. »Gott« schuf und bewahrt die einzigartig »makellose« Schönheit der Schlangen; er schuf die »unbändigen Meere«, ist jedoch gleichzeitig deren »Bändiger«, indem er sie durch hohes Land begrenzt. Schließlich schuf er »stetige Felder«, auf denen wieder und wieder Nahrung für Tier und Mensch heranwächst. In dieser ersten Versgruppe wird so staunend der Schöpfer und Erhalter der Welt benannt. Die zweite, nun zweizeilige Versgruppe skizziert ein österreichisches Alpenpanorama, das auch in dem unserem Gedicht vorangestellten Text aufgerufen wird. Regenglänzender Hochwald, darüber feuchte Wiesen um den mit Stirn assoziierten Gipfel. Im Bild des Alpenberges wird so ein Bild Gottes aufgerufen.

Die Personifizierung Gottes in der Schöpfung wird auch in der dritten Versgruppe aufgenommen, in welcher der Blick zunächst eine Winterszene festhält: Eiszapfen, die sich als »Täuflinge« im Dorfteich sammeln, gehalten von »deiner Faust«. Unvermittelt schließt sich ein weiteres Bild an: Vogelschwärme, »silberäugig« und dennoch »warm«, die in »deinem blassen Geäder« nisten. Sind die Adern Flüsse? Oder Baumgeäst? Das Bild löst sich nicht auf, weitet aber den Blick von kalter Erstarrung hin zu warmem Lebensbrüten.

Die so in den wundersamen Werken der Schöpfung aufgerufene »Gott-heit« wird erst im Schlusszweizeiler als »du« angeredet. Die »Größe« des »du« wurde in den Bildern deutlich, nun aber klärt die Gedichtsprecherin auch ihre Haltung: »Furcht«. »Gottesfurcht« im klassischen Sinne ist dabei nicht im heutigen Sinne als »Angst« zu übersetzen, sondern als respektvolles Anerkennen der größeren Größe und Verfügungsgewalt. Ein neues und letztes Bild wird aufgerissen: die »gesattelten Wünsche« der Sprecherin stehen wie ein aufgezäumtes Pferd bereit. Doch nicht sie selbst springt auf und reitet los, sondern das »du« »sprengt hin«. Ohne die Sprecherin oder mit ihr? Gegen die Sprecherin oder kann sie überhaupt nur mit »ihm« den Wunschritt realisieren? All das bleibt ungesagt. Das Gedicht ist nicht festzulegen, auch nicht auf die von mir vorgeschlagene Lesart als »Schöpfungsgebet« – obwohl diese einen legitimen Deutungsversuch im Rahmen der Textvorgaben darstellt. In jedem Fall nimmt das Gedicht die Elemente des Staunen und der Ehrfurcht vor der Größe der Schöpfung auf. Und das »du« hinter und in der Schöpfung wird in ungewöhnlich innovativer Sprache angeredet.

Christine Busta: Schneepsalm

Sie ist wie *Friedrike Mayröcker* Österreicherin, auch sie Wienerin – aber welch ganz andere Lebenswelt und welch völlig anderes lyrisches Profil tritt uns bei ihr entgegen: *Christine Busta* (1915–1987). Hier Mayröcker, die extrovertierte Experimental-Lyrikerin – dort die zurückgezogen lebende Busta, die in traditionsverhafteten Formen schreibt; hier die Avantgardistin der öffentlichen Kulturszene, dort die mit dem Prägestempel »traditionell« oder gar – kulturell negativ konnotiert – »christlich« versehene Lyrikerin. Bei näherem Hinsehen erweist sich das Werk der Wiener Bibliothekarin und bekennenden katholischen Christin Busta jedoch als vielfach unterschätzt. Ihre auch in den Gedichten immer wieder kreativ gestaltete Religiosität, ihre Beobachtungen von Menschen in ihrem Alltag, ihre vermeintlich traditionsverbundenen Formen verdienen nähere Betrachtung und neue Wertschätzung. Von 1950 bis zu ihrem Tod hat sie in elf Gedichtbänden – allesamt im Salzburger Otto Müller Verlag erschienen, der sich um die österreichische Lyrik einzigartig verdient gemacht hat – ein beachtliches Werk vorgelegt, dessen

Sichtung und Wertung noch nicht abgeschlossen ist. Der folgende Text »Schneepsalm«[223] – veröffentlicht in dem 1981 erschienenen Gedichtband »Wenn du das Wappen der Liebe malst«, stammt von einer etwa 65-jährigen Frau.

Schneepsalm

Heute nenn ich Dich Schnee,
Du unerschöpflicher Schöpfer
vergänglicher Sternkristalle,
der die nackten Äcker bekleidet,
den Wanderer weglos macht
und die ärmlichsten Hütten
füllt mit Geborgenheit und Einkehr.

Schwebender Du, der den Bäumen Last wird,
der die tapferen Krähen auswirft
in die Stille und die Tiere
aus den Wäldern den Menschen nahbringt,
der die Hilflosen hilfloser macht
und die Hilfsbereiten bereiter.

Lautloser, der das Vertrauen entfremdet,
wird uns Deine Fülle begraben,
werden Flüche das Lob ersticken?
Morgen vielleicht schon wird uns Dein Weiß
blenden und Du beginnst zu tauen.
Herrlicher! Dann nenn ich Dich Sonne.

Ton und Bildwelt sind hier ganz anders als bei Mayröcker, obwohl es in der Wintermetaphorik einige überraschende Berührungspunkte gibt. Bustas Bilder sind nicht so gewagt, so überraschend wie bei Mayröcker. Ihr Text ist insgesamt leichter verstehbar, eingängiger. Im Titel schlägt die Verfasserin eine bewusst gesuchte Brücke zur biblischen Tradition, die in ihren Texten immer wieder aufgenommen und kreativ gestaltet wird: »Schneepsalm« – ein Gebet zu Gott, das ein Bild entwirft, in dem bewusst eine nichtbiblische Vorstellung (Schnee) mit Gott verbunden wird. Ein Psalm für unsere Zeit.

Wie im biblischen Psalm wird Gott als »Du« angeredet. Ehrfurcht vor dem Ungreifbaren wird deutlich, Ehrfurcht die zum Gotteslob als Schöpfungslob ausgestaltet wird. Der »unerschöpfliche Schöpfer« wird »heute« »Schnee« genannt – in diesem Gedichtauftakt wird deutlich, dass die Gedichtsprecherin ganz bewusst »neue Namen für den Namenlosen« sucht, ausprobiert, auf die Haltbarkeit überprüft. Gott als Schnee – das ist die Idee, die hier am »Prüfstein Sprache« gemessen wird. Als Gegenidee könnte man auf *Wolfdietrich Schnurres* (1920–1989) frühes Gedicht »Gospel«[224] verweisen, das die Idee durchbuchstabiert »Gott ist schwarz«. Hier jedoch geht es um Gott im Bild der Farbe weiß, als Schnee.

In der ersten Versgruppe wird das Bild einer schneeüberzogenen Winterlandschaft aufgerissen. Dass dieses Bild »vergänglich« ist zeigt erneut, dass es sich hierbei um eines von unzähligen möglichen Bildern handelt. Die Bildszenerie ruft dabei entgegengesetzte Assoziationen auf: einerseits die Kälte und Härte (»nackte Äcker«, »weglos«, »ärmlichste Hütten«), andererseits und stärker betont die Überwindung von Kälte und Härte (»bekleidet«, »Geborgenheit«, »Einkehr«). Gott im Bild des Schnees – als Schöpfer ist er gleichzeitig Erschaffer von lebensfeindlichen Bedingungen wie auch schützender Bewahrer in diesen Bedingungen. Das wird auch in der zweiten Versgruppe betont: Gott im Bild von Schnee ist beides gleichzeitig: schwebend leicht, aber auch »Last« der Bäume; ist der, welcher Tiere (»Krähen«) in die Schutzlosigkeit »auswirft« und gleichzeitig andere Tiere (»Waldtiere«) »den Menschen nahe bringt«; ist der, welcher verantwortlich ist dafür, dass einerseits Hilflose noch hilfloser werden, der das andererseits dadurch auffängt, dass sich Hilfsbereite noch hilfsbereiter zeigen.

In der dritten Versgruppe werden die Gegensatzassoziationen überwunden und weitergeführt. Der »Schwebende« ist auch der »Lautlose«, dessen Stille erdrückend wirken kann, indem sie die Menschen vom »Vertrauten entfremdet«. Deshalb die bange Frage: Wird das Lob, das in den ehrfürchtigen Schilderungen ausgesprochen wurde, durch diese Gefahr vom Fluch übertönt? Führt die aufgerissene Ambivalenz zur Ablehnung Gottes – ein Gedanke, der schon im Gedicht von Eva Zeller aufgetaucht ist? Die Autorin lässt das Gedicht nicht in dieser Frage enden. Am Ende steht eine neue Lobvision: In der Vergänglichkeit des Schnees zeigt sich

die Vergänglichkeit und Begrenztheit des am Prüfstein Sprache gemesse-
nen Bildes: Das Weiß wird blenden, getauter Schnee stellt ein neues Bild
vor Augen: Gott als Sonne. Auch dieses Bild wäre zu überprüfen, aber das
wäre Aufgabe eines neuen Gedichts. »Schnee«, »Sonne« – wie Schnurres
»Schwärze« – sind Versuche, Gott in neuer Sprache auszusprechen, die
gerade nicht alles abdecken müssen. Sie verweisen auf *einen* Annähe-
rungspunkt, der im Mosaik vieler kleiner Farbpunkte seinen Platz hat.
Gerade so aber wird die Größe Gottes deutlich, der als »Herrlicher!« gepriesen werden kann.

Didaktisch-methodische Überlegungen

Sprachliche Annäherungen an Gott, Benennungsversuche des Unnenn-
baren, Namen für den Namenlosen finden – unter diesen didaktischen
Schlagworten lassen sich die hier vorgestellten Texte einordnen.

■ *Eva Zellers* im ersten Lesedurchgang verständliches Gedicht zeichnet
den Missbrauch des Wortes Gott nach. Das Überraschende liegt im
Schluss des Gedichtes, in der Forderung nach einer neuen Inkarnation
Gottes zur Rückweisung aller Angriffe und aller missbräuchlichen Ver-
wendung. Hier sollte auch die methodische Präsentation ansetzen. Das
Gedicht wird so nicht komplett ausgeteilt, sondern in einer Version die
mit »Es ist Zeit für ...« endet. Die Schülerinnen und Schüler werden gebeten, das Gedicht in wenigen Zeilen fertigzuschreiben. So müssen sie sich
in Ton und Bildlogik des Gedichtes hineinversetzen. Viele Varianten sind
möglich: Von der Verabschiedung des Wortes »Gott«, über neue Namens-
gebung bis hin zu biblischen Anspielungen. In jedem Fall wird die Version der Schriftstellerin überraschen und gerade so Diskussionen eröffnen.

■ Bei *Richard Exners* Gedichtzyklus legt sich eine wohl bedachte Hinführung nahe. Die Schülerinnen und Schüler werden dieses Mal gebeten, Sätze auf kleinen Folienstreifen auszuformulieren. Die eine Hälfte bekommt
den angefangenen Satz »Wer perfekt sprechen kann, der/dem ...« vorgelegt, die andere Hälfte »Wer stockend und mühsam spricht, der/dem ...«.
Die Ergebnisse werden am Projektor präsentiert und kontrastiert. Ten-
denziell wird sicher die erste Gruppe eher positive Assoziationen formu-

lieren, die zweite eher negative. Nach einem ersten Resümee über die
Wichtigkeit von Sprache wird das Gedicht präsentiert und mit dem bishe-
rigen Befund verglichen. Vor allem Abweichungen bedürfen der Nachfrage: Wie kommt es in diesem Text zur Gegengewichtung? Was ist die
provokative Aussage der Gedichte? Auf welchen Bereich von Sprache beziehen sich die Aussagen? Sind sie letztlich überzeugend?

■ *Friederike Mayröckers* Gedicht überrascht durch die ungewöhnliche
Sprache. Diese eigengeprägte Bildwelt kann zwar abstoßend wirken, aber
auch verlockend. Da es hier um Sprachsuche geht, sollte man die Schülerinnen und Schüler am Prozess dieser Suche selbst beteiligen. Folgende
Möglichkeit bietet sich an: Das Gedicht wird ausgeteilt mit mehreren Lücken, in denen jeweils ein besonders bildstarkes Wort freibleibt. Die Infor-
mation, dass es sich um ein sprachkreatives Gedicht um Gott handelt ist
unverzichtbar. Am Rand des Blattes werden für jede Lücke drei Alterna-
tivvorschläge in unterschiedlicher Sprachkreativität angeboten. Meine
Vorschläge dazu:

Schirmherr makelloser ....   (Marmorwände, Lebewesen,
                                                      Schlangenschönheit)

hoher .... der unbändigen   (Leuchtturm, Beschließer,
    Meere   Schöpfer)

Bereiter .... Felder   (blühender, stetiger, grüner)

dem grünen Hochwald kämmst du durchs
    feuchte Fell

Gras-Strähnen .... um deine Stirn   (tauen, wachsen, springen)

winters die langen ....: kristallene (Abende, Schneewege, Täuflinge)
    Eiszapfen

sammelt deine Faust im Becken der
    Dorfteiche

und die .... warmen Schwärme   (silberäugigen, traurigen, ver-
    der Vögel   sprengten)

nisten in deinem blassen Geäder

grosz bist du und ich .... dich sehr   (fürchte, liebe, lobe)

hin sprengst du auf meinen ....   (gesattelten, verborgenen,
    Wünschen   innigsten)

Aufgabe: »Sucht in Partnerarbeit das eurer Meinung jeweils passende Wort heraus!« Mit dieser Methode – die meistens gern angenommen wird – schult man ein sehr genaues Gespür für die poetische Wortwahl. Wobei es durchaus möglich ist, dass andere Versionen auch sinnvoll sind und befürwortet werden. Am Ende kann gerade diese Schulung, diese Messung am »Prüfstein Sprache« auf eine Reflexion über die Möglichkeiten heutige Rede von Gott hinleiten.

■ Das Gedicht von *Christina Busta* arbeitet mit Assoziationen, die auch Schülerinnen und Schüler selbst leisten können. Folgende kreative Schreibübung kann darauf hinarbeiten. Jeweils kleine Gruppen erhalten ein Blatt, auf dem die Worte stehen »Gott ist wie ...«. Aufgabe: »Einigt euch auf einen Begriff, mit dem ein Vergleich zu Gott möglich ist. Schreibt dann in Stichpunkten auf, worin sich Begriff und Gott ähneln.« So entsteht zunächst ein breites Spektrum, das an die Tafel gehängt und von allen gelesen wird. Welcher Begriff ist der beste und für den Vergleich ergiebigste? Implizit wird so deutlich, dass man sich Gott eben nur so in einem Mosaik annähern kann. Dann erst wird Bustas Gedicht vorgestellt, zunächst unter der Frage: »Eine Dichterin hat den Begriff ›Schnee‹ ausgewählt. Welche Vergleichspunkte fallen euch dazu ein?« Die Betrachtung des Gedichtes wird sich einerseits an den hier genannten Vorerwartungen orientieren, vor allem jedoch die im Gedicht selbst hervorgehobene Ambivalenz des Bildes herausstellen. Sehr interessant kann auch ein Gedichtvergleich im Blick auf Mayröckers und Bustas Text sein: Was unterscheidet die Zugänge (Bildwelt, direkte Ansprache, Sprachgestus Lob)? Welcher Zugang findet größere Zustimmung?

12. AUF DEN SPUREN EINER GRÖSSEREN SEHNSUCHT: HOFFNUNGSTEXTE INS OFFENE

Am Schluss dieses Buches sollen Texte stehen, die den Blick in die Zukunft richten. Nicht nur in den Fragen, wie man weiterhin und künftig von dem Unbenennbaren reden und wie man sich sprachlich dem Nie-Erreichbaren annähern kann. Sondern Texte, die davon reden, wie die tiefe Sehnsucht gestillt werden kann, über das Empirische hinauszureichen, sich selbst zu transzendieren; Texte im Blick auf die größeren, letztlich unstillbaren Hoffnungen des Menschen, die sich in klassischer Grammatik mit dem Wort »Gott« verbinden, aber auch jenseits dieses Begriffs ihren unverzichtbaren Platz im Herz der Menschen finden. In diesen Gedichten wird endgültig deutlich, dass Texte zur Gottesfrage zugleich Texte über das tiefste Wesen des Menschen sind. Gedichte über Gott spiegeln die letzten Ängste, Sehnsüchte und Hoffnungen. Davon soll abschließend die Rede sein.

Silja Walter: Abwesenheit ist dein Wesen

Sie ist eine absolute Ausnahmeerscheinung in der deutschsprachigen Gegenwartsliteratur: Der streng katholische Vater ein erfolgreicher Verleger (Walter-Verlag, Olten/Schweiz), Urtyp des Patriarchen; der jüngere und einzige Bruder Otto Verlagslektor und erfolgreicher Romancier; sie selbst, eine von acht Schwestern in der Familie, tritt nach akademischer Ausbildung im Alter von 29 Jahren in das kontemplative Benediktinerinnenkloster Fahr bei Zürich ein, wo sie seit über 50 Jahren lebt: *Silja Walter* (*1919), die »dichtende Nonne« Schwester Maria Hedwig. Eine Nonne, die weithin beachtete Lyrik verfasst, Oratorientexte und religiöse Spiele, Erzählungen um den Sinn klösterlich-kontemplativen Lebens in der heutigen Zeit – darin ist sie tatsächlich einzigartig[225].

1982 hatte sie ein Aufsehen erregendes Radio-Gespräch mit ihrem Bruder geführt – veröffentlicht ein Jahr später unter dem Titel »Eine Insel finden« – ein Gespräch zwischen einer in Klausur lebenden Nonne und dem neun Jahre jüngeren Bruder, der Religion völlig entfremdet, sozialistisch-poltisch engagiert, vom Leben desillusioniert. Beide hatten sich mehr als 20 Jahre nicht gesehen. Themen: Ihr Elternhaus, ihre unterschiedlich verlaufenden Lebenslinien, der Sinn des Schreibens, Religion – die Gottesfrage: Silja Walter dazu: »Ich kann das Absolute nicht beschreiben. Und trotzdem. Trotzdem bemühe ich mich immer wieder, einen Ausdruck dafür zu finden. (...) Ich bemühe mich um das Finden von neuen Bildern, Symbolen. (...) Aber da bleibt trotzdem eine Unzulänglichkeit. Unter dieser Unzulänglichkeit, über Gott reden zu können, leide ich.«[226] *Otto F. Walter*, der Bruder, hatte bekundet, Gott nicht erfahren zu können. Diese Spannung wurde für Silja Walter zum Anlass, neue Gedichte zu verfassen, neue Versuche »das Absolute zu beschreiben« im Bewusstsein der Unmöglichkeit und Unzulänglichkeit dieses Versuchs. Schon zuvor hatte sie Lyrik verfasst und veröffentlicht. Doch nie so geschlossen formuliert, so konzentriert: 1985 erschien der Gedichtband »Feuertaube« mit dem Untertitel »Für meinen Bruder«. Aus diesem Band stammt das folgende, wie stets ohne Titel veröffentlichte Gedicht[227]:

> Abwesenheit ist
> dein Wesen
> darin finde ich dich
> Die Nägel
> meiner Sehnsucht
> bluten vom Kratzen
> an den Eismeeren
> der Welt
> Verkohlt ist die Sucht
> meiner Suche
> in seiner Kälte
> Aber da bist du
> darin
> seit das Kind schrie
> bei den Schafen
> und brennst
> lichterloh
> zu mir

Dieses Kerngedicht ist ganz dem Versuch gewidmet, Gott zu beschreiben, die Beziehung der Dichterin/Beterin zu Gott. »Abwesenheit ist dein Wesen« – was für eine Aussage: Nur paradoxe Sprachbilder können Gott annäherungsweise genügen. »Ab« heißt »fort«, negiertes »weg« – und doch »Wesenheit«! Nur in der Abwesenheit lässt sich Gott finden – das ist der Versuch, mystischer Erfahrung Sprache zu geben, einer Erfahrung, die buddhistischen Vorstellungen nahe kommt. »Sehnsucht« wird beschrieben, »Suche« wird genannt im Versuch, diese Abwesenheit zu überwinden, sie als Nähe zu erfahren. Umsonst: Das »Kratzen an den Eismeeren der Welt« führt nur zu »blutigen Nägeln«, die Sehnsucht der Suche ist an der »Kälte verkohlt«. Erneut paradox formuliert: »Verkohlen« deutet eigentlich auf Feuer hin, wird hier aber durch Kälte hervorgerufen. Doch dann die fast verzweifelt formulierte Aussage der Schlussverse: In dieser »Kälte« der weltlichen Eismeere – Bild für die Beziehungskälte der Menschen und die Gleichgültigkeit des Kosmos? – »da bist du«.

Seit wann ist Gott, das im Gebetsgedicht angerufene »du« »in der Welt«? Das Bild der lukanischen Weihnachtserzählung wird assoziativ aufgerufen: »Seit das Kind schrie bei den Schafen«. Inkarnations-Christologie gibt den theologischen Hintergrund an: Gott ist in dieser Welt, »darin«, seit und durch die Menschwerdung Jesu Christi. Aber dieser Hintergrund wird nur allusorisch eingespielt. Wichtig für die Beziehung Gott – Mensch: Seitdem brennt Gott »lichterloh zu mir«. Hintergrund dieses Schlussbildes ist das im Gedichtzyklus immer wieder aufgerufene Bild der »Feuertaube«, des Geistes, der – laut westlichem Credo – »vom Vater und vom Sohn ausgeht«. Erneut paradox formuliert: Die Sehnsucht der Gottsuche ist »verkohlt« in der Kälte der Eismeere. Gegen diese Verkohlung brennt Gott ihr selbst in seinem Geist lichterloh entgegen. Wird die eine Verkohlung die andere aufheben? Wird die verzweifelte und ergebnislose Suchbewegung der Beterin durch das Entgegenkommen der »Feuertaube« aufgefangen? Das »Finden von neuen Bildern, Symbolen«, das Silja Walter im Radio-Gespräch erwähnte, führt zu paradoxen Bildern, zu Symbolen, die weniger Erfüllung und Frieden ausdrücken, als vielmehr Zerstörung, vollständiges Erfasstsein und Verändert-Werden. Das Schicksal der in diesem Gedicht mit solchen Bildern beschworenen Gottessehnsucht bleibt offen.

Michael Krüger: Rede des ev. Pfarrers

Der zweite hier aufgerufene Autor gehört nicht zu jenen, die in ihren Werken christliche Tradition bestätigend illustrieren würden. Aber er zählt zu den führenden Köpfen der literarischen Gegenwartsszene im deutschsprachigen Bereich: *Michael Krüger* (*1943), dessen Text »Die kleinen Worte« bereits in der Hinführung zu diesem Buch programmatischen Raum erhielt (vgl. S. 32), und dessen zweiter Text »Marx redet« in der Abteilung »Nach den Tode Gottes« behandelt wurde (vgl. S. 192). In dem 1998 erschienenen Gedichtband »Wettervorhersage« fand sich jene Tradition der »Reden« unterschiedlichster Zeitgenossen. Unter diesen Stimmen kommt nun auch ein »evangelische Pfarrer«[228] mit einer Rede zu Wort.

Rede des ev. Pfarrers

(lacht:)
Ach, wissen Sie,
auch ohne ihn
haben wir viel zu tun.
Manche in der Gemeinde
haben ihn schon vergessen.
Anderen fehlt er. Sehr.
War es besser mit ihm?
Der Trost drang tiefer,
und die Scham darüber,
geboren zu sein,
ließ sich leichter
verbergen.

Das monologische Gedicht setzt eine dialogische Struktur voraus. Die knappe Szenerie des Textes lässt auf die zuvor gestellte Frage eines Dialogpartners schließen, wie etwa »Herr Pfarrer, was machen Sie eigentlich noch in der Kirche? Gott ist doch längst tot! Die Idee Gott überholt!« Oder so ähnlich. Das in der ersten Zeile angedeutete Lachen des Pfarrers entpuppt sich so als Lachen der Verlegenheit angesichts der nur erschließbaren vorausgegangenen Frage. Zunächst scheint er in seiner Entgegnung auch eher auszuweichen: Der Gemeindebetrieb läuft weiter, auch ohne Gott – so scheint er überraschenderweise zuzugeben. Es gibt viel zu tun: die liturgische Routine, die sozialen Verpflichtungen, die Aktivitäten unterschiedlichster Gruppierungen. Tatsächlich ist Gott so für viele nicht einmal mehr Erinnerung – wir sind Belegen für diese Entwicklung in diesem Buch mehrfach begegnet.

Die zentrale Zeile des Textes findet sich in der Mitte: Manchen fehl »er« – wie stets in dem kleinen Text bleibt Gott ungenannt – das »er« kann sich so auch stets auf Christus beziehen. Dann, durch die Setzung zwischen zwei Punkte herausgehoben: »Sehr«. Jetzt ändert sich der Ton, wird ernst, eingeleitet durch die wohl monologisch an sich selbst gerichtete Rückfrage: »War es besser mit ihm?« Zwei Aussagen markieren den Unterschied zwischen einem »Leben mit Gott« und einem »Leben ohne ihn«. Interessant, welche gewählt sind. Zunächst: »Der Trost drang tiefer« – ohne Gott ist die Welt trostlos. Dann schwerer verständlich: Die »Scham darüber, geboren zu sein, ließ sich leichter verbergen«. Das Schlusswort »verbergen« liest sich leicht wie »ertragen«, ist aber so noch abgründiger. Was könnte damit gemeint sein? Liegt hier ein Reflex der lutherischen Rechtfertigungslehre vor, nach der jeder Mensch vor Gott durch seine Geburt als Sünder dasteht, ganz und gar angewiesen auf Gottes gnädiges Erbarmen? Das würde erklären, warum der Sprecher des Textes ein *evangelischer* Pfarrer ist, und warum diese Textpassage vielen Katholiken eher unverständlich bleibt. Oder liegt in dieser Geburtsscham ein Bewusstsein für strukturelle Sünde vor, nach der wir Westeuropäer – nolens volens – tief eingebunden sind in die Schuldverstrickungen unserer Geschichte und Gesellschaft? In jedem Fall wird deutlich, dass nach Meinung des Pfarrers ein Leben mit Gott in diesen beiden Aspekten leichter und besser war. So steht hier – zwischen den Zeilen – am Ende die Sehnsucht im Zentrum, der nur noch als abwesend erfahrbare Gott möge doch existieren. Die »größere Sehnsucht« – sie wird hier nur ex negativo benannt.

Christine Busta: Nicht nur mir selber gesagt

Auch die folgende Autorin ist uns in diesem Buch bereits begegnet, die österreichische Lyrikerin *Christine Busta* (1915–1987), deren »Schneepsalm« die vorangehende Abteilung beschloss (vgl. S. 207). Das nun zu betrachtende Gedicht ist eine Art Lebensrückblick, es entstand in den letzten Jahren vor ihrem Tod. »Nicht nur mir selber gesagt«[229] wurde im Nachlassband »Der Himmel im Kastanienbaum« 1989 veröffentlicht.

Nicht nur mir selber gesagt

Wenn du Vögel und Bäume liebst,
musst du dir darüber klar sein,
dass du ihnen gleichgültig bist.
Sie brauchen dich nicht,
du brauchst sie.

Deine Liebe erwidern kann nur der Mensch.
Aber acht es auch nicht für gering,
wenn er sie nur zu dulden vermag
und ihr Entfaltung gewährt.
Alle Liebe, die du gibst und empfängst,
ist der Vergebung bedürftig,
weil du sie anderen schuldig bleibst.

Eines Tages wirst du vielleicht
die große Gleichgültigkeit Gottes
als unendliche Toleranz verstehen
und dich ihr anvertraun.

Ich weiß keinen anderen Trost.

Was sagt die Gedichtsprecherin am Ende ihres Lebens »nicht nur mir selber«? Ihre Frage: Worin liegt letzter Trost? Kann der Mensch in den verschiedenen Formen von Liebe dauerhaften Trost finden? Wohin zielt die letzte, die größere Sehnsucht? In der Beantwortung dieser Fragen zerstört die Sprecherin mehrere mögliche Orientierungen als nur kurzfristig haltbare Täuschungen. Zunächst wird die Liebe zur Natur als Selbsttäuschung des Menschen entlarvt. Nicht um Kommunikation handelt es dabei, sondern um Projektion: Die Elemente der Natur »brauchen dich nicht«. Busta, die in ihren lyrischen Texten immer wieder biblische und christliche Themen verdichtet[230], führt die Linie der Selbstentlarvung in der zweiten Versgruppe weiter: Liebender und damit tröstender Austausch ist zwar tatsächlich und nur zwischen Menschen möglich, doch auch hier schränkt sie ein: Schon das Gewähren der »Entfaltung« von Liebe ist viel; und immer bleibt Liebe mit Schuld und der Notwendigkeit von Vergebung behaftet, weil die Hinwendung zum einen die Abwendung von anderen notwendig mit einschließt.

So weitet sich der Blick in der dritten Strophe weg von den Naturelementen, weg vom menschlichen Partner hin zu Gott. Was für eine Aussage: Der einzige Trost, den die Dichterin kennt und sich selbst wie uns Lesenden zusagt ist der, dass man sich diesem Gott anvertraut, indem man seine »große Gleichgültigkeit« als »unendliche Toleranz« versteht. Schwer zu deuten, vielleicht so: Hier geht es wohl nicht um das Vertrauen, dass Gott sich uns schicksalsmächtig zuwendet, sondern umgekehrt: dass wir uns Gott zuwenden können. Er nimmt uns an, darin liegt seine Toleranz. Und in dieser Sehnsucht, vor Gott und bei Gott so sein zu können wie wir sind, liegt die gesuchte letzte Hoffnung. Das also wäre die »größere Sehnsucht« der Gedichtsprecherin: dass Gottes »große Gleichgültigkeit« als »unendliche Toleranz« uns vor ihm und bei ihm sein lässt.

Heinz Piontek: Freies Geleit

Der letzte in diesem Buch aufgenommene Text weist im wahren Sinne des Wortes »ins Offene«. Mit *Heinz Piontek* (*1925) kommt hier ein Lyriker zu Wort, der – obwohl 1976 mit dem renommierten Büchnerpreis ausgezeichnet – die kulturelle Öffentlichkeit immer gescheut hat. In seinen Lyrikbänden widmet sich der seit vierzig Jahren in München beheimatete gebürtige Oberschlesier vor allem Naturbetrachtungen, Reflexionen über Alltagsleben und philosophischen Besinnungen. Vielfach werden biblische Anspielungen aufgenommen, religiöse Gedanken vorsichtig tastend formuliert. Das Gedicht »Freies Geleit«[231] stammt aus dem Gedichtband »Wie sich Musik durchschlug« von 1978.

Freies Geleit

Da wird ein Ufer
zurückbleiben.
Oder das End eines
Feldwegs.

Noch über letzte Lichter hinaus
wird es gehen.

Aufhalten darf uns
niemand und nichts!

Da wird sein
unser Mund
voll Lachens –

Die Seele
reiseklar –

Das All
nur eine schmale
Tür,

angelweit offen –

Wie mehrfach in seinem Werk meditiert Piontek hier über das Ende des Lebens. Wie wird es sein, das Sterben? Wie wird er sein, der Aufbruch der Seele in die Unsterblichkeit, auf die der Gedichtsprecher hofft? Kann man solche Gedanken überhaupt in Worte fassen? Piontek wagt es, Bildfetzen aufzurufen, anzutippen, stehen zu lassen. Antippen, kurz berühren – anders kann man solche Gedanken nicht äußern. Das Thema selbst wird in den ersten Versgruppen nur angedeutet, erschließt sich erst durch das ganze Gedicht.

Erstes Bild, unvermittelt direkt durch »da wird« vor Augen gestellt: Was wird zurückbleiben? »Ein Ufer« oder »das End eine Feldwegs« – der Aufbruch aus dem Leben wird zunächst mit Aufbrüchen auf konkreten Lebenswegen verglichen. Der Ort, wo eben noch der Fuß stand, bleibt schlicht zurück, man sieht ihn förmlich kleiner und kleiner werden. Zweites Bild, nun voraus gerichtet: Es geht »über letzte Lichter« hinaus, über die Grenzen des Bewohnten, Zivilisierten. Dieser Aufbruch sprengt andere Aufbrüche. In der dritten Versgruppe ändern sich Ton und Rahmen: »Wir« erleben diesen Aufbruch, als Sprecher des Textes sind mindestens zwei Personen zu denken. Keine einsame Reise wird beschrieben, sondern gemeinsames bewusstes Handeln: »Niemand und nichts« kann und soll den Aufbruch verhindern.

Die vierte Versgruppe greift rhyhthmisierend die Einleitung zum ersten Vers auf. »Da wird«. Doch nun wendet sich der Blick nach innen, auf die eigene Haltung dem Aufbruch gegenüber: »unser Mund voll Lachens«. Als Prätext wird auf *Rainer Maria Rilkes* bekanntes Todesgedicht »Schlußstück« aus dem »Buch der Bilder« angespielt: »Der Tod ist groß. / Wir sind die Seinen / lachenden Munds.«[232] Neben und eigentlich vor Rilke wird hier aber auch ein biblisches Motiv aufgegriffen. In Psalm 126 wird eine Freudenvision beschrieben. Erinnerung an Vergangenheit soll Mut zur Gegenwartsbewältigung und Zukunftshoffnung wecken. Wie war das, als der Herr das Los der Gefangenschaft Zions wendete? »Da war unser Mund voll Lachen« (Ps 126,2) ...

Mit dieser doppelten Anspielung wird nun endgültig klar, dass es sich um ein Gedicht über das Sterben und die darüber hinausgehende Sehnsuchtshoffnung handelt. »Lachenden Munds« – diese von Rilke vorgegebene Haltung übernimmt Piontek, der Sterben als Befreiung beschreibt. Doch er geht weiter: »Die Seele reiseklar«. Das Gedicht setzt die Existenz der Seele voraus, sie – die den Körper zurücklässt wie »Ufer« oder »Feldweg« – ist reiseklar. Wohin geht die Reise? Auch hier wagt Piontek ein Bild: Ziel ist »das All«, doch das ist nur eine »schmale Tür«. Die Tür aber ist »angelweit offen«. Hier wird ein zweites Mal ein biblisches Bild assoziativ eingespielt: In der Apostelgeschichte wird Stephanus kurz vor der Steinigung die Vision in den Mund gelegt: »Ich sehe den Himmel offen!« (Apg 7,56). Diese heilsgeschichtliche Vision übernimmt der Gedichtsprecher. Der ungehinderte, durch »freies Geleit« geschützte Aufbruch beschreibt die sehnsüchtig erhoffte Reise der Seele zu Gott.

Nachgefragt: Der Begriff »Gott« taucht in dem Text nicht auf: Ist die vorgelegte Deutung zu stark vereinnahmend? *Magda Motté* hat das Gedicht einfühlsam gedeutet, ich schließe mich ihrer Deutung an: »Pionteks Gedicht« – schreibt sie – verweise »durch Form und Vokabular auf eine religiöse Ebene, auch wenn Gott nicht expressis verbis genannt ist«[233]. Genau das zeigt Piontek auf: Die letzten Sehnsüchte und Hoffnungen lassen sich wenn, dann nur offen formulieren: Nicht Definition sondern Andeutung; nicht Zugriff sondern bildhafte Umschreibung, nicht das Wort »Gott« sondern das, wofür dieses Wort letztlich steht.

Didaktisch-methodische Überlegungen

Die Gedichte der letzten Abteilung dieses Buches versuchen, die tiefsten menschlichen Sehnsüchte und Hoffnungen in Sprache zu kleiden. Die Auseinandersetzung mit ihnen lohnt sich immer dann, wenn man es schafft, mit Lerngruppen in diese sehr persönlichen Dimensionen vorzustoßen. Die Texte können dabei helfen, sich selbst über seine eigenen tiefsten Hoffnungen – im Leben und über das Leben hinaus – klar zu werden. Damit ist schon deutlich geworden, dass ein solcher Ansatz nur im Rahmen von Vertrautheit und Vertrauen möglich ist und großes Fingerspitzengefühl im Umgang mit eigenen und anderen Überzeugungen verlangt.

■ Das Gedicht von *Silja Walter* lässt sich am besten aus dem Lebenskontext der Autorin erschließen: Hier die weltabgewandte, kontemplativ lebende Nonne – da der politisch-sozialistisch orientierte Bruder. Hier kann man möglicherweise Teile des Gespräches zwischen den beiden aufnehmen und lesen. Wie wird sie ein Gedicht verfassen, das – durch die Zueignung des Bandes – ihm gewidmet ist, ja ihn ihrer Gottesbeziehung näher bringen soll? Der Versuch lohnt sich, Schülerinnen und Schüler in diese Fragestellung hineinzunehmen. Dazu gibt man ihnen drei Textfragmente an die Hand: »ist dein Wesen«, »da bist du«, »finde ich dich«. Wie kann ein Gedichttext aussehen, der solche Fragmente enthält? Vielleicht versuchen sprachbegabte Schülerinnen oder Schüler, Texte zu entwerfen, in denen diese Fragmente ihren Platz haben. Der Vergleich mit Silja Walters Text wird überraschen durch die harten Gegenbilder: »verkohlt«, »bluten«, »Eismeer«, »brennst lichterloh«. Die Struktur der verzweifelten Gottessuche, des trotzigen, dem Leben abgerungenen Gottesglaubens wird so deutlich und umso glaubwürdiger. Die letzte Gottessehnsucht – sie ist nicht Weltflucht, illusionäre Spinnerei oder harmloses Kompensationsgeträume, sondern ringende und hoffende Auseinandersetzung mit Wirklichkeit.

■ *Michael Krügers* »Rede des ev. Pfarrers« lädt ein zu einer Texttransformation. Kommentarlos wird das Gedicht ausgeteilt mit der Arbeitsanweisung: »Schreibt eine kleine Szene um dieses Gedicht herum, in dem dessen Worte ihren sinnvollen Platz haben können. Erfindet Gesprächspartner, kommentiert einzelne Äußerungen durch Szenenanweisungen!« Einerseits wird so der dialogische Charakter des Textes deutlich, andererseits der Tonwechsel im Gedicht. Vor allem lässt sich so jedoch hervorheben, wie ungewöhnlich die zwei im Gedicht genannten »Verlustdimensionen« wirken. »Trost« und »Scham«. Was hätten die Schülerinnen und Schüler erwartet? Und wie lassen sich diese zwei begründen? Von welcher Sehnsucht ist das Gedicht also letztlich getragen?

■ *Christine Bustas* Gedicht entfaltet seine Wirksamkeit durch die genau kalkulierte Setzung einzelner Schlüsselbegriffe, die letztlich den Sinn bündeln. Deshalb legt es sich nahe, genau diese Begriffe intuitiv erschließen zu lassen. Das Gedicht wird so als Lückentext ausgeteilt: Es fehlen die Begriffe »ihnen gleichgültig bist« (erste Versgruppe), »zu dulden vermag«, »ihre Entfaltung gewährt« (zweite Versgruppe), »die große Gleichgültigkeit Gottes« (dritte Versgruppe). Über den Vergleich unterschiedlicher Lösungen untereinander und mit Bustas Version kann man sich in das Gedicht von innen her einfühlen. Zentral wird es dabei um ein verstehendes Annähern an diesen Begriff »Gleichgültigkeit Gottes« gehen – immerhin im Rahmen des Gedichtes der letzte Trost.

■ Wie eine Sprachschule über die Annäherung an »die letzten Dinge« wirkt schließlich das Gedicht von *Heinz Piontek*. In seinem tastenden Setzen von Hoffnungsbildern für die letzte Reise eignet es sich mehr für eine meditative Einfühlung als für eine sezierende Analyse. Hier liegt der didaktische Ort dieses Textes: Die Schülerinnen und Schüler werden – etwa in einer Unterrichtseinheit zu »Tod, Sterben und die christliche Hoffnung auf Auferweckung« – gebeten sich auf eine Meditation einzulassen. In eine ruhige, nur leise vernehmbare Instrumentalmusik werden dazu mit langen Pausen die Verse des Gedichtes gesprochen. Nach der Meditation kann – muss aber nicht – eine Texterschließung über eine vertiefende Vers-für-Vers-Deutung erfolgen. Die größere Hoffnung und die tiefere Sehnsucht, die sich mit dem Wort »Gott« verbinden – sie lassen sich nicht analytisch erschließen, sondern nur in angebotener Einfühlung erspüren. Dazu können die hier vorgestellten Gedichte helfen.

Nachwort

In meinem Buch »Gedichte zur Bibel« (München: Kösel 2001) habe ich versucht, direkte Rezeptionsspuren von biblischen Texten in Gedichten des 20. Jahrhunderts aufzuzeigen und didaktisch fruchtbar zu machen. Während der Arbeit an jenem Buch war mir schon deutlich geworden, dass ich dort einen spezifischen Texttypus nicht aufnehmen konnte: Gedichte, die sich zwar mit Religion oder direkt mit der Gottesfrage auseinander setzen, sich dabei aber nicht unmittelbar oder auf den ersten Blick erkennbar auf biblische Vorbilder beziehen. Diese Texte – in sich noch offener, gegenwartsbezogener, vielleicht theologisch wie literarisch noch reizvoller – sind nun in diesem Band versammelt. Die beiden vorliegenden Bücher sind als gegenseitige Ergänzung gedacht und konzipiert.

Dieses Buch ist Ergebnis jahrelanger Vorarbeiten, auf die im Text und im Literaturverzeichnis immer wieder Bezug genommen wird. Ohne die kreativen Ideen, mitdenkenden Deutungshinweise, Neuland erprobenden Unterrichtsversuche zahlreicher hier namentlich ungenannt bleibender Begleiterinnen und Begleiter auf diesem Weg wäre es so nicht möglich geworden – im Arbeitskreis »Theologie und Literatur« (Tübingen), für den ich stellvertretend die Namen von *Karl-Josef Kuschel*, *Christoph Gellner* und *Andrea Henneke-Weischer* nennen möchte; im Kontext ungezählter Vorträge und Fortbildungsveranstaltungen; in universitären Seminaren und in von mir selbst oder von hilfsbereiten Kolleginnen und Kollegen gehaltenen Schulstunden.

Einige weitere Namen verdienen besonderer Erwähnung: Während der Arbeit an diesem Buch vollzog sich für mich ein biographisch entscheidender Schritt: Nach viereinhalb Jahren als Akademischer Rat an der Pädagogischen Hochschule in Weingarten habe ich den Lehrstuhl für Didaktik des Katholischen Religionsunterrichts an der Erziehungswissenschaftlichen Fakultät der Universität Erlangen-Nürnberg übernommen. Ich danke zunächst den neuen Kollegen – vor allem *Erich Schrofner* und *Johannes Lähnemann* – für die freundliche und hilfsbereite Aufnahme. Für die kritische Durchsicht des Manuskripts danke ich Frau stud. päd. *Melanie Krippendorf. Winfried Nonhoff* und *Margarete Stenger* vom Kösel-Verlag danke ich für die spontane Begeisterung für Idee und Konzept des Buches und die unkomplizierte, stets transparente Kooperation. Ich widme das Buch meiner Frau *Annegret Langenhorst* dankbar für alles Mitdenken, Mitleben und Mittragen.

Nürnberg, im Mai 2003
Georg Langenhorst

Anhang

ANMERKUNGEN

Hinführung

1 Grundlagenplan für den katholischen Religionsunterricht im 5. bis 10. Schuljahr, hrsg. von der Zentralstelle Bildung der Deutschen Bischofskonferenz (München 1984), S. 12.

2 Identität und Verständigung. Standort und Perspektiven des Religionsunterrichts in der Pluralität. Eine Denkschrift der Evangelischen Kirche in Deutschland (Gütersloh 1994), S. 30.

3 Vgl. dazu provokativ: *Harald Schweizer*: »... deine Sprache verrät dich!« Grundkurs Religiosität. Essays zur Sprachkritik (Münster 2002); *Jürgen Ebach* u.a. (Hrsg.): Gretchenfrage. Von Gott reden – aber wie?, 2 Bde. (Gütersloh 2002).

4 *Ulrich Kropa*[1]: *Biblisches Lernen, in: Georg Hilger/Stephan Leimgruber/ Hans-Georg Ziebertz*: Religionsdidaktik. Ein Leitfaden für Studium, Ausbildung und Beruf (München 2001), S. 385–401, hier: S. 390.

5 Vgl. *Hille Haker*: Narrativität und moralische Identität, in: *Dietmar Mieth* (Hrsg.): Erzählen und Moral. Narrativität im Spannungsfeld von Ethik und Ästhetik (Tübingen 2000), S. 37–65.

6 *Georg Hilger*: Symbollernen, in: *ders.* u.a.: Religionsdidaktik, a.a.O., S. 330–339, hier: S. 330.

7 *Anton Bucher*: Religionsunterricht zwischen Lernfach und Lebenshilfe. Eine empirische Untersuchung zum katholischen Religionsunterricht in der Bundesrepublik Deutschland (Stuttgart/Berlin/Köln 2000), S. 48.

8 Ebd., S. 84.

9 Ebd., S. 87.

10 Ebd., S. 102f.

11 Ebd., S. 114f.

12 Vgl. Glaube in Deutschland. Das Lexikon zu Religionen und Glaubensgemeinschaften, hrsg. von Meyers Lexikonredaktion (München 1999), S. 9–11.

13 *Deutsche Shell* (Hrsg.): Jugend 2000, Bd. 1 (Opladen 2000), S. 158.

14   Vgl. dazu: *Karl-Josef Kuschel*: Theologie und Literatur: Wo stehen wir heute?
     Versuch einer exemplarischen Literaturübersicht, in: Themen der Prakti-
     schen Theologie – Theologia Practica 18 (1983), Heft 3/4, S. 110–119; *Georg
     Langenhorst*: Theologie und Literatur 2001 – eine Standortbestimmung, in:
     Stimmen der Zeit 219 (2001), S. 121–132.

15   Vgl. *Georg Langenhorst*: Wie von Gott reden? Schriftsteller als Sprachlehrer
     für Theologen und Religionspädagogen, in: rhs 40 (1997), S. 394–403; *ders.*:
     Wenn die Poeten beten … Schriftsteller als Sprachlehrer der Gottesbezie-
     hung?, in: Geist und Leben 74 (2001), S. 27–42; *Brigitte Schwens-Harrant*: Tritt-
     brett für die Verkündigung? Literatur im Religionsunterricht, in: Christlich-
     Pädagogische Blätter 111 (1998), S. 4–6; *Jörg Seip*: Einander die Wahrheit hi-
     nüberreichen. Kriteriologische Verhältnisbestimmung von Literatur und
     Verkündigung (Würzburg 2002).

16   *Georg Langenhorst*: Gedichte zur Bibel. Texte – Interpretationen – Methoden.
     Ein Werkbuch für Schule und Gemeinde (München 2001).

17   *Paul Konrad Kurz*: Gott in der modernen Literatur (München 1996), 2. Aufla-
     ge (Münster 2003).

18   *Karl-Josef Kuschel*: Im Spiegel der Dichter. Mensch, Gott und Jesus in der Lite-
     ratur des 20. Jahrhunderts (Düsseldorf 1997), bes. S. 173–295. Vgl. auch
     schon: *ders.*: Gottesbilder – Menschenbilder. Blicke durch die Literatur unse-
     rer Zeit (Zürich/Einsiedeln/Köln 1985).

19   *Armin A. Wallas*: Der Gott Israels, in: *Heinrich Schmidinger* (Hrsg.): Die Bibel
     in der deutschsprachigen Literatur des 20. Jahrhunderts, Bd. 2: Personen
     und Figuren (Mainz 1999), S. 7–29.

20   *Cornelius Hell*: Der christliche Gott, ebd., S. 303–325.

21   *Harald Fricke*: Göttliches und ErGötzliches. Zur Rolle von Mythologie und
     Religion im postmodernen Romanwerk des Wolf von Niebelschütz, in: *Reto
     Sorg/Bodo Stefan Würfel* (Hrsg.): Gott und Götze in der Literatur der Moderne
     (München 1999), S. 151–164, hier: S. 152.

22   *Paul Konrad Kurz* (Hrsg.): Psalmen vom Expressionismus bis zur Gegenwart
     (Freiburg/Basel/Wien 1978); *ders.* (Hrsg.): Höre Gott! Psalmen des Jahrhun-
     derts (Zürich/Düsseldorf 1997). Vgl. auch: *Klaus Vellguth* (Hrsg.): »Gott sei
     Dank bin ich Atheist«. Gott als Thema in der Literatur des 20. Jahrhunderts
     (Lahr 2001); *Anton G. Leitner* (Hrsg.): Das Gedicht. Zeitschrift für Lyrik,
     Essay und Kritik, Heft 9: »Himmel und Hölle« (Oktober 2001).

23   Als Einzelstudie bemerkenswert: *Stefan Heil*: Die Rede von Gott im Werk
     Ödön von Horváths (Ostfildern 1999).

24   *Thomas Dienberg*: Ihre Tränen sind wie Gebete. Das Gebet nach Auschwitz in
     Theologie und Literatur (Würzburg 1997), S. 199.

25   Viele Anregungen verdanke ich: *Wolfgang Wiesmüller*: Wie beten die Poeten?
     Gebetslyrik zwischen Poesie und religiöser Gebrauchsliteratur, in: *Peter
     Tschuggnall* (Hrsg.): Religion – Literatur – Künste III: Perspektiven einer Begeg-
     nung am Beginn eines neuen Milleniums (Anif/Salzburg 2001), S. 133–158.

26 *Norbert Mette*: »Fremdprophetie«, in: Lexikon für Theologie und Kirche, hrsg. von *Walter Kasper*, Bd. V (Freiburg u.a. [3]1995), S. 127f. Als Bezeichnung für Schriftsteller etwa in: *Stefan Scholz*: Von der humanisierenden Kraft des Scheiterns. George Tabori – Ein Fremdprophet in postmoderner Zeit (Stuttgart/Berlin/Köln 2002).

27 Vgl. etwa in: *Georg Langenhorst*: Gedichte zur Bibel, a.a.O., S. 28–35.

28 *Hilde Domin*: Wozu Lyrik heute. Dichtung und Leser in der gesteuerten Gesellschaft [1]1968 (München 1981), S. 29.

29 *Ursula Baltz/Henning Luther*: Von der Angewiesenheit des Theologen auf literarische Kultur, in: Themen der praktischen Theologie – Theologia Practica 18 (1983), Heft 3/4, S. 49–54, hier: S. 50.

30 *Hilde Domin*: Wozu Lyrik heute, a.a.O., S. 29.

31 *Robert Musil*: Der Mann ohne Eigenschaften. Roman [1]1930–43, hrsg. von *Adolf Frisé* (Reinbek 2001), S. 16.

32 *Peter Biehl*: Religiöse Sprache und Alltagserfahrung. Zur Aufgabe einer poetischen Didaktik, in: Themen der praktischen Theologie – Theologia Practica 18 (1983), S. 101–109, hier S. 104f.

33 *Ernst Bloch*: Atheismus im Christentum. Zur Religion des Exodus und des Reichs [1]1968 (Frankfurt 1985), S. 23.

34 Grundlagenplan für den katholischen Religionsunterricht, a.a.O., S. 242 (Hervorhebung G.L.)

35 Vor allem in: *Georg Hilger/George Reilly* (Hrsg.): Religionsunterricht im Abseits? Das Spannungsfeld Jugend – Schule – Religion (München 1993); *Thomas Ruster*: Der verwechselbare Gott. Theologie nach der Entflechtung von Christentum und Religion (Freiburg/Basel/Wien 2000).

36 Vgl. *Karl-Josef Kuschel:* Theopoetik, in: ders.: »Vielleicht hält Gott sich einige Dichter ...« Literarisch-theologische Porträts (Mainz 1991), S. 384f.

37 Begriff von *Dietmar Mieth*: Braucht die Literatur(wissenschaft) das theologische Gespräch? Thesen zur Relevanz »literaturtheologischer« Methoden, in: *Walter Jens/Hans Küng/Karl-Josef Kuschel* (Hrsg.): Theologie und Literatur. Zum Stand des Dialogs (München 1986), S. 164–177, hier: S. 175.

38 So mit Recht schon *Magda Motté*: Religiöse Erfahrung in modernen Gedichten. Texte, Interpretationen, Unterrichtsskizzen (Freiburg/Basel/Wien 1972), S. 40. Vgl. auch: *Henning Schröer*: Moderne deutsche Literatur in Predigt und Religionsunterricht (Heidelberg 1972).

39 *Dorothee Sölle*: Realisation. Studien zum Verhältnis von Theologie und Dichtung nach der Aufklärung (Darmstadt/Neuwied 1973), S. 77. Wieder verfügbar in: *dies.*: Das Eis der Seele spalten. Theologie und Literatur in sprachloser Zeit (Mainz 1996), S. 53.

40 *Dietmar Mieth*: Braucht die Literatur(wissenschaft) das theologische Gespräch? a.a.O., S. 165.

41 *Georg Langenhorst*: Gedichte zur Bibel, a.a.O., S. 36–43.

42 *Gottfried Benn*: Lebensweg eines Intellektualisten [1]1934, in: *ders.*: Sämtliche

Werke, hrsg. von *Gerhard Schuster*, Bd. IV: Prosa 2 (Stuttgart 1989), S. 154–197, hier: S. 175.

43 *Anton G. Leitner*: Editorial, in: *ders.* (Hrsg.): Das Gedicht. Zeitschrift für Lyrik, Essay und Kritik, Heft 9: »Himmel und Hölle« (Oktober 2001), S. 5.

44 *Henning Ziebritzki*: Experimente mit dem Echolot. Zum Verhältnis von moderner Lyrik und Religion, ebd., S. 89–94.

45 *Michael Krüger*: Nachts, unter Bäumen. Gedichte (Salzburg/Wien 1996), S. 90. Vgl. dazu: *Georg Langenhorst*: »Ohne Ihn«? – Zeitgenössische Gedichte zur Gottesfrage. Zwei Vorschläge für den Religionsunterricht in der Sekundarstufe, in: Katechetische Blätter 127 (2002), S. 104–108.

I. Grundlegungen:
Gedichte zur Gottesfrage vor 1945

46 *Andreas Krass*: Gebet, in: Reallexikon der deutschen Literaturwissenschaft, hrsg. von *Klaus Weimar*, Bd. I (Berlin/New York 1997), S. 662–664, hier: S. 662. Vgl. *Wolfgang Wiesmüller*: Gebet und Poesie. Zur »produktiven Kollision« zwischen Religion und Literatur am Beispiel der Gebetslyrik, in: Pastoraltheologische Informationen Heft 1, 21(2001), S. 59–73.

47 Zum Kirchenlied vgl.: *Hansjakob Becker* u.a.: Geistliches Wunderhorn. Große deutsche Kirchenlieder (München 2001); *Martin Rössler*: Liedermacher im Gesangbuch. Liedgeschichte in Lebensbildern (Stuttgart 2001).

48 Vgl. etwa: *Michael Sievernich*: Friedrich von Spee. Priester, Poet, Prophet (Frankfurt 1991).

49 *Friedrich Spee* : Trutz–Nachtigall, hrsg. von *Theo G. M. van Oorschot* (Berlin 1985), S. 9.

50 Ebd., S.. 129–133 (Auszug – modernisierte Schreibweise).

51 Hinweis ebd., S. 389.

52 Vgl. dazu: *Andrea Rösler*: Vom Gotteslob zum Gottesdank. Bedeutungswandel in der Lyrik von Friedrich Spee zu Joseph von Eichendorff und Annette von Droste-Hülshoff (Paderborn u.a. 1997).

53 Vgl. *Christian Bunners*: Paul Gerhardt. Weg – Werk – Wirkung (Berlin 1993).

54 *Paul Gerhardt*: Ich bin ein Gast auf Erden. Gedichte, hrsg. von *Heimo Reinitzer* (Zürich 1998), S. 89f.

55 Ebd., S. 38–40.

56 Ebd., 119f.

57 Vgl. *Barbara Beuys*: »Blamieren mag ich mich nicht«. Das Leben der Annette von Droste-Hülshoff (München 1999).

58 *Annette von Droste-Hülshoff*: Werke in einem Band, hrsg. von *Clemens Heselhaus* (München/Wien 1984), S. 494–496.

59 Vgl. *Peter Lahnstein*: Eduard Mörike. Leben und Milieu eines Dichters (München 1986).

60 *Eduard Mörike*: Sämtliche Werke in vier Bänden, hrsg. von *Herbert G. Göpfert*, Bd. 1: Gedichte; Idylle vom Bodensee (München/Wien 1981), S. 127.

61 *Peter Härtling*: Der Pfarrer Mörike, in: *Walter Jens/Hans Küng/Karl-Josef Kuschel* (Hrsg.): Theologie und Literatur. Zum Stand des Dialogs (München 1986), S. 17–23, hier: S. 23.

62 Vgl. dazu: *Paul Konrad Kurz*: Ist Lobpreis möglich? Literarische Beobachtungen, in: Stimmen der Zeit 221 (2003), S. 198–210

63 Vgl. dazu etwa: *Franz W. Niehl/Arthur Thömmes*: 212 Methoden für den Religionsunterricht (München 1998).

64 *Karl-Josef Kuschel*: Rainer Maria Rilke und die Metamorphosen des Religiösen, in: *ders.*: »Vielleicht hält Gott sich einige Dichter ...«, a.a.O., S. 97–163.

65 So sinngemäß in: *Rainer Maria Rilke*: Sämtliche Werke, Bd. I.1: Gedicht-Zyklen (Frankfurt 1986), S. 9. Das hier abgedruckte Gedicht »Die Dichter haben dich verstreut ...« ist ebd., S. 47 entnommen

66 *Karl-Josef Kuschel*: Rainer Maria Rilke, a.a.O., S. 127.

67 Ebd., S. 131.

68 Vgl. *Gisbert Kranz* (Hrsg.): Gertrud von le Fort. Leben und Werk in Daten, Bildern und Selbstzeugnissen [1]1976 (Frankfurt/Leipzig [3]1995).

69 *Ulla Hahn*: Nachwort, in: Gertrud von le Fort: Die Tochter Farinatas (Frankfurt 1985), S. 95–112, hier: S. 100.

70 Zit. nach: *Gisbert Kranz* (Hrsg.): Gertrud von le Fort, a.a.O., S. 29.

71 Zit. nach ebd., S. 30f.

72 *Theoderich Kampmann*: Eine exemplarische Dichtertheologin. In memoriam Gertrud von le Fort (1876–1971), in: KatBl 101 (1976), S. 789–795.

73 Vor allem: *Günter Grass*: »Meißner Tedeum« [1]1971, in: *ders.*: Die Gedichte 1955–1986 (Darmstadt 1988), S. 391–397. Text aus: *Gertrud von le Fort*: Hymnen an die Kirche (München 1924), S. 42 f.

74 So *Cornelius Hell/Wolfgang Wiesmüller*: Die Psalmen – Rezeption biblischer Lyrik in Gedichten, in: *Heinrich Schmidinger* (Hrsg.): Die Bibel in der deutschsprachigen Literatur des 20. Jahrhunderts, Bd. 1: Formen und Motive (Mainz 1999), S. 158–204, hier: S. 174.

75 Vgl. dazu: *Georg Langenhorst*: Trösten lernen? Profil, Geschichte und Praxis von Trost als diakonischem Lehr- und Lernprozess (Ostfildern 2000).

76 Vgl. *Detlev Block*: Daß ich dich leidend lobe. Jochen Klepper – Leben und Werk (Lahr 1992). Text aus: *Jochen Klepper*: »Ziel der Zeit«. Die gesammelten Gedichte [1]1962 (Bielefeld [5]1993), S. 45.

77 Vgl. *Jochen Klepper*: Unter dem Schatten deiner Flügel. Aus den Tagebüchern der Jahre 1932–1942, hrsg. von *Hildegard Klepper* [1]1956 (Gießen 1997), S. 67.

78 Ebd., S. 126. Eintrag vom 31.3.1934.

79 Ebd., S. 312.

80 Ebd., S. 329.

81 Vgl. *Cordula Koepke*: Reinhold Schneider. Eine Biographie (Würzburg 1993).

82 *Reinhold Schneider*: Gedichte. Gesammelte Werke, Bd. 8 (Frankfurt 1987), S. 42f.

83 *Reinhold Schneider*: Tagebuch 1930–1935, hrsg. von *Edwin Maria Landau* (Frankfurt 1983), S. 245.

84 Vgl. *Reinhold Schneider*: Mein Anliegen: Dienst am Geoffenbarten [1]1942, in: ders.: Gesammelte Werke, Bd. 9: Das Unzerstörbare. Religiöse Schriften, hrsg. von *Edwin Maria Landau* (Frankfurt 1978), S. 11–14, hier S. 13f.

85 Zur wechselnden Rolle der Religion im Leben Reinhold Schneiders vgl.: *Karl-Josef Kuschel*: Reinhold Schneider und die Zweifel an Gott, in: ders.: »Vielleicht hält Gott sich einige Dichter ...«, a.a.O., S. 241–284.

86 *Reinhold Schneider*: Verhüllter Tag, in: ders.: Die Zeit in uns. Zwei autobiographische Werke, Gesammelte Werke, Bd. 10 (Frankfurt 1978), S. 7–173, hier: S. 140.

87 Ebd., S. 164.

88 *Ders.:* Winter in Wien [1]1958, in: ders.: Die Zeit in uns, a.a.O., S. 175–417, hier: S. 197.

89 *Max Frisch*: Tagebuch 1946–1949, [1]1950 (Frankfurt 1985), S. 108f.

90 Vgl. *Georg Langenhorst*: Trösten lernen?, a.a.O., S. 343–360; *Norbert Bernatzki/Christoph Klemp/Klaus Kühnen*: Im Religionsunterricht trösten lernen. Anregungen zur Unterrichtspraxis, in: rhs 44 (2001), S. 293–305.

91 Vgl. dazu: *Günter Lange*: Bilder zum Glauben. Christliche Kunst sehen und verstehen (München 2002), bes. S. 73–76.

92 Vgl. *Andreas B. Kilcher* (Hrsg.): Metzler Lexikon der deutsch-jüdischen Literatur. Jüdische Autorinnen und Autoren deutscher Sprache von der Aufklärung bis zur Gegenwart (Stuttgart/Weimar 2000), S. XVI.

93 *Hans Schütz*: Juden in der deutschen Literatur. Eine deutsch-jüdische Literaturgeschichte im Überblick (München/Zürich 1992), S. 154.

94 *Gottfried Benn*: Else Lasker-Schüler [1]1952, in: *ders.:* Sämtliche Werke, Bd. VI. Prosa 4, hrsg. von *Holger Hof* (Stuttgart 2001), S. 54–57, hier S. 55.

95 Vgl. die gründliche theologisch-literarische Studie: *Andrea Henneke-Weischer*: Poetisches Judentum – Die Rezeption der Bibel im Werk Else Lasker-Schülers (Mainz 2003).

96 *Else Lasker-Schüler*: Gesammelte Werke in drei Bänden, Bd. 1: Gedichte 1902–1943, hrsg. von *Friedhelm Kemp* (Frankfurt 1996), S. 137.

97 Ebd., S. 167, 214, 288, 315f., 321, 338. Dazu kommen einige Gedichtfragmente aus dem Nachlass: Vgl. *dies.:* Gesammelte Werke in drei Bänden. Bd. III: Verse und Prosa aus dem Nachlass, hrsg. von *Werner Kraft* (Frankfurt 1996), bes. S. 112–117.

98 Ebd., S. 171. Deutehinweise verdanke ich: *Andrea Henneke-Weischer*: »Mein Herz ruht müde auf dem Samt der Nacht« – Dichter sprechen mit Gott (noch unveröffentlicht).

99   *Else Lasker-Schüler*: Das Hebräerland [1]1937, in: *dies.*: Gesammelte Werke, Bd.
     III, a.a.O., S. 796.

100 *Else Lasker-Schüler*: Das Gebet, [1]1932, in: dies.: Gesammelte Werke, Bd. II:
     Prosa und Schauspiele, hrsg. von *Friedhelm Kemp* (Frankfurt 1996), S.
     776–784, hier: S. 783.

101 Vgl. *Paul Gerhard Klussmann* (Hrsg.): Karl-Wolfskehl Kolloquium. Vorträ-
     ge – Berichte – Dokumente (Amsterdam 1983).

102 *Jakob Hessing*: Else Lasker-Schüler. »... die größte Lyrikerin, die Deutsch-
     land je hatte ...« (München 1985), S. 206.

103 *Karl Wolfskehl*: Hiob oder Die vier Spiegel (Hamburg 1950), vgl. dazu: *Georg
     Langenhorst*: Hiob unser Zeitgenosse. Die literarische Hiob-Rezeption im
     20. Jahrhundert als theologische Herausforderung (Mainz 1994), S.
     153–167.

104 *Karl Wolfskehl:* Gedichte, Essays, Briefe, hrsg. von *Cornelia Blasberg/Paul
     Hoffmann* (Frankfurt 1999), S. 104.

105 Vgl. *Paul Hoffmann*: » – jüdisch, römisch, deutsch zugleich«. Karl Wolfs-
     kehl, in: *Gunter E. Grimm/Hans- Peter Bayerdörfer* (Hrsg.): Im Zeichen Hiobs.
     Jüdische Schriftsteller und deutsche Literatur im 20. Jahrhundert (Königs-
     stein 1985), S. 98–123.

106 *Beatrice Eichmann-Leutenegger*: Gertrud Kolmar. Leben und Werk in Texten
     und Bildern (Frankfurt 1993), S. 11. Vgl. auch: *Johanna Woltmann*: Gertrud
     Kolmar. Leben und Werk [1]1995 (Frankfurt 2001).

107 So in: *Beatrice Eichmann-Leutenegger* (1993), a.a.O., S. 179.

108 Vgl. *Johannes Bobrowski*: Gesammelte Werke in sechs Bänden, Bd. 1: Die Ge-
     dichte, hrsg. von *Eberhard Haufe* (Berlin 1987), S. 116–120.

109 *Gertrud Kolmar*: Weibliches Bildnis. Sämtliche Gedichte (München 1987), S.
     34f., 68–70, 71f.

110 Ebd., S. 129. Zur Deutung vgl.: *Beatrice Eichmann-Leutenegger*: »Gott lag
     sehr fest um meinen Stirnenknochen ...« Das Gottesbild im Gedicht »Die
     Leugnerin« von Gertrud Kolmar, in: *Konrad Hilpert* (Hrsg.): »Das offene
     Ende, durch das wir denken und atmen können ...« Theologie und Litera-
     tur im wechselseitigen Fragehorizont (Münster 2001), S. 31–40. Hier gute
     Deutehinweise, die ich aufgegriffen habe.

111 *Beatrice Eichmann-Leutenegger* (2001), a.a.O., S. 35.

112 *Kurt Pinthus* (Hrsg.): Menschheitsdämmerung. Ein Dokument des Expres-
     sionismus (Hamburg [2]1959), S. 340.

113 Vgl. *Georg Langenhorst*: Hiob unser Zeitgenosse, a.a.O., S. 167–175.

114 *Yvan Goll*: Die Lyrik in vier Bänden, Bd. II: Liebesgedichte 1917–1950, hrsg.
     von *Barbara Glauert-Hesse* (Berlin 1996), S. 437.

115 Vgl. *James W. Fowler*: Stufen des Glaubens. Die Psychologie der menschli-
     chen Suche nach Sinn [1]1981 (Gütersloh 2000).

II. Zeugnisse zerbrechender Gottesgewissheit

116   Vgl.: Klage. Jahrbuch für Biblische Theologie, Bd. 16 (Neukirchen-Vluyn 2001), hrsg. von *Martin Ebner* u.a.

117   *Georg Steins*: Klagen ist Gold!, in: *ders.* (Hrsg.): Schweigen wäre gotteslästerlich. Die heilende Kraft der Klage (Würzburg 2000), S. 10.

118   *Walter Groß/Karl-Josef Kuschel*: »Ich schaffe Finsternis und Unheil!« Ist Gott verantwortlich für das Übel? (Mainz 1992), S. 13. Vgl.: *Rüdiger Görner* (Hrsg.): Unerhörte Klagen. Deutsche Elegien des 20. Jahrhunderts (Frankfurt/Leipzig 2000).

119   *Wolfgang Rothe*: Expressionismus und Theologie, in: *ders.* (Hrsg.): Expressionismus als Literatur. Gesammelte Studien (Bern 1969), S. 63.

120   Vgl. *Georg Langenhorst*: Im Zwiespalt von Spiritualität und poetischer Qualität? »Christliche Lyrik« in den 90er Jahren, in: Theologie und Glaube 86 (1996), S. 66–81.

121   *Ernst Thrasolt*: De Profundis. Geistliche Gedichte [1]1908 (München [4]1922), S. 83.

122   Vgl. *Frank-Lothar Hossfeld*: Von der Klage zum Lob – die Dynamik des Gebets in den Psalmen, in: Bibel und Kirche 56 (2001), S. 16–20.

123   *Elisabeth Antkowiak*: Wem du, Herr, nur einmal bist begegnet. Gedenkbuch für Ernst Thrasolt (Leipzig 1962), S. 14.

124   *Ludwig von Ficker*: Lobrede auf eine Dichterin: Christine Lavant [1]1964, in: *ders.:* Denkzettel und Danksagungen. Aufsätze. Reden (München 1967), S. 290–297, hier: S. 295. Vgl. auch: *Grete Lübbe-Grothues* (Hrsg.): Über Christine Lavant. Leseerfahrungen – Interpretationen – Selbstdeutungen (Salzburg 1984).

125   *Christine Lavant*: Die Bettlerschale. Gedichte (Salzburg 1956), S. 133.

126   Vgl. zu diesen falschen Vertröstungen: *Georg Langenhorst*: Trösten lernen? a.a.O., S. 281ff.

127   *Thomas Bernhard*: Notiz, in: *ders.* (Hrsg.): Christine Lavant. Gedichte (Frankfurt 1987), S. 91.

128   Vgl. etwa: *Hans Höller*: Thomas Bernhard (Reinbek 1993).

129   *Thomas Bernhard*: Gesammelte Gedichte, hrsg. von *Volker Bohn* (Frankfurt 1991), S. 142. Vgl. die aktuelle Studie: *Susanne Gillmayr-Bucher*: Die Psalmen im Spiegel der Lyrik Thomas Bernhards (Stuttgart 2002).

130   So: *Wendelin Schmidt-Dengler*: Das Gebet in die Sprache nehmen. Zum Säkularisierungssyndrom in der österreichischen Literatur der siebziger Jahre, in: *Christiane Pankow* (Hrsg.): Österreich. Beiträge über Sprache und Kultur (Umea 1982), S. 45–63, hier: S. 51.

131   *Klaus Siblewski*: Ernst Jandls letzte Gedichte. Editorische Notiz, in: *Ernst Jandl*: Letzte Gedichte, hrsg. von *Klaus Siblewski* (München 2001), S. 122.

132   *Ernst Jandl*, ebd., S. 62.

133   Ebd., S. 111.

134 *Friederike Mayröcker*: Requiem für Ernst Jandl (Frankfurt 2001), S. 34.

135 Vgl. dazu: *Georg Langenhorst*: Hiob unser Zeitgenosse, a.a.O., S. 39f.

136 Vgl. *Ruth Dinesen*: Nelly Sachs. Eine Biographie (Frankfurt 1992); *Birgit Ler-men/Michael Braun*: Nelly Sachs: »an letzter Atemspitze des Lebens« (Bonn 1998).

137 *Nelly Sachs*: Fahrt ins Staublose. Gedichte [1]1961 (Frankfurt 1988), S. 56.

138 *Paul Kersten*: Die Metaphorik in der Lyrik von Nelly Sachs. Mit einer Wort-Konkordanz und einer Nelly Sachs-Bibliographie (Hamburg 1970), S. 162.

139 Vgl. etwa: *Wolfgang Emmerich*: Paul Celan (Reinbek 1999).

140 Als theologisch-literarische Deutung vgl. etwa: *Jan-Heiner Tück*: Gelobt seist Du, niemand. Paul Celans Dichtung – eine theologische Provokation (Frankfurt 2000).

141 Vgl. dazu: *Georg Langenhorst*. Gedichte zur Bibel, a.a.O., S. 152–155.

142 *Paul Celan*: Gesammelte Werke, Bd. 1: Gedichte I (Frankfurt 1983), S. 214f.

143 Vgl.: *Karl-Josef Kuschel*: Paul Celan, Nelly Sachs und ein Zwiegespräch über Gott, in: *ders.*, »Vielleicht hält Gott sich einige Dichter ...« , S. 285–306; *Dirk Steinfort*: Gedichte als bessere Platanenrinde. Paul Celan und Nelly Sachs im dialogischen Ringen um die Gottesfrage, in: Geist und Leben 88 (1997), S. 298–311.

144 *Margarete Susman*: Das Buch Hiob und das Schicksal des jüdischen Volkes [1]1946 (Frankfurt 1996).

145 Ebd., S. 51. Zum Hintergrund vgl. *Georg Langenhorst*: Hiob unser Zeitge-nosse, S. 120–125.

146 Ebd., S. 23.

147 *Nelly Sachs*: »Hiob«, in: *dies.*: Fahrt ins Staublose, a.a.O., S. 95. Zur Deutung vgl. *Georg Langenhorst*: Hiob unser Zeitgenosse, S. 176–195.

148 Vorüberlegungen hierzu: *Georg Langenhorst*: »Aber wer bin ich denn daß ...«. Zu einer Spiritualität der Selbstzurücknahme, in: Bibel und Kirche 50 (1995), S. 108–115.

149 *Johannes Bobrowski*: in: *ders.*: Gesammelte Werke, Bd. 1: Die Gedichte, hrsg. von *Eberhard Haufe* (Berlin 1987), S. 143.

150 Vgl. *Alex Stock*: Warten, ein wenig. Zu Gedichten und Geschichten von Jo-hannes Bobrowski (Würzburg 1991).

151 So *Eberhard Haufe*, in: *ders.*: (Hrsg.): Johannes Bobrowski: Erläuterungen der Gedichte und der Gedichte aus dem Nachlass (Stuttgart 1998), S. 145.

152 Ebd.

153 *Marie Luise Kaschnitz*: Gesammelte Werke, Bd. 5: Die Gedichte (Frankfurt 1985), S. 397f.

154 *Marie Luise Kaschnitz*: Orte [1]1973, in: Gesammelte Werke, Bd. 2: Die auto-biographische Prosa 1 (Frankfurt 1981), S. 573.

155 Zur Person vgl.: *Dagmar von Gersdorff*: Marie Luise Kaschnitz. Eine Biogra-phie (Frankfurt 1992).

156 *Marie Luise Kaschnitz:* Gesammelte Werke, Band 5, a.a.O., S. 245–254.

157 Vgl. dazu: *Georg Langenhorst:* Wenn die Poeten beten ... Schriftsteller als Sprachlehrer der Gottesbeziehung? in: Geist und Leben 74 (2001), S. 27–42.

158 Vgl. das von mir und *Christoph Gellner* betreute Themenheft: rhs 41 (1998), Heft 5: »Brecht – ein Gegenlied«, S. 280–344.

159 *Bertolt Brecht:* Die Gedichte in einem Band (Frankfurt 1981), S. 54.

160 *Christoph Gellner:* Weisheit, Kunst und Lebenskunst. Fernöstliche Religion und Philosophie bei Hermann Hesse und Bertolt Brecht (Mainz 1997), S. 58.

161 *Christoph Gellner:* »Die Antwort der Literatur ist: Keine Antwort«. Theologie im Gespräch mit Günter Kunert, in: Orientierung 65 (2001), S. 79–84, hier: S. 79.

162 *Günter Kunert:* Stilleben. Gedichte (München/Wien 1983), S. 53.

163 *Christoph Gellner:* »Die Antwort der Literatur«, a.a.O., S. 84.

164 *Günter Kunert:* Diesseits des Erinnerns. Aufsätze (München/Wien 1982), S. 189.

165 Vgl. dazu: *Georg Langenhorst:* »Im Zeitspalt ein Gedanke gewesen«. Erinnerung an den Lyriker Ernst Meister, in: Orientierung 64 (2000), S. 57–60.

166 *Ernst Meister:* Fragment, in: *Richard Salis* (Hrsg.): Motive. Selbstdarstellungen deutscher Gegenwartsautoren (Tübingen/Basel 1971), S. 267.

167 *Ernst Meister:* Zahlen und Figuren. Gedichte [1]1958 (Aachen 1987), S. 73.

168 *Adolf Endler:* Der Pudding der Apokalypse. Gedichte 1963–1998 (Frankfurt 1999), S. 75.

III. Zwischen Gebet und Gegengebet

169 *Marie-Thérèse Kerschbaumer:* Bilder immermehr. Gedichte 1964–1987 (Salzburg 1997), S. 19f.

170 *Paul Celan:* Gesammelte Werke in fünf Bänden, Bd. 1, hrsg. von *Beda Allemann/Stefan Reichert* (Frankfurt 1986), S. 163.

171 *Günter Grass:* Meißner Tedeum (vgl. Anm. 73).

172 *Erich Fried:* Gesammelte Werke. Gedichte 3, hrsg. von *Volker Kaukoreit/Erich Wagenbach* (Berlin 1993), S. 345.

173 Vgl. dazu: *Thomas Dienberg:* Ihre Tränen sind wie Gebete. Das Gebet nach Auschwitz in Theologie und Literatur (Würzburg 1997).

174 *Robert Gernhardt:* Gedichte 1954–1997 (Zürich 1999), S. 37.

175 *Robert Gernhardt:* Gedichte, a.a.O., S. 670.

176 Hinweise bei: *Paul Konrad Kurz:* Ernst Jandls anderer katholischer Gott, in: Stimmen der Zeit 219 (2001), S. 700–708.

177 *Ernst Jandl:* der gelbe hund. gedichte (Darmstadt/Neuwied 1980), S. 208. Vgl. dort auch das Gedicht »an gott«, S. 105. Die hier aufgenommene Text-

version stammt aus *Ernst Jandl*: Letzte Gedichte, hrsg. von *Klaus Siblewski* (München 2001), S. 65.

178   *Ernst Jandl*: Letzte Gedichte, a.a.O., S. 63f.

179   Vgl. *Klaus Siblewski*: Nachwort, ebd., S. 122.

180   Vgl. *Sigrid Mühlberger*: Das Vaterunser-Gebet im Spiegel zeitgenössischer Literatur, in: Jahrbuch für die Erzdiözese Wien (Wien 1994), S. 94–96. Vgl. auch: *Kurt Marti*: Unser Vater, in: *ders.*: abendland. Gedichte ¹1980 (Hamburg/Zürich 1993), S. 50–52.

181   So *Christoph Gellner*: »Ich stehe ein für das unverläßliche Leben«. Zum 100. Geburtstag von Rose Ausländer, in: Orientierung 65 (2001), S. 99–104, hier: S. 99.

182   *Rose Ausländer*: Die Sonne fällt. Gedichte ¹1984 (Frankfurt 1992), Werke Bd. 11, hrsg. von *Helmut Braun*, S. 86.

183   *Robert Schneider*: Gegengebet. Gedichte (Weitra o. J. – 1995), S. 27.

184   Zu diesem Gedicht liegt mir eine briefliche Deutung des Verfassers vom 21. 8.2001 vor. In meiner ersten (Fehl-)Deutung dieses Textes habe ich mich auf unrichtige Informationen verlassen: Vgl. *Georg Langenhorst*: Wenn die Poeten beten ... Schriftsteller als Sprachlehrer der Gottesbeziehung?, in: Geist und Leben 74 (2001), S. 27–42, bes. S. 39f.

185   Vgl. *Harald Pawlowski/Peter Rosien* (Hrsg.): Mein Credo, Bd. 1–3 (1999–2001).

186   *Marie Luise Kaschnitz*: Kein Zauberspruch. Gedichte ¹1972 (Frankfurt 1986), S. 101–104.

187   *Ulrike Suhr*: Poesie als Sprache des Glaubens. Eine theologische Untersuchung des literarischen Werkes von Marie Luise Kaschnitz (Stuttgart/Berlin/Köln 1992), S. 259.

188   So in einem Interview mit *Karl-Josef Kuschel*, in: *ders.*: »Ich glaube nicht, dass ich Atheist bin«. Neue Gespräche über Religion und Literatur (München 1992), S. 9–25, hier: S. 17.

189   *Ulla Hahn*: Spielende. Gedichte (Stuttgart 1983), S. 7.

190   Vgl. *Ulla Hahn*: Liebesgedichte (Stuttgart 1993), S. 47. Vgl. auch das Gedicht »Lieber Gott«, ebd., S. 40.

191   *Hans Magnus Enzensberger*: Kiosk. Neue Gedichte (Frankfurt 1995), S. 124.

192   *Jörg Lau*: Hans Magnus Enzensberger. Ein öffentliches Leben ¹1999 (Frankfurt 2001), S. 363f.

193   *Hans Magnus Enzensberger*: Landessprache ¹1960 (Frankfurt 1999), S. 49–86, vgl. bes. »Ehre sei der Sellerie«, S. 62f.

194   *Hans Magnus Enzensberger*: Der Agnostiker als Theologe. Eine Erinnerung, in: Kursbuch 146 (Dezember 2001): »Vorbilder«, hrsg. von *Ingrid Karsunke/Tilman Spengler*, S. 8–10, hier: S. 10.

195   *Rainer Malkowski*: Ein Tag für Impressionisten und andere Gedichte (Frankfurt 1994), S. 87.

196   *Hilde Domin*: Gesammelte Gedichte (Frankfurt 1987), S. 229.

197   Ebd. S. 239f.

198   Ebd., S. 233. Dieses »Zeichen über der Tür« ist sicherlich eine Anspielung auf die Mesusa, eine Kapsel mit einer Pergamentrolle, auf der Passagen aus Dtn 6, 4–9 und 11,31–21 geschrieben stehen. Diese wird als Schutz am rechten Türpfosten jüdischer Häuser oder Wohnungen angebracht.

199   *Kurt Marti*: Mein barfüßig Lob. Gedichte (Darmstadt/Neuwied 1987), S. 48–50.

200   Vgl. *Annegret Langenhorst*: Jenseits des Romantikverdachts. Ernesteo Cardenals Hommage an die indianischen Religionen Amerikas, in: rhs 43 (2000), S. 371–376.

201   Vgl. *Karl-Josef Kuschel*: »Das Abenteuer des Lobens« angesichts der »erschöpften Schöpfung«. Eine theologische Meditation, in: *Christoph Mauch* (Hrsg.): Kurt Marti. Texte, Daten, Bilder (Frankfurt 1991), S. 162–173.

202   *Hans Ulrich Treichel*: Seit Tagen kein Wunder. Gedichte (Frankfurt 1990), S. 66.

203   Vgl. dazu: *Georg Langenhorst*: Neue Unbefangenheit. Religion und die Gottesfrage bei SchriftstellerInnen der Gegenwart, in: Herder Korrespondenz 56 (2002), S. 227–232.

204   *Ralf Rothmann*: »Von Mond zu Mond«, in: *ders.:* Winter unter Hirschen. Erzählungen (Frankfurt 2001), S. 87–103.

205   *Ralf Rothmann*: Gebet in Ruinen. Gedichte (Frankfurt 2000), S. 53.

206   *Magda Motté*: Gebet in Ruinen, in: Christ in der Gegenwart/Bücher der Gegenwart 10/2000.

IV. Texte neuer Annäherung an Gott

207   *Günter Grass*: Fundsachen für Nichtleser (Göttingen 1997), S. 111.

208   *Reiner Kunze*: gedichte (Frankfurt 2001), S. 130.

209   Vgl. das 1919 entstandene Jugendgedicht »Du Name Gott«, in: *Peter Huchel*: Die Gedichte (Frankfurt 1997), S. 265.

210   *Magda Motté*: Auf der Suche nach dem verlorenen Gott. Religion in der Literatur der Gegenwart (Mainz 1996), S. 36.

211   *Eva Zeller*: Fliehkraft. Gedichte (Stuttgart 1975), S. 85f.

212   *Kurt Marti*: abendland. Gedichte [1]1980 (Hamburg 1993), S. 65. Vgl. hier besonders: »die passion des wortes GOTT«, S. 11; »unser vater«, S. 50–52; »jahwe jesus jetzt«, S. 54–55; »grosser gott klein«, S. 82; »trinität«, S. 91; »ein nachapostolisches bekenntnis«, S. 92.

213   *Michael Krüger*: Wettervorhersage. Gedichte (Salzburg/Wien 1998), S. 55.

214   *Friedrich Wilhelm Nietzsche*: Gesammelte Werke, Bd. 12: Die fröhliche Wissenschaft [1]1882 (München 1924), S. 156f.

215   *Karl Marx*: Zur Kritik der Hegelschen Rechtsphilosophie. Einleitung [1]1844,

in: *ders.*: Die Frühschriften, hrsg. von *Siegfried Landshut* (Stuttgart 1953), S. 208ff.

216 *Andreas Krass*, Gebet, in: Reallexikon der deutschen Literaturwissenschaft, a.a.O., S. 663.

217 *Eva Zeller*: Fliehkraft. Gedichte (Darmstadt/Neuwied 1975), S. 69.

218 *Kurt Marti*: abendland. Gedichte [1]1980 (Hamburg/Zürich 1993), S. 11.

219 Vgl. etwa das Theodizee-Gedicht »Frage« in: *Richard Exner*: Ein Sprung im Schweigen. Gedichte und Zyklen (Stuttgart 1992), S. 48.

220 *Richard Exner*: Die Zunge als Lohn. Gedichte 1991–1995 (Stuttgart 1996), S. 46f.

221 Vgl. etwa Eva Zellers Gedicht »Moses«, in: *Georg Langenhorst*: Gedichte zur Bibel, a.a.O., S. 83f.

222 *Friederike Mayröcker*: Ausgewählte Gedichte 1944–1978 (Frankfurt 1986), S. 53.

223 *Christine Busta*: Wenn du das Wappen der Liebe malst. Gedichte (Salzburg/Wien 1981), S. 41.

224 *Wolfdietrich Schnurre*: Kassiber und neue Gedichte (München 1979), S. 66f. »Gospel« entstand zwischen 1945 und 1956.

225 Als Hinführung vgl.: *Ulrike Wolitz*: Der neue Mensch. Theologische Grundlinien im Werk Silja Walters (Freiburg 1998).

226 *Silja Walter*: Die Fähre legt sich hin am Strand. Ein Lesebuch, hrsg. von *Klara Obermüller* (Zürich/Hamburg 1999), S. 150f.

227 Ebd., S. 192.

228 *Michael Krüger*: Wettervorhersage. Gedichte (Salzburg/Wien 1998), S. 58.

229 *Christine Busta*: Der Himmel im Kastanienbaum. Gedichte, hrsg. von *Franz Peter Künzel* (Salzburg 1989), S. 11.

230 Vgl. dazu: *Wolfgang Wiesmüller*: Das Gedicht als Predigt. Produktions- und rezeptionsästhetische Aspekte biblischer Motivik in Gedichten von Christine Busta, in: Sprachkunst. Beiträge zur Literaturwissenschaft 20 (1989), S. 199–226.

231 *Heinz Piontek*. Wie sich Musik durchschlug. Gedichte (Hamburg 1978), S. 88.

232 *Rainer Maria Rilke*: Schluszstück [1]1901, in: *ders.*: Das Buch der Bilder [1]1906 (Wiesbaden 1988), S. 112.

233 *Magda Motté*: Die Rede von Gott in der modernen Literatur, in: *Konrad Hilpert* (Hrsg.): »Das offene Ende, durch das wir atmen können ...«, a.a.O., S. 59–88, hier: S. 84.

BIBLIOGRAPHIE ZUR FRAGE NACH GOTT IN DER LITERATUR

Aufgeführt sind nur Titel, die explizit die spezifische Fragestellung des Buches berühren. Nur in den Anmerkungen verwiesen wird auf weiterführende Titel zum Themenbereich von »Theologie und Literatur«, auf Sekundärliteratur zu den behandelten Dichterinnen und Dichtern sowie auf allgemeine religionspädagogische oder theologische Literatur.

Bachl, Gottfried/Helmut Schink (Hrsg.): Gott in der Literatur (Linz 1976)

Berg, Sigrid/Berg Horst Klaus (Hrsg.): Warum ich Gott so selten lobe. Biblische Texte verfremdet Bd. 5 (München/Stuttgart 1987)

Dienberg, Thomas: Ihre Tränen sind wie Gebete. Das Gebet nach Auschwitz in Theologie und Literatur (Würzburg 1997)

Gellner, Christoph: Wie reden Schriftstellerinnen und Schriftsteller von Gott? Auf der Suche nach einer neuen Sprache der Religion, in: *Notizblock* 26/1999, S. 51–54

ders.: »Geheiligt werde dein zugefrorener Namen ...« Moderne Psalmgedichte – spirituell gelesen, in: *Bibel und Kirche* 56(2001), S. 46–51

Hell, Cornelius: Der christliche Gott, in: *Heinrich Schmidinger* (Hrsg.): Die Bibel in der deutschsprachigen Literatur des 20. Jahrhunderts, Bd. 2: Personen und Figuren (Mainz 1999), S. 303–325

ders./Wolfgang Wiesmüller: Die Psalmen – Rezeption biblischer Lyrik in Gedichten, in: *Heinrich Schmidinger* (Hrsg.): Die Bibel in der deutschsprachigen Literatur des 20. Jahrhunderts, Bd. 1: Formen und Motive (Mainz 1999), S. 158–204

Henneke-Weischer, Andrea: »Mein Herz ruht müde auf dem Samt der Nacht« – Dichter sprechen mit Gott (noch unveröffentlicht)

Hilpert, Konrad (Hrsg.): »Das offene Ende, durch das wir denken und atmen können«. Theologie und Literatur im wechselseitigen Fragehorizont (Münster 2001)

Höck, Wilhelm: Weltliche Erzählungen von Gott in der modernen Weltliteratur (Hamburg/München 1972)

Imbach, Josef: Sehnsucht nach dem verlorenen Gott (Graz/Wien/Köln 1992)

Kapellari, Egon: Aber Bleibendes stiften die Dichter. Gedanken für den Tag (Graz/Wien/Köln 2001)

Kienecker, Friedrich: Dialog vor offenem Horizont. Beiträge zum Gespräch zwischen Religion und Literatur (Würzburg/Paderborn 1991)

Krötke, Heike (Hrsg.): »Ein Wort – ein Glanz, ein Flug, ein Feuer ...« Theologen interpretieren Gedichte (Stuttgart 1998)

Kurz, Paul Konrad (Hrsg.): Psalmen vom Expressionismus bis zur Gegenwart (Freiburg/Basel/Wien 1978)

ders.: Gott in der modernen Literatur (München 1996), 2. Auflage (Münster 2003) *ders.* (Hrsg.): Höre Gott! Psalmen des Jahrhunderts (Zürich/Düsseldorf 1997)

Kuschel, Karl-Josef: Gottesbilder – Menschenbilder. Blicke durch die Literatur unserer Zeit (Zürich/Einsiedeln/Köln 1985)

ders.: »Vielleicht hält Gott sich einige Dichter ...« Literarisch-theologische Porträts (Mainz 1991)

ders.: Im Spiegel der Dichter. Mensch, Gott und Jesus in der Literatur des 20. Jahrhunderts (Düsseldorf 1997)

Langenhorst, Georg: Literarische Texte im Religionsunterricht? Grenzziehungen, Orientierungshilfen und Verdeutlichungen, in: *Katechetische Blätter* 119 (1994), S. 318–324

ders. (Hrsg.): Hiobs Schrei in die Gegenwart. Ein literarisches Lesebuch zur Frage nach Gott im Leid (Mainz 1995)

ders.: Im Zwiespalt von Spiritualität und poetischer Qualität? »Christliche Lyrik« in den 90er Jahren, in: *Theologie und Glaube* 86 (1996), S. 66–81

ders.: Wie von Gott reden? Schriftsteller als Sprachlehrer für Theologen und Religionspädagogen, in: *Religion an höheren Schulen* 40 (1997), S. 394–403

ders.. »Wie sollt ich, Herr, dein Licht verkünden?« Zum Wandel von Glaubensbewusstsein und Gottesrede bei Schriftstellern, in: *Katechetische Blätter* 124 (1999), S. 84–89

ders.: Gedichte zur Bibel. Texte – Interpretationen – Methoden. Ein Werkbuch für Schule und Gemeinde (München 2001)

ders.: Wenn die Poeten beten ... Schriftsteller als Sprachlehrer der Gottesbeziehung?, in: *Geist und Leben* 74 (2001), S. 27–42

ders.: Theologie und Literatur 2001 – eine Standortbestimmung, in: *Stimmen der Zeit* 219 (2001), S. 121–132

ders.: »Ohne ihn?« – Zeitgenössische Gedichte zur Gottesfrage. Zwei Vorschläge für den Religionsunterricht in der Sekundarstufe, in: *Katechetische Blätter* 127 (2002), S. 104–108

ders.: Neue Unbefangenheit. Religion und Gottesfrage bei SchriftstellerInnen der Gegenwart, in: Herder Korrespondenz 56 (2002), S. 227–232

Leitner, Anton G. (Hrsg.): Das Gedicht. Zeitschrift für Lyrik, Essay und Kritik, Heft 9: »Himmel und Hölle«, Oktober 2001

Motté, Magda: Religiöse Erfahrung in modernen Gedichten. Texte, Interpretationen, Unterrichtsskizzen (Freiburg /Basel/Wien 1972)

dies.: Auf der Suche nach dem verlorenen Gott. Religion in der Literatur der Gegenwart (Mainz 1996)

dies.: Die Rede von Gott in der modernen Literatur, in: *Thomas Schreijäck* (Hrsg.): Spuren zum Geheimnis. Theologie und moderne Literatur im Gespräch (Ostfildern 2000), S. 13–52

dies.: »Esthers Tränen, Judiths Tapferkeit«. Biblische Frauen in der Literatur des 20. Jahrhunderts (Darmstadt 2003)

Niehl, Franz W. (Hrsg.): Gottes Ohnmacht. Texte aus der deuschsprachigen Literatur (Mainz 1988)

Rajcsányi, Alexander: Kreativer Umgang mit Gedichten und anderen Texten im Religionsunterricht, Heft 1–4, 14 (1994), IRP Freiburg

Schröer, Henning: Moderne deutsche Literatur in Predigt und Religionsunterricht. Überlegungen zur Wahrnehmung heilsamer Provokationen (Heidelberg 1972)

Schwens-Harrant, Brigitte: Luxus Literatur. Ein Plädoyer, in: *Theologisch-Praktische Informationen* 21 (2001), S. 40–58

Seehafer, Klaus (Hrsg.): Was hat denn das mit Gott zu tun? (Stuttgart/Zürich 2001)

Seip, Jörg: Einander die Wahrheit hinüberreichen. Kriteriologische Verhältnisbestimmung von Literatur und Verkündigung (Würzburg 2002)

Sölle, Dorothee: Das Eis der Seele spalten. Theologie und Literatur in sprachloser Zeit (Mainz 1996)

Sorg, Reto/Bodo Stefan Würffel (Hrsg.): Gott und Götze in der Literatur der Moderne (München 1999)

Steinfort, Dirk: Die Frage nach dem menschenfreundlichen Gott im Spiegel der Literatur, in: *Renovatio* 53 (1997), S. 91–101

Tschuggnall, Peter (Hrsg.): Religion – Literatur – Künste, 3 Bde. (Anif/Salzburg 1998/2001/2002)

Vellguth, Klaus (Hrsg.): »Gott sei Dank bin ich Atheist«. Gott als Thema in der Literatur des 20. Jahrhunderts (Lahr 2001)

Wiesmüller, Wolfgang: Gebet und Poesie – Zur »produktiven Kollision« zwischen Religion und Literatur am Beispiel der Gebetslyrik, in: *Theologisch-Praktische Informationen* 21 (2001), S. 59–73

ders.: Wie beten die Poeten? Gebetslyrik zwischen Poesie und religiöser Gebrauchsliteratur, in: *Peter Tschuggnall* (Hrsg.): Religion – Literatur – Künste III: Perspektiven einer Begegnung am Anfang eines neuen Milleniums (Anif/Salzburg 2001), S. 133–158

VERZEICHNIS DER AUTOREN UND GEDICHTE

VERZEICHNIS DER GEDICHTANFÄNGE